中央和国家机关

“强素质 作表率”读书活动主题讲坛周年读本 8

本书编委会 编

中国书籍出版社

图书在版编目（CIP）数据

中央和国家机关“强素质·作表率”读书活动主题讲坛周年读本. 8 /《中央和国家机关“强素质·作表率”读书活动主题讲坛周年读本》编委会编. -- 北京 : 中国书籍出版社, 2017.6

ISBN 978-7-5068-6217-2

Ⅰ. ①中… Ⅱ. ①中… Ⅲ. ①社会科学—文集 Ⅳ. ①C53

中国版本图书馆CIP数据核字（2017）第131233号

中央和国家机关“强素质·作表率”读书活动主题讲坛周年读本（8）

《中央和国家机关“强素质·作表率”读书活动主题讲坛周年读本》编委会　编

责任编辑　武　斌　王　森
责任印制　孙马飞　马　芝
封面设计　耕者设计
出版发行　中国书籍出版社
地　　址　北京市丰台区三路居路97号（邮编：100073）
电　　话　（010）52257143（总编室）　（010）52257140（发行部）
电子邮箱　eo@chinabp.com.cn
经　　销　全国新华书店
印　　刷　三河市顺兴印务有限公司
开　　本　787毫米×1092毫米　1/16
字　　数　200千字
印　　张　19.25
版　　次　2017年7月第1版　2017年7月第1次印刷
书　　号　ISBN 978-7-5068-6217-2
定　　价　46.00元

本书编委会

出版前言

春风送暖，书香满城。当时间的步伐迈进 2017 年 4 月，中央和国家机关“强素质 • 作表率”读书活动已经走过了整整八个年头。八年的坚持和努力令人感慨，八年的发展和成效令人欣慰。通过向出版机构征集精品图书、组织专家认真细致评审，我们已经面向社会推荐了优秀图书近 200 种；通过精心设置主题、约请知名专家演讲，我们连续举办了 96 期精彩的讲座，现场听众累计超过 35000 人次。作为读书活动的有机组成部分，相关的征文和交流等活动也开展得有声有色。可以毫不夸张地说，经过八年的不懈努力和不断创新，“强素质 • 作表率”读书活动已经成为国内影响最大、知名度最高的品牌读书活动之一，成为中央和国家机关广大党员干部读书求知、学习交流的重要平台。

“强素质 • 作表率”读书活动的主题讲座每月举办一次，是读书活动的核心内容，已持续八年，从未间断。按照惯例，每当一年过去，我们就将此前 12 次主题讲座的内容汇编成书，面向社会出版传播。2016 年 4 月至 2017 年 3 月主题讲座的内容即收录于本书，从中我们可以领略各位演讲嘉宾的激情、睿智和覃思，分享他们的创新观念和研究成果。

2016年是中国工农红军长征胜利80周年，为了弘扬革命传统，坚定理想信念，我们特意邀请国防大学教授、著名军史专家徐焰主讲《长征——中国革命的柳暗花明》，徐焰教授以独特的视角讲述了红军长征的艰难历程和伟大价值，让我们对长征精神的丰富内涵有了更加深刻的理解和认识。

近年来世界形势风云变幻，我国的国际交往环境错综复杂，对外工作领域挑战和机遇并存，困难和希望同在。中联部研究室副主任栾建章来讲坛主讲《当前国际形势与党的对外工作》，为大家透彻分析了当前的国际形势，集中阐述了中国共产党对外工作的特色和优势，让我们充分认识到了党的对外工作的重要意义和价值。

2016年9月，二十国集团（G20）领导人第十一次峰会在美丽的杭州召开，峰会的主题是全球经济治理，中国在全球治理发展上的贡献和作用受到高度关注和普遍赞赏。我们适时邀请外交部原副部长、国务院侨务办公室原副主任、中国首任G20协调员何亚非主讲《中国与G20和全球治理》，对二十国集团的缘起、转型及中国在其中的作用作了权威解读，进一步增强了我们对中国模式、中国道路的信心。

“一带一路”是习近平主席提出的重大倡议，得到了国际社会的热烈响应。2017年3月，在“一带一路”国际高峰论坛举办前夕，我们邀请中国人民大学国际事务研究所所长王义桅主讲《“一带一路”的逻辑：世界是通的》，就“一带一路”的含义、目标和建设路径，提供了一位学者的精辟论述。

在政治、经济领域，我们还邀请全国政协常委、经济委员会副主任陈锡文主讲了《我国的农村改革与发展》，邀请全国政协常委、民族和宗教委员会主任朱维群主讲了《新形势下民族宗教工作的坚持与创新》，两位学者型领导干部就各自论题作了简明扼要的阐发和冷静客观的分析，并针对现实问题提出了自己的鲜明观点，让人深受启发。

哲学和文化类主题一直是读书活动的重要内容，对提高中央和国家机关干部的文化素质和理论修养有显著作用。在过去一年中，我们邀请北京大学哲学系教授杨立华主讲《哲学与时代问题的解决：以北宋道学为核心》，邀请北京市人大常委会副主任牛有成主讲《二十四节气告诉了我们什么》，邀请中国煤矿作家协会主席、北京作家协会副主席刘庆邦主讲《生命与文学》，邀请中国美术学院艺术人文学院院长曹意强主讲《审美品质与创造性思维》，邀请清华大学建筑学院院长庄惟敏主讲《城市·建筑·传统·现代》，他们的演讲均围绕专业论题展开，内容精湛，深入浅出，让现场听众受益良多，也一定能给广大读者带来宝贵的收获。国家宗教事务局原局长、中央社会主义学院原党组书记叶小文来讲坛主讲《白天走干讲　晚上读写想》，用自己的亲身经历，生动地演绎了读书和思考对于党员领导干部的重要作用，给我们留下了深刻的印象。

如前所述，《中央和国家机关“强素质·作表率”读书活动主题讲坛周年读本》是对上一年主题讲座内容的有效总结，是主讲嘉宾相关研究成果的独特呈现，也是读书活动面向社会广泛传播的重要载体。作为活动组织者和文稿整理者，我们真诚地希望广大读者朋友能够一如既往，像关注、阅读、分享此前出版的各辑《周年读本》一样，继续关注、阅读、分享《周年读本》(8)，在阅读中获得新识、砥砺思想，在分享中增强素质、奋发向上。

中央和国家机关

“强素质·作表率”读书活动办公室

2017 **年** 4 **月**

目录

主讲人：叶小文

叶小文，中国社会科学院宗教学博士，中国人民大学博士生导师。现任全国政协文史和学习委员会副主任。曾任中央社会主义学院党组书记、第一副院长，国家宗教事务局党组书记、局长。中国共产党第十八届中央委员会委员。十六、十七届中央候补委员，第九、十、十一届中国人民政治协商会议常务委员会委员。主要著作有《多视角看社会问题》《化对抗为对话》《文明的复兴与对话》等。在国内核心期刊上发表各种文章数百篇。

白天走干讲
晚上读写想

白天走干讲　晚上读写想

郝振省：同志们、朋友们，大家上午好。今天是2016年第4期，总排序第84期中央和国家机关“强素质·作表率”读书活动主题讲坛，到今天为止，主题讲坛满7年了，所以今天也是一个值得纪念的日子。为此，我们为大家特别邀请到了国家宗教事务局原局长，中央社会主义学院原党组书记、第一副院长叶小文同志作为今天的主讲嘉宾，大家欢迎他！

在设计今天讲坛主题的时候，我们觉得要满足两个条件。第一，今天演讲的内容必须是关于读书的，因为4月是国家的全民阅读月，每年在4月里，各省、自治区、直辖市的全民阅读活动相继启动，有重要的数据要发布，还有些重要的表彰、总结活动也会在4月举办。特别是国家新闻出版广电总局全民阅读活动办公室的同志们，最近几天非常辛苦，要参加各地的全民阅读活动。4月23日是世界读书日，党和国家的领导同志也要抽出空来，参加一些重要的读书活动，发表一些重要的见解。第二，演讲者要能对读书、工作有心得体会，来现身说法。

我们选来选去，就聚焦到叶小文同志的身上，因为叶小文同志在国家宗教事务局任局长期间所做的关于宗教问题的演讲特别受欢迎；他任中央社会主义学院党组书记、第一副院长的时候，发表的《白天走干讲　晚上读写想》一文也受到了普遍赞同，所以我们请他作为今天的演讲嘉宾。让我们与国家新闻出版广电总局的领导同志们一起聆听叶小文同志的精彩演讲。

尊敬的各位领导、各位朋友、各位同志，很荣幸来到这个著名的讲坛，尤其是在世界读书日这个特殊的日子。按照主办方的要求，让我讲讲领导干部读书的心得，我就选了这个题目——“白天走干讲晚上读写想”。

一、我的读书座右铭

1.《白天走干讲　晚上读写想》

我在《光明日报》头版头条开了一个专栏，第一期就刊发了我的《白天走干讲　晚上读写想》一文：

范仲淹《岳阳楼记》有段话大家耳熟能详：“予尝求古仁人之心……居庙堂之高则忧其民，处江湖之远则忧其君。是进亦忧，退亦忧。然则何时而乐耶？其必曰‘先天下之忧而忧，后天下之乐而乐’乎。噫！微斯人，吾谁与归？”

予尝求之座右铭，源自这“古仁人之心”，在进退皆忧、忧国忧民中，总传承着一股“沛乎塞苍冥”的浩然之气。多忧，必多思；多思，要多干。这“忧、思、干”何以相得益彰？听一位“处江湖之远”的基层干部说，他是“白天走干讲，晚上读写想”。有了，我的座右铭，就是它了。

白天走干讲：走下去、干起来、讲出水平。走，毛泽东在《反对本本主义》中说：“迈开你的两脚，到你的工作范围的各部分各地方去走走，学个孔夫子的‘每事问’。”走，不仅要开动双脚，还要开动脑筋，不能走马观花，“葫芦掉进井里，还是在水上漂着”。干，就是实践。纸上得来终觉浅，绝知此事要躬行。干部干部，先干一步。讲，是领导干部向广大人民群众讲解和宣传党的方针政策，动员、组织群众的重要手段。能不能讲、会不会讲，往往体现出一个领导干部的水平。我们有的干部，与新社会群体说话，说不上去；与困难群众说话，说不下去；与青年学生说话，说不进去；与老同志说话，给顶了回去。“套话一说完，主客便只好默默地相对，逐渐沉闷起来。”

晚上读写想：耐心读、勤于写、创造性地想。读，过了学生时代，没有专门时间读书，也没有老师督着你读书，就看自己愿不愿挤出时间读书。再忙，睡前总能挤一小时。关键是耐得住寂寞，稳得住心神，便可以进入另一个美妙的世界，从读书中获得心灵的充实和内心的愉悦。写，是反映客观事物、表达思想感情、传递知识信息的创造性脑力劳动过程。读书是学习，摘抄是整理，写作是创造。邓小平讲过：“用笔领导是领导的主要方法，这是毛主席告诉我们的。凡不会写的要学会写，能写而不精的要慢慢地精。”想，学而不思则罔，思而不学则殆。朱熹说：“读书有三到，谓心到、眼到、口到。心不在此，则眼看不仔细，心眼既不专一，却只漫浪诵读，决不能记，记不能久也。三到之中，心到最急。心既到矣，眼口岂不到乎？”

走干讲与读写想，相辅相成。读写想是坐而思，走干讲是起而行。白天光阴似金，最宜多走多干多讲；夜晚沉寂幽静，更适勤读勤写勤想。坚持走干讲，才能读得透、写得深、想得远；不懈读写想，才能走得实、干得好、讲得准。

2. 白天走干讲

白天走干讲，关键是要又“干”又“讲”，我也谈谈自己的体会。

第一，和美国大使的“干”与“讲”。2003 年我还是国家宗教事务局局长，当时的美国驻华大使雷德来到我办公室，他来之前外交部特地打一个电话，说让我今天对他客气点。因为第二天克林顿到访，可不要得罪他。那好吧，我就特意请他到我的办公室坐下。只有我极要好的朋友才能进我的办公室，平时都在会议室谈。我满脸堆笑地看着雷德，他板着脸，给我甩了一个单子在桌子上，我斜着眼睛看，上面密密麻麻的。他说这里有 20 个人的名单，都是基督教徒，问我，你们怎么把他们抓了，明天总统来，你们放几个。我说大使，这些基督教徒被抓了，那肯定是犯法了。他说他们是教徒啊。我说中国是一个法治国家，教徒犯了法要抓，不是教徒不犯法也不能抓。他问他们究竟犯了什么法，你去问一问能不能放几个？我说怎么能去问，中国司法是独立的。把他给说傻了，气呼呼地站起来就要走。

不是说不能得罪他嘛，这怎么可以？我就说坐下坐下，咱们慢慢说。这话怎么说呢？我不可能去放人，我说先出去散散心，国家宗教事务局在北京后海的醇亲王府，漂亮得很，外面鸟语花香，于是我留他欣赏醇亲王府。他就好奇了，说那就进去看一看。找地方坐下，上茶，我们俩都端着茶杯，我半天不说话。他说你说话啊，发什么愣？我说大使，你看那个屋檐。他说屋檐那根木头黑乎乎的有什么好看？我说我们的屋檐就这根木头也有上百年历史，不可以动。中国随便找根木头都比美国的历史长，你了不了解中国的文化？你的意思是共产党迫害宗教，你查查中国历史哪朝哪代迫害宗教？共产党迫害宗教干什么呢？

他说怎么不理解，我在中国交了很多朋友，看了很多书，四大名著都看了。我说我们来讨论讨论啊。他说他看过《孙子兵法》，给我背得很准。我说我怕你啊，本人是中国孙子兵法研究会副会长。他说换一本，不谈孙子就谈老子，谈老子的《道德经》。我把《道德经》翻给他看。你们美军现在陈兵三十万，虎视眈眈，摩拳擦掌，马上就要向伊拉克发起进攻，不妨也听一段老子的话，“常有司杀者杀，夫代司杀者杀，是谓代大匠斫，夫代大匠斫，希有不伤其手矣。”小心砍伤你的手。美国人哪里肯听呢？他们凶得很，跑到伊拉克把萨达姆从地洞里揪出来绞死，但后来也留下了三千具美国士兵的尸体。奥巴马一上台就说要撤出伊拉克。后来雷德又来了，我又请他吃饭。我说大使我们再谈本书，现在看过老子的《道德经》没有？他说看过了，真是很有水平。美国人就是不听“老子”言，吃亏在眼前。

第二，我与日本外相“干”与“讲”。日本过去瞧不起中国，中国后来发展起来，跟他平起平坐就算了，而且竟然要超过他，现在中国的 GDP 是日本 GDP 的两倍。现在若你去日本搞个民意调查，可能 80% 的日本人都不喜欢中国，凭什么他超过我，他算老几？我们就要去日本讲中国故事、中国声音，让日本人认识我们这个邻居。当然首先要跟政要讲，习总书记亲自讲。我们也要做工作，本人是中日友好二十一世纪委员会的中方委员，是总理直接任命的，我们的责任就是促进中日友好。日方委员对我们很热情，他们研究中日的历史，为促进中日友好发言，但第二年就开不了会了。

那年日本在东海把我们的渔船扣了，全国人民都很生气，中央也很生气。中央一道道应对措施打过去，日本就是不放人。后来温家宝总理气急了，正好在联合国开会，一拍桌子说三天你不放，一切后果你负担，日本就琢磨什么后果？是不是要开打了？真把日本吓坏了，第二天就放人了。放人之后会可以开了。该我发言时，我说近来年中日两国关系起伏不断，各种矛盾问题集中爆发，有人固执己见，蛮不讲理，挑起事端，制造麻烦，把误解调大，把隔阂加深，把仇恨煽起，把怒火点燃，把事情搞砸，不是要打一仗吗？韩国学者李御宁指出：“袭击珍珠港的念头，来自刹那间一击取胜的剑道和相扑，但那场地太大了。每当把盆景树木要移植到广阔的平原时，日本总是要犯大错误。”甲午战争后日本右翼势力开始走极端，军国主义者膨胀得没边际了。美国学者说，日本患一种“胜利病”，什么仗都敢打，什么国家都敢侵略。结果是，他吃进去的东西都被迫吐了出来。日本不要总想在各种动荡和地缘政治冲突中火中取栗，不要幻想借美国“重返亚太”遏制中国而狐假虎威，不能身体已进入21世纪，脑子还停留在过去，停留在殖民扩张霸权主义的旧时代里，停留在冷战思维、零和博弈的老框框里，停留在要当世界老大，要当亚洲老大的疯狂梦想里。

我说，今天中国在快速发展中，不会也不可能选择日本过去走的军国主义道路。中国有明确的战略定位，就是“安定和平，发展为本”。我希望日本也能够找出自己的战略定位，安享和平，务实守本。

时任日本外相前原诚司宴请我们，这个人是个鹰派人物，扣中国渔船就是他下的命令，别人知道中国不能惹，他说他负责，很疯狂的一个人。很不幸，我要和他一起吃饭，这个饭怎么吃？反正我们是民间委员会，我不理他就行了，吃了十分钟，各吃各的。我们带队的唐家璇同志就在对面挤眼睛，小文同志，注意啊，这可是外事场合。那好吧，我就跟他一杯杯喝上了，他的酒量好，日本清酒没什么度数，喝就喝，但是肯定上头。后来两个人脸都喝红了，“酒逢知己千杯少”，咱们就谈点自己的话，不要讲客套话了，好不好？我也不代表谁了。我说外长，我来看看你们的日元，一万日元纸币上面印的人像是福泽谕吉，你们的民族英雄，他就写了一本书叫《脱亚论》，里面有一段话你们现在还讲吗？“在亚洲对支那、对朝鲜这种坏朋友，脏兮兮、臭烘烘的，打他就是了，我们近朱者赤、近墨者黑，我们要远离这些坏朋友，脱亚入欧。”我说现在我们还是你的坏朋友吗？他说现在不是了，我们是好朋友了，我们是谁也搬不走的邻居，好朋友。我说是好朋友那就讲点心里话了，我可不可以提个问题？他说问吧。我说外长，钓鱼岛自古以来就是中国的，什么时候成了日本的？你给我说一说。他说那你看怎么办呢？我说不是小平先生跟你们说好的吗，搁置争议，留给后人去解决，你们同意的嘛。他说我们是同意的，你看我们两个是不是邓小平的后人吗？你们中国发展快，我们也是高兴的，但是告诉你们，我们日本只是在发展中不慎走错了一点路，你们要小心。我说你就放一百个心吧，中国怎么可能走军国主义道路呢？中国没有武士道文化，中国自古就是以和为贵，我从历史讲到现实，越讲越不耐烦。他说你们的军费增长那么快是干什么了？我说外长，中国是一个大国，经济增长，那军费就要增长一点，但是我们是用于自卫；我给你打一个比方，中国过去很大、很穷，比如一大片菜园子，扎个篱笆钱都不够，现在富起来了，第一件事就是把篱笆扎好，过去谁都进来偷个鸡摸个狗，我们管不了，现在不行了，你得从正门进来，要买青菜、要买萝卜可以给你，从正门进来商量。就起这个作用，没有针对谁，你们日本就不在我们考虑范围之中。他说那谁知道你考虑谁，你们的军费都不透明。又给他谈走了。为什么要透明？不透明是一个国际惯例。我说给你打个比方，你们日本有个运动叫相扑，挑战者出来了，很透明，把衣服一甩开，啪啪啪拍着胸膛，应战者中国一个小姑娘，说不要过来，我兜里有东西你要小心，你不过来就算了，人不犯我我不犯人。你希望中国是个小姑娘还是希望中国是一个到处透明的武夫呢？他说我当然希望是一个小姑娘。我说这就对了嘛，你都希望中国不透明，中国就不透明了嘛。这个日本人，跟他说不清楚。

第三，我和美国前总统卡特的“干”与“讲”。我当国家宗教事务局局长期间，他们成天说我们迫害宗教，压制圣经，还说我们有文化霸权，怎么办呢？一定要落地，我们就鼓励我国的教会到美国去举办中国教会圣经事工展，向美国人展示中国的教会。展会上美国前总统卡特也有发言。

第四，我和南怀瑾先生的“干”与“讲”。南怀瑾先生去世前我去拜访过他，我们专门探讨了中国文化的一个主题——生命的安立，后来我的文章发表在《人民日报》上。我说南老，现代化使人们的物质生活水平普遍提高，可精神世界却缺少了关照。现代的人们处在高节奏、充满诱惑的生活中，人心浮动，没有片刻安宁，欲望在吞噬理想，多变在动摇信念，心灵、精神、信仰在被物化、被抛弃。大家好像得了一种“迷心逐物”的现代病，世人说发展的列车匆匆驶过精神的站台，现实的变化把心灵的地图抛在身外。

安身立命即“生命的安立”，作为中国文化的传统话题不仅是儒家的追求，也是儒释道的通义。这一话题可演绎为生命的三条约定：第一，热爱生命，追求幸福——这是安身立命的基本约定；第二，尊重生命，道德约束——这是追求幸福的集体约定；第三，敬畏生命，终极关切——这是追求幸福的未来约定。

现代化和市场经济不断放大、满足着安身立命的基本约定，但也难免刺激、放任个体对物质享受的过度追求，不断洗刷甚至消解追求幸福的集体约定和未来约定。于是，“天下熙熙皆为利来；天下攘攘皆为利往”，近利远亲，见利忘义、唯利是图、损人利己，甚至“要钱不要命”的道德失范现象，反而在促进生活提高、人类进步的现代化浪潮中沉渣泛起。

所以我有感而发，写过一篇文章题为《让道德成为市场经济的正能量》，刊发在2014年4月17日《光明日报》头版头条。

3. 晚上读写想

怎么读怎么写呢？下面是梁衡为我的《文明的复兴与对话——叶小文谈中国文化》一书作的序：

叶小文同志长期任国家宗教局局长，现任中央社会主义学院党组书记、第一副院长，是部级官员。但是，与为官生涯并行的是他的写作生活。他长期在报纸上开专栏，不断在报刊上发表文章。

官员写作一直是一个有争议的话题。有人说为官就不要为文，有借权发稿之嫌；有人说这是私心重的表现，既要官位又要虚名；有人说言论自由，不管谁有话都可说，有才尽可发挥。其实官员写作已是一种客观存在，不但现在有，自古就有，唐宋八大家，哪个不是官员？问题是为什么写，写什么？

一个官员为什么还要写文章？因为，文章是工作的一部分也是生活的一部分。我们常说创作来自生活，官员的工作生存状态也是一种生活。他自有独特的感受，说出来有什么不好？可以推进工作，活跃思想，繁荣文化。是一种责任，一种贡献。相反有人虽在官位，有的无思想不能写；有的怕招忌不敢写，这都不能算是好官。

写什么？当然不一定去写小说，写剧本，但要写与自己工作有关的所感所悟。这考验官员的两个能力。一是政治思考，二是艺术表达。如范仲淹的《岳阳楼记》。如毛泽东那样大气、深刻又幽默的文章。叶小文同志的文章，常从工作出发，表达忧国思想。我曾与他长谈过文化、宗教政策，看过他写的《论县委书记》等，都能切中时弊，有独到之处。现在的问题是官员中不会写、不敢写的不写；而爱写的人中又有一部分重形式无内容。有一个"汪汪族"，只顾给自己造势，不管读者的感受。这就坏了官员写作的名声，招来更多的仇官心理。比如用诗歌体作报告，搞新闻发布之类。官坛之文坛，浮云神马常乱人眼，干瘪教条又使人生厌。

在这样的情况下，我盼政坛重抖擞，不拘一格出文章。果然一本好书出现了。这就是叶小文同志的《谈中国文化》。这个题目文化人谈过很多。但他是官员，自然不俗。其中有许多真知灼见，更见政治责任与历史担当，有独到的视角。感谢他对读者的这份奉献，也盼望有更多官员的好书出版。

白天走干讲，晚上读写想，积以时日，我就写了若干短文拿去发表。我先出了一本《望海楼札记》，李瑞环亲自给题字。当然我主要还是写关于宗教工作的事，出版了《把中国宗教的真实情况告诉美国人民》《中国破解宗教问题的理论创新和实践探索》《宗教问题怎么看怎么办》《化对抗为对话》等书，还有《儒释道高峰论坛》等等。写了一百篇以后，就出了一本《小文百篇》。在互联网时代，这类文章读者不会太多，但总还是有人关注。

杨洁篪的书法好，专门给我写了一封信说，“小文，你好，三篇‘年文’已拜读，见字如晤，甚念。读书更有感。您论龙年文化，满怀对华夏民族的挚爱，仁在其中；论福兴中华，洋溢对伟大祖国的祝福，意在其中；论中美关系，体现对中国的外交的深刻思考，智在其中。‘小文’不小，善莫大焉，望经常读到您的大作。”当然，这是在说好话，是对我的鼓励。

李瑞环给我送了一幅字，“言之高下在于理，道无古今惟其实。”

刘云山同志专门给我批示，“小文小文，勤勉好文，坦荡无际，磊落光明，学者风范，可贵精神。”

马凯同志给我来了一封信，“小文大作，每每拜读，感慨良多。言简意赅、有彩无华，实不多见，还望能坚持下去，一以贯之。”他们的书法很好，都是大师。我当然回信了，我说：“马凯同志，人民出版社为我出过一本《小文百篇》，后来我又发了近百篇，拟凑够250篇之数后，再集一本，或名《小文二百五》，既有‘小文250篇小文’之意，也想说明学海无涯，天外有天，佳作无穷，读之汗颜。我虽笔耕不辍，杂论一番，其实捉襟见肘，败笔时现，充其量还只是个二百五。惟有学习再学习，努力再努力，突破二百五，进入新境界。”人民出版社最后给我出的是《小文三百篇》。

一位诗人读了以后特别给我送了一幅字，上书：荟萃集三百，勤耕蕴升花。快语推洁简，箴言晓通达。落笔皆有眼，成章却无华。莫道千字少，小文乃大家。这是他鼓励我的，其实我没有那么好。

马凯同志在那封信里还给我留了一个作业题，因为马凯同志的对联诗词功夫是极深的，他说我想到一句话，“是大家常说家常”，这是下对，要寻一个上对，他想了几年都想不出来。我给他对了七八个他都不满意，最后他自己对出来，叫做“凡才子夜读子夜”。“夜读子夜”不就是晚上读写想吗？“常说家常”不就是白天走干讲吗？今年“两学一做”学习教育，基础是学，关键是做。

所以《光明日报》特别给刊发了评论员文章《座右铭照见气节和风度》：著名学者叶小文的座右铭来自一位基层干部，内容简简单单——“白天走干讲，晚上读写想”。但这里面，却浓缩着“先天下之忧而忧”的胸怀、“沛乎塞苍冥”的正气和“绝知此事要躬行”的勤勉，简单却丰富，直白也深刻。短短几个字蕴含着丰沛的情感，这正是“座右铭”的神奇所在。

白天走干讲，晚上读写想，周而复始，烦也不烦？其实会生出一番快乐的味道。享受工作，一心一意，忙并快乐着；享受生活，一茶一书，闲并快乐着；享受天伦，一生一爱，爱并快乐着。注意不能两个爱，只能一个爱你才能快乐。

白天走干讲，晚上读写想，夜以继日，累也不累？其实进入这种生活方式，不难体会孔夫子那种豪迈，子在川上曰："逝者如斯夫，不舍昼夜。"就像《钢铁是怎样炼成的》中说的那样：人，最宝贵的是生命；它给予我们只有一次。人的一生，应当这样度过：当他回首往事时，不因虚度年华而悔恨，也不因碌碌无为而羞耻……

二、音乐也是一本书

白天走干讲，晚上读写想，哪有时间搞音乐？而且我多多少少算个学者，现在一大堆头衔。我也还算个社会活动者，一大堆帽子。我当然还是个官员，刚才没介绍，我还是现任的中央委员。

问题是，你哪有什么音乐情缘，你哪有时间？叶小文的时间是从哪里来的？《大众日报》曾就此对我进行专访，李岚清同志看到后专门给我批了一段："对，时间是挤出来的，我记得列宁说过，有人挤出时间学习，研究问题，做学问，追求高尚的道德情操和高雅的文化修养，向社会提供正能量，也有人挤出时间搞不正之风，甚至贪腐堕落，造成极坏的影响，这一正一负，天壤之别，真希望我们党有更多的同志，特别是领导同志，像习近平同志那样打铁定要自身硬，养成好学、勤政、廉洁的高尚品格，并向社会释放更多的正能量。读后有感。"

我现在很喜欢拉大提琴，我的一位朋友又给我作诗了："官场磨砺久，依然赤子心。清新去浮饰，磊落超凡尘。妙手文章著，鸿雁天下闻。琴弓起落处，仍似少年人。"那我怎么会热爱音乐呢？

1. 礼乐：中华民族的文化传承

三君子问出"文化焦虑"。黄炎培、梁启超、李约瑟，著名的三君子。黄炎培之问：我生60多年，耳闻的不说，所亲眼看到的，真所谓"其兴也勃焉，其亡也忽焉"……都没能跳出这周期律的支配力……中共诸君如何找出一条新路？

梁启超之问：郑和下西洋乃"有史以来，最光焰之时代"，"而我则郑和之后，竟无第二之郑和？"

李约瑟之问：如果中国的朋友们在智力上和我完全一样，为什么直到中世纪，中国还比欧洲先进，后来却会让欧洲人占了先机呢？怎么会产生这样的转变呢？

三君所问，我以为无不凝聚或折射着文化的焦虑。人无文化，浮躁浅薄，难免"其亡也忽焉"；文化涵养有助于跳出"人亡政息"的周期律。民无文化，行也不远，当然"竟无第二之郑和"。文化繁荣，催生着"江山代有才人出"的新局面。国无文化，急功近利，能有几人愿意锲而不舍地艰苦创业？文化底蕴，孕育着以爱国主义为核心的民族精神和以改革创新为核心的时代精神。

总书记号召文化强国。当中华民族开始向伟大复兴迅跑的时候，江泽民说文化力量深深融入民族的生命力、创造力、凝聚力之中；胡锦涛说文化越来越成为民族凝聚力、创造力的重要源泉，要在时代的高起点上解放和发展生产力，要推动社会主义文化大发展、大繁荣，要掀起社会主义文化建设新高潮。习近平说要创造中华文化新辉煌，你发现没有，三任总书记一个比一个强调文化。是他们自己要强调的吗？是人民群众要求的，要满足人民群众对精神文化生活的新期待。

我们中国是文明古国，书香门第，再富也不能浮躁。沉静、从容、大气、平和、优雅，有其境界，这是文化大国的气质。不应该有了钱就狂了、疯了，不知道该怎么办了，搞得人都心烦意乱，心浮气躁，不思进取，心高气盛，欲壑难填。

文化是民族的根，一个民族的崛起或复兴，常常以民族文化的复兴和民族精神的崛起为先导，一个民族的衰落或覆灭，则往往以民族文化的颓废和民族精神的萎靡为先兆。

谈起"文化传承"，云南丽江有一个人叫宣科，1930年生，民族音乐学家，有汉、藏、纳西族血统，"鬼才宣科"被称为丽江的"一张文化名片"。他原来是北京四中的老师，被错打成右派，关了二十余年，放出来后不会教书了，他就去搞"纳西古乐"。这个老头，听说很有才。江泽民主席到云南考察的时候，听说有这么一个民间的老头，找他来谈一分钟，没想到谈了一个钟头，事后名声大震。

我去他家作客，与他交谈，特别穿着他的马甲。没想到他后来写了一本书，里面有一章叫"过招"，就记录这段谈话了。过招就是打架嘛，你看他怎么写：

晨起，细雨绵绵，窗外景物明晰，似有轻雾穿物游走。看日历，知今天是2009年7月2日。

市委领导给我带来一位贵客，他是国家宗教事务局局长、中国人民大学博士生导师叶小文先生。

这样的鸿儒大家来寻求对话，显然不能草率对待，我深知对方的能量，却不知道他想聊什么样的话题。这就好像给我安排的一次考试，事先不知道要考什么内容，心里没底。但我不能露怯，认输不是我的性格。我喜欢有挑战意味的生活。

叶先生开了第一局。他一来就将了我一军。

“一个民族能否在世界民族之林有一席之地，在国际社会得到尊重，不仅在于有钱有势，还要有文化魅力。如何推进中华文化的回归与超越，使之为我们的民族持续地积蓄和迸发力量，来酿成新的文艺复兴？希望听听高见。”

我小时候在杨鉴勤老师的私塾里受过严格的国学教育，开蒙学千字文、三字经、古文释义，详学四书五经等古代典籍，没想到这一刻派上了用场。我开诚布公作了回答。

“不可否认我们的经济社会在快速发展，但从文化的角度看，最令人担忧的是信仰危机和道德缺失，我国的中年到青年这一层人在成长过程中受到了反右、‘文革’的影响，一度造成知识断代，精神空虚，这很危险。新的一代接受的是现代化教育，对传统文化不了解，盲目崇尚西方的东西，是没有文化自觉意识的表现。中国一直有从孔孟之道以来形成的道德体系和教化途径，强调潜移默化、以理服人，礼乐是教化的重要手段。

《礼记·乐记》里说，‘故礼以道其志，乐以和其声，政以一其行，刑以防其奸。礼乐刑政，其极一也，所以同民心而出治道也。’……”

叶先生究竟是大学问家，他也马上引用《礼记·乐记》中的句子来推进交谈的深入。

“的确，‘兴于诗，立于礼，成于乐’。这九个字大体就可以显现出中华民族数千年孜孜不倦的精神跋涉之轨迹。”

我就跟他继续讨论“乐以和其声”的作用。旧话重提，是因为我们的先人，竟然如此重视“乐”，甚至视“乐”与“礼”、与“刑”、与“政”之功能相辅相成，地位同等重要，因而“礼乐”就成了教化道德、促进和睦的重要手段。所以音乐怎么不是一本书呢。

先人远去，道理还在，用今天的话来说，“乐以和其声”，也可以是充实人们精神，促进国家强盛的一种软实力。我们要推进的社会主义文化大发展、大繁荣，一定是来自民间，来自大变革时代，来自全民族精神的激荡。所以习总书记说，要结合新的时代条件传承和弘扬中华优秀传统文化，传承和弘扬中华美学精神。

2. 佛乐：海峡两岸的共同心声

海峡两岸分离已久，怎么走到一起？我想说暂时走不到一起，可以先唱到一起，从唱到一起争取说到一起，从说到一起争取想到一起，从想到一起争取干到一起，总有一天会走到一起。我觉得就佛法就有办法，就佛乐就有欢喜。

佛光山是台湾最大的佛教山头，以“神州和乐”相聚，我请他们唱佛教的歌。佛教有什么歌呢？“春有百花秋有月，夏有凉风冬有雪，如无闲事挂心头，便是人间好时节”。多好的歌，他们就唱。唱着唱着我就推进了海峡两岸佛教音乐展演，台湾方面也派来团队，唱佛祖的歌，之后我就带队到台湾去了，还带着少林寺武僧去表演。在体育馆唱，台上说，海峡两岸尽管相隔遥远，阻挡不了法音宣流，台湾与大陆之间虽然海洋辽阔，但阻隔不了中国人血浓于水的感情交流。台下说，两岸佛乐展演是吹箫引凤，引来和平之凤。

我进一步突发奇想，组织了一场佛教交响乐。那年要办世界佛教论坛，来了三十多个国家的高僧。先从理论上说，佛教的音乐世界中，本来就既有菩萨低眉，也有金刚怒目；既有宁静祥和，也有高亢激越；既有禅悦慧风，又有莲幢光明；既有“拈花一笑”，又有“大放光明”，本来就需要一种全方位、多层次的形式来表示，应该是一种交响——生命的交响、艺术的交响、和谐的交响。我推动他们创作了一部《神州和乐》，是中国第一部佛教交响乐，总顾问是我。我们还在上海、广州等地巡演。

因为佛乐的来回交往，我就和台湾的星云大师成了朋友，他 87 岁时见到我，欣然送我墨宝：“有情有义”；他 88 岁时又送我一幅字：“有你真好”。他见到我时经常说，叶局长，我已经被你统战了，你还有什么新任务呢？他 89 岁时又送我一幅字：“我有欢喜”。他对我有情有义，我对他也有情有义，我推荐他参评中央电视台十大中华杰出人物之一，最后成功入选。习总书记亲切接见了他。习总书记拉着他的手说，星云法师，我已经看到你的书了。他说习总书记啊，我已经看到你的梦了。他说：“我们的领导人提出中国梦，其实全世界的人都有梦想。梦想，就是希望，不过，希望趋于渺茫，梦想却总有特别的力量，因为梦想包含着虔诚的心力和巨大的愿力。梦想是独特的意识，它可以上天入地，可以翻山越岭。人要有希望，更要有愿力、有梦想。我们中华民族一个大的愿力就是民族复兴。”讲得好嘛，我就鼓励他，他到处做报告，就叫做“看见了梦想的力量！”

3. 爱乐：六旬老头与交响乐团

六旬老头就是我，2009 年我要满 60 岁时调到中央社会主义学院工作。我觉得应该由交响乐来为学院“鼓之以雷霆，奋之以风雨，动之以四时，暖之以日月，而百化兴焉”。于是我在中央社会主义学院办了一场交响音乐会，把中国爱乐乐团请来了。我说这叫高雅音乐下基层，校园文化开新花。

我出生在贵州，是个很穷的地方。小的时候，只有老师有一把大提琴，我看着高雅的乐器大提琴，就想趴在窗口上学，老师哪里舍得给我呢，怕这个孩子毛手毛脚地摸坏了。我想学这个，又买不起。后来就尝试自己做，但做了还不响。现在我60 多岁了，有能力买琴了。原来在国家宗教事务局工作的时候没时间练，到中央社会主义学院当教授了，我就开始悄悄练。我的秘书多次跟中国爱乐乐团艺术总监余隆讲，说我们的书记会拉琴，余隆说真的呀，那我们的乐团到你们学校演出，他就独奏，我们给他伴奏一首。我说余隆你不要害死我，你听说过一个县委书记拉二胡吗？他说你来拉拉试试，我就抱着个琴，躲在一个房间里练习，觉得还可以，但明显一个音不准，怎么练都拉不准。他说没关系，乐队等着你。到了那里我就叫整个乐队跟着你不准，你就准了。

后来我就上台了，我说："今天高雅音乐下基层，基层就很激动，基层就想互动，基层就乱动，大家可别乱。"当然，中国爱乐乐团给我伴奏，我的胃口就吊起来了，我就开始学琴了。俗话说六十不学艺啊。我当然要拜师，怎么学琴呢？跟着大师。当然我是一个部长，还是一个官，人家很照顾我，中央音乐学院给我找了一个最好的学生，一个小姑娘，高材生，现在到德国去了。院长说这是一个部长，你好好教。我就拉给她听，拉了半个钟头，她一句话都不说，我说你说呀，你是老师啊。她说你比我棒，拉得好多了，这怎么教呢？后来我就去找国家交响乐团首席小提琴刘云志，找了中央音乐学院副教授鲁鑫，又找到中央歌剧舞剧院交响乐团的青年大提琴家杨娣，都很厉害，跟着大师你一不小心就可以成为大师。

这个琴是要练的，我每天早晨六点练琴，练完后洗洗赶紧上班。后来我就上台了，开了专门的音乐会，叫"音乐情缘"。

当然，还要有音乐创作，我鼓励音乐家为我专门写了两首大提琴曲，人民音乐出版社已经出版了。

我在中国社会主义学院举办交响音乐会，中国爱乐乐团给我伴奏。当时李岚清同志来了，李岚清同志听我拉完以后，下来就找我谈话，说小文，我一直有个想法，现在我们这些大学生，学习倒是努力，但不热爱人类的经典音乐，要唱歌就唱流行歌曲，唱这些歌怎么能有智力提高？爱因斯坦热爱音乐、袁隆平热爱音乐，要让他们热爱音乐才有创造力。我当副总理的时候，就推进高雅音乐进校园，有的学生来看，有的还是不来看。我突然想了一个念头，我组织一个特殊的交响乐团，这个乐团全部由教授、部长、将军组成，叫“三高”爱乐之友交响乐团，而且一定要是交响乐，不要吹个葫芦丝，吹个笛子。你来帮我主持。

我说你找个部长作报告还可以，你说他会拉琴、会吹号，那不是瞎扯吗？我们这种人里面找三高只能找到高血压、高血糖、高血脂。他说我来主持，他给16个省委书记发函、打电话。后来从16个省里就选了90多个团员，全是部长、将军、教授，叫做“三高爱乐之友交响乐团”，我被大家推举为这个乐团的团长，团员有韩正、杨洁篪、夏宝龙等，他们见到我都说“领导来了，你好”，他们叫我领导。我们这个乐团经过半年紧张的排练，到年底我们就开了一场特殊的音乐会，在国家大剧院，引起了热烈的反响，带来了特别的震撼。

这个乐团演出完就得解散，因为团员中95岁的有两个人，我跟岚清同志说再这么搞下去要倒在台上了，我这个团长怎么当呢？岚清同志说见好就收，演完就解散了。可是聚时一团火，散时满天星。留在北京的又组织了一个满天星业余交响乐团，民政部正式注册登记，我继续担任团长。

一个青年听了以后，给我们写了一首《满庭芳》，其中有“堪忆昔年往事，扶社稷，勋绩良多。韶华逝，青丝华发，未敢忘忧国”。李岚清同志也嘱托我们，“要做普及优秀音乐的使者，为全面素质教育作贡献”。

礼乐，中华民族的文化传承。佛乐，海峡两岸的共同心声。爱乐，六旬老头与交响乐团。音乐可以点亮人生。我想我们每个爱乐人不都是传播高雅音乐的一支蒲公英吗？当这支蒲公英成熟的时候，我们就会变成种子，飞到祖国各地去，长出新的蒲公英。

白天走干讲，晚上读写想，音乐也是一本书，也可以走干讲，读写想。当然我毕竟不是搞音乐的，我推动我的老师杨娣创作了一首《丽江恋》，并为其作写序。我又请我的老师写了一首《鸿雁》，大家都熟悉它的歌词，“鸿雁天空上，队队排成行，江水长，秋草黄，草原上情深忧伤”。太美了。远在天边的法国大作曲家圣桑也会望着当代中国作曲家会心地微笑；远走高飞的鸿雁，也会向着碧波中的天鹅，深情地回眸。

郝振省：下面，按照惯例，我对今天的演讲做个简单的小结。

叶小文同志在演讲中讲到了他与美国大使、与日本外相、与卡特前总统以及与南怀瑾老师的交往，讲到了自己的“读写想”出自几部文化著作，讲到了对文化焦虑的思考和追溯，也讲到自己研究礼乐、佛乐和爱乐中非常动人的情节。所以我以为，叶小文同志把走干讲、读写想与党和国家一些重要工作紧密地联系在一起，展现出作为领导干部的独特风格和魅力。

这对我们在座的同志有重要启示。叶小文同志是党和国家重要部门的领导，他的“走干讲”和“读写想”有着独特的意蕴。推而广之，只要我们对党和国家的事业，对我们的管理工作和领导工作有着强烈的责任意识，有担当精神、博大胸怀和一种锲而不舍的追求，我们就能够有所作为，大有作为。所以我觉得我们要把走干讲和读写想很好地结合起来，这两者之间有一种辩证的内在逻辑关系。

最后我想说，其实走干讲和读写想后面还可以加三个字，叫拉弹唱，这里面也有内在的关系，即表明了艺术不只是艺术家的事情，我们党和国家的领导干部，还有在不同层级上的公务员，也一样需要艺术和形象思维的熏陶。在叶小文同志之前，我们请叶小钢先生讲过音乐欣赏，请卞祖善先生讲过交响乐的欣赏，这样看来，我们读书活动倡导艺术修养的路子是对的。叶小文同志今天把“走干讲”“读写想”和“拉弹唱”当做一种工作方式、生活方式、领导方式，给我们树立了非常好的范例。我提议，让我们对他充满激情和理性，充满诙谐幽默，充满理论思想的演讲，以及精彩的演奏表示衷心的感谢！

（本文根据叶小文2016年4月23日在中央和国家机关“强素质·作表率”读书活动2016年第4期主题讲坛上的讲座内容整理）

主讲人：刘庆邦

刘庆邦，中国煤矿作家协会主席，北京作家协会副主席，一级作家，北京市政协委员，中国作家协会全国委员会委员。著有长篇小说《断层》《黑白男女》等九部，中短篇小说集、散文集《走窑汉》《梅妞放羊》等四十余种。短篇小说《鞋》获第二届鲁迅文学奖。中篇小说《神木》《哑炮》获第二届和第四届老舍文学奖。中篇小说《到城里去》和长篇小说《红煤》分别获第四届、第五届北京市政府奖。长篇小说《遍地月光》获第八届茅盾文学奖提名。曾获北京市首届德艺双馨奖。多篇作品被译成英、法、日、俄、德、意大利、西班牙等外国文字，出版有六部外文作品集。

生命与文学

生命与文学

郝振省：同志们、朋友们，大家上午好。今天是2016年第5期，总排序第85期中央和国家机关“强素质·作表率”读书活动主题讲坛，我们为大家特别邀请到国家一级作家、中国煤矿作家协会主席、北京市作家协会副主席刘庆邦同志作为今天的主讲嘉宾，大家欢迎他！

刘庆邦同志著有《断层》《红煤》等九部长篇小说。他的作品先后获得了鲁迅文学奖、老舍文学奖、北京市政府奖和第八届茅盾文学奖。根据他的小说《神木》改编的电影《盲井》获得第53届柏林国际电影节“银熊奖”，他是一位德艺双馨的作家，今天赠送给各位的书是他最新出版的一部长篇小说——《黑白男女》。

同志们，我们安排今天的演讲主题，有两点考虑：第一，正像“舞台小社会，社会大舞台”一样，好的文学作品，特别是中长篇小说，往往是对零星的、破碎的、甚至泡沫化的生活进行深度加工、典型加工的产物。由于小说对社会生活的时空加以集中、浓缩，对情节加以提炼，人们阅读时往往觉得是在情理之中、意料之外。特别是它首先给人一种“山穷水尽疑无路”的悬念，接着又峰回路转，呈现出“柳暗花明又一村”的结局。阅读一部优秀的文学作品，往往是一种精神的享受，往往能使我们更好地了解、把握社会生活的本质和真谛。

第二，从同志们实际的领导工作、机关工作和群众工作来看，无论是“走干讲”还是“读写想”，语言表达是否有感染力，都应该是一个十分重要的追求目标。然而，语言不是随随便便就有感染力的，要让语言精彩非下大功夫不可。怎么下功夫呢？毛泽东同志提出了三条：向人民群众学习语言；从外国语言中吸取我们所需要的成分；要善于学习古人语言中有生命的东西。这三条其实可以总结为一个方法，就是通过阅读和欣赏古今中外的好的文学作品来实现。

我们要特别说明一下，刘庆邦同志就是评论界公认的亦俗亦雅的语言大师，现在让我们用热烈的掌声欢迎刘庆邦同志开讲。

各位朋友，首先感谢郝院长的介绍。今天是周六，又下着雨，本来应该是大家的休息时间，朋友们放弃了休息时间来听讲座，我非常感谢大家的捧场。

一、生命和文学的关系

我的任何写作，包括小说、散文、随笔等等，都是从个人出发，也都是从内心出发。写作是这样，我的讲座也是这样，也是从个人出发，从内心出发，然后才走向社会、走向听众。从个人出发和内心出发，就会举到自己的一些作品的例子。比如我刚刚在2016年第3期《人民文学》杂志上发表了一篇短篇小说，刊登在头条位置，这篇短篇小说的题目叫《小心》。这篇小说是以我的一个小弟弟为原型写成的，我写了一万多字。我的小弟弟1959年出生，刚出生就赶上了三年大饥荒，因为严重营养不良，导致他得了软骨病，也叫佝偻病，都四五岁了还不会走；又因为他驼背，腰上鼓了一个大包，只能坐在地上用手支撑着自己，用屁股往前挪。

我母亲一直为我这个小弟弟发愁，连路都不会走，长大后怎么生活？我曾多次听到我母亲对我的小弟弟说，“你死了吧。”我印象很深，有一天下大雨，我和弟弟在家里看书，这时候我母亲就对我的小弟弟说，“你站起来，走两步，让你姐姐、哥哥看看，看你到底能不能走。”这时候我的小弟弟就两手扶着膝盖，他站起来的时候腿哆嗦得像风中的树叶，就赶紧扑到我母亲的怀里。我母亲抱着他就开始劝他，说你还是死了吧，你这样长大也是哥哥的累赘，我死了以后谁管你呢？这时候小弟弟满眼含着泪水，无话可说。

我小弟弟最后还是死了，大约六七岁的时候。我印象很深，端午节那天，我放学回来，走到屋子后头就听见我家里的哭声，我就意识到完了，我的小弟弟肯定死了。进家一看果然是。母亲和姐姐都在那里哭，而且我没看到我的小弟弟。他死后母亲给他钉了一个简单的木头匣子，已经在地里埋掉了。母亲姐姐都在哭，我想我就不哭了，因为我父亲已经去世了，我作为家里的长子应该坚强一些，就不哭了。但是我没有忍住，最后还是哭了。这一哭就不得了，被自己的哭声推动了，哭得很厉害，哭得浑身抽搐，手脚冰凉，最后昏厥过去了。

我母亲一看这情况很害怕，本来她的小儿子死了，大儿子不能再出问题了。就赶快喊来我们村里的一个略通医道的老先生，过来给我扎了一针，我才缓解过来。我一哭就哭得昏死过去，让我母亲得出一个结论，她说我是一个心重的孩子。所以在我母亲病重的时候，临死之前她给我们村里的婶子、大娘交待说，“我死了以后，你们要看着我这个儿子。”意思就是别让他哭得太厉害，不要再让他哭得昏死过去。这是后来我的婶子、大娘给我说的，让我不要哭得太厉害，说你的心太重了。

心重是什么东西呢？有人认为心重可能是心眼小，可能是爱钻牛角尖，可能是遇到什么事情想不开、放不下造成的一种心重，甚至说心重可能是一种比较消极的心理状态。后来我想想，我不太认同这个说法。我觉得一个人的心重，还是关乎一个人的敏感，关乎一个人的善良，关乎一个人对责任的一种承担。从这些意义上来说，我觉得这个人心重，不但不是一种消极的心理状态，反而是一种积极的心理状态。以此推之，我认为很可能每一个作家都是一个心重的人，而不是一个心轻的人。如果一个人他什么事都不往心里去，我觉得这样的人很可能就成不了作家。一个心重的人才可能成为一个作家，也可以说心重是成为作家的必要素质。

每个人都不一样，有的人就是心重，有的人就是心轻。心重的人在一些具体的细节上都能够表现出来，比如说心重的人关门都比较轻，就是心重的人手轻；在桌上放一个茶杯，他都会轻轻地，不让它发出声音来，由此可以判断出这个人是一个心重的人。如果他关门“咣”的一声，就可以判断出这个人是一个心轻的人，不是一个心重的人。就是说，心重的人动作都是轻的，心轻的人动作都是重的。

一个人的写作和生命有着密切的关系。可以说，每个人的作品都是一个作者的生命之歌，生命之舞，生命之诗。也就是说，他的作品是精神的形式，是心灵的外化，或者说是灵魂的形式。有什么样生命的质量，有什么样生命的力量，有什么样生命的分量，他才能写出相应的有质量、有力量、有分量的作品。我一连说了三个“量”，生命的质量、生命的力量和生命的分量，朋友们会不会说那是不是你把生命量化的办法？不是的。我们通常说的量化是一种数字化的、物质化的东西，我所说的生命的质量、生命的力量和生命的分量，指的是精神上的东西，指的是灵魂上的东西。

1. 生命的质量

什么是生命的质量呢？我认为，一个作家生命的质量，指的是一个作家的人格。如果作家有高的生命质量，他至少应该包含着五种因素，或者叫五种标准，他应该有着善良的天性、高贵的心灵、高尚的道德、悲悯的情怀和坚强的意志。下面我简单地把这五种要素展开讲一下。

第一，要有善良的天性。作家的写作从本质上来说是劝善的，是用于改善人性和改善人心的，因为我们的写作就是为了使人和社会变得更美好，从本质上是作用于人的精神，人的心灵和灵魂。我希望通过我们的作品，使人性变得更善良，我觉得这是一个本质的东西。文学作品既然有一个劝善的功能，就要求每个作家首先自己必须是一个善良的人，善良而敏感，因为善良才能发现善良，并且会发现恶。对有些善良，一般的人可能不会发现、不敏感，但对于一个作家来说，哪怕是一个小善，他都会发现。对于恶的东西，作家的心灵会颤抖，他会对恶也特别敏感。所以说拥有一颗善良的心，作家才能变得善良，同时自然会揭露恶，鞭挞恶。

作家有时候会写一些恶的东西，揭露一些恶的东西，这正是出于一种善良的愿望，正是希望人心变得更善良，希望社会变得更美好。我还认为，作家是通过自己的作品行善的，当然这个行善不像一些慈善家、企业家，或者是拥有很多财富的人的行善方式，他们的行善是通过物质的手段，通过帮助一些弱势群体来行他们的善行和善举。这些慈善家也好，有财富的人也好，他们的行善我觉得总还是有限的，或者说总是不能持久的，因为物质财富总有用尽的时候。但是一个作家的行善，通过他的作品来行善，我觉得会更长久一些。如果有一个好作品，像我们的唐诗宋词、《红楼梦》，都有让人心变得善和美好的作用，它会长久地影响我们。这是我所说的第一点，那就是善良的天性。这是对一个作家起码的要求，也是一个很高的要求，每一个好作家他的天性都是善良的。

第二，要有高贵的心灵。我说的高贵，不是高不可攀的东西，和贵族是不一样的，主要讲的是心灵。一个人哪怕身在底层，但是他的心灵有可能是高贵的；一个人拥有很多财富，或者说他身居高位，但是他的心灵不一定是高贵的。心灵的高贵和人的财富与地位不是成正比的。一个人怎么样才能做到心灵高贵的，或者说怎么样保持一个高贵的心灵呢？我的理解就是，如果一个人具有人文情怀，始终把生命看得高于一切，理解生命的宝贵、生命的短暂、生命的不可重复，一直非常尊重生命，就会保持心灵的高贵。也就是说，一直是把生命本身作为一个目的，而不是把生命作为一个手段，这样的心灵就是高贵的心灵。这个说起来简单，但做到并不容易。

在当代社会，很多人一不小心、一坚持不住就有可能把自己的生命当成一种手段来使。有些人拿生命去交换，出卖自己，有的出卖自己的肉体，有的出卖自己的灵魂等等。这就是把生命当手段，就是没有做到始终把生命当成一个目的，一旦把自己的生命当成了手段，就失去了这种心灵的高贵。作为一个作家，要保持心灵的高贵，始终把生命的宝贵看得高于一切，始终尊重生命、爱护生命，始终把生命本身当成一个目的，这样才能够始终如一地保持自己心灵的高贵。因为我们的作品都是从我们的心里出来的，如果你的心灵高贵了，你写的东西就不会低下，不会流俗。这是一个标准，要有高贵的心灵。

第三，要有高尚的道德。生命要有质量、人格要高，就要求我们要有高尚的道德。高尚的道德，要求是很多的，现在我们强调重德。其实我们的传统文化，从道家到儒家，还有佛家等等，我觉得从本质上讲，都是崇尚道德的，或者说都是讲究德育的。比如儒家讲究仁者爱人，讲究己所不欲、勿施于人，这些都是我们耳熟能详的教诲。如果我们都能做到这些教诲，真正做到了仁者爱人，真正做到了己所不欲、勿施于人，就不失为一个道德高尚的人。这些说起来简单，但是内涵非常丰富，做起来是不容易的。如果做到了，这个人就是道德高尚的人。这是对作家道德上的要求，道德要高尚。

第四，要有悲悯的情怀。从人性上讲，每个人都有悲悯的情怀，这个悲悯的情怀对作家的要求更多。你始终要有同情心，要有恻隐之心，要提前看到生命的尽头，有慈念甚至有悲念。大慈大悲也是一种悲悯，按照我的理解，我希望把它理解为人往往是先有悲，是大悲大慈。有时候一个人经历了大悲后他才会产生大慈，才会产生慈念，使人变得慈祥起来。很多大诗人、大作家，他们都有着悲悯的情怀，或者都有着慈悲的情怀。因为他们往往是提前看到了生命的尽头，有着强烈的生命的意识，知道生命的短暂，知道我们终有一天要离开这个世界，会回头看，回头看之后就会产生慈念，就会回想起过去很多事情，看得开了，会觉得好多事情都是不必计较的。比如苏东坡写过一首描写月亮的诗，“暮云收尽溢清寒，银汉无声转玉盘。”关键是后两句，“此生此夜不长好，明月明年何处看。”苏东坡通过看月亮就想到，如果今生今夜不能长好，明年明夜何处看呢？明年的月亮很可能就看不到了，他通过这首诗写到了人生的短暂和人生的无常。在这种情况下，他就会产生一种悲的想法，然后就会心生慈念。

大家都非常熟悉的《红楼梦》中曹雪芹写林黛玉的《葬花

词》，写的就是青春的遗失，“侬今葬花人笑痴，他年葬侬知是谁。……一朝春尽红颜老，花落人亡两不知。”通过这首诗抒发自己对人生短暂的一种看法，“一朝春尽红颜老”，然后是花落也不知道，人亡也不知道，就是两不知。人生失去了以后什么都不知道了，就是从有知的世界到未知的世界，世界就跟你没关系了。天上打雷我们也听不到，下雨我们也听不到，雾霾、噪音想听也听不到了，都没有了。作家和诗人提前想到这一点以后，就会产生悲悯情怀，对人世间的一切就心生爱意，就特别宽容。他们不光是对一些好的东西，会非常喜欢，对平常一些看不惯的东西，也会变得宽容起来。一个作家，有悲悯情怀，就会始终关注底层劳动人民的疾苦。我认为我们人类无论在什么情况下，都离不开困境。你从一个老的困境里走出来后，可能会走入一个新的困境。人到世界上是吃苦的，是受苦的，所以说到什么时候都有受苦的人，都有可怜的人，都有值得同情的人，都有值得关注的人。作家一定要眼睛向下，始终保持悲悯的情怀来关注这些人，这也是作家的一个很重要的素质。

第五，要有坚强的意志。我觉得要成为一个作家，意志力也是非常重要的。我们每个人有三种基本力量，一是体力，二是智力，三是意志力。体力也可以分为三种力量，包括承重力、耐久力、爆发力；智力也可以分为三种力量，包括记忆力、理解力、想象力；意志力我也把它分为三种力量，包括抗压力、持久力、胜己力。通常我们比较重视体力和智力，对意志力往往不大重视，因为意志力是一个虚的东西，是一个看不见、摸不着的东西。但是我认为，无论做什么事情，从事文学创作也好，科研也好，还是其他的工作也好，这三种力量是相辅相成的，如果没有意志力的支持也是很难成就一番事业的。所以我非常重视意志力的作用。

意志力是什么呢？意志力就是我们精神的力量。说白了就是我们的心劲儿，再说得直白一些，就是我们战胜自己的力量。我们通常说，船的劲在帆上，人的劲在心上。一个作家走多远，能不能出成就，在很大程度上，不是体力和智力的比拼，而是意志力的比拼，就是看你的意志力坚强不坚强。有时候我对我自己的才华也产生过怀疑，自己的才华怎么样？能不能写出好作品？能不能成为一流的作家？好多作家也对自己产生过怀疑。但是我对自己的意志力从来没有产生过怀疑。我相信我的意志力永远是坚强的，或者说我的情感可以是脆弱的，看一个感动的东西，禁不住就热泪盈眶，我看我写的小说，看着看着眼睛就湿了；但是我对我的意志力始终充满了自信，就是相信能够自己战胜自己。

比如，我已经连续很多年，坚持在每年的大年初一起来写东西。大年初一是什么概念，年三十和家人一块过年团圆，放炮、包饺子，会弄到很晚。但我每年大年初一的四点半准时起来，很快就会进入写作的状态，这时候外面整个城市是一片沉寂。我以前讲这段经历的时候有的记者就会问，你是不是要当劳动模范，我说我不是想当劳动模范，我就是想考验一下自己，看看自己的意志力是不是保持着。起来以后我会在笔记本上记上一笔，今天是大年初一，我按时起来，还是战胜了自己。人们常说“一天之计在于晨，一年之计在于春”，延伸来讲，一生之计在于什么呢？一生之计应该是在于早。再延伸一下，一生之计在于勤。这就是我新的感悟。

我特别强调意志力，就是我们做一件事情一定要有意志力的参与，不要忽视我们的意志力，这个意志力就是我们精神上的一种力量，或者说就是战胜自己的力量。如果我们自己不被自己打倒，不被自己战胜，别人是战胜不了我们的。我写过长篇小说，有人说，你们要想在煤矿上出名的，要打倒刘庆邦。我挺不爱听的，后来我就说，如果我自己不被自己打倒，你们是打倒不了我的。人们都是首先自己把自己打倒了，意志力不起作用了，才会被别人打倒。所以，我很重视意志力的作用。

有的时候我会和朋友们讲，要锤炼、磨炼自己的意志力。意志力有的时候是有遗传基因的，我觉得我的意志力是继承我母亲的意志力，我母亲是一个意志力非常强的人，任何艰难困苦是打倒不了她的。还有就是后天我磨炼自己的意志力，逐步变得坚强起来。

2. 生命的力量

什么是生命的力量？我理解一个人生命的力量，主要指的是一个人思想的力量。一个人勤学，善思，独立思考又勇于表达自己的看法，这样的人才能称得上生命有力量。我们通常说一个人，说他有主见，有自己的想法，就主要是说他不是人云亦云，对社会、对世界、对历史有他自己独特的看法，这样的人才能称得上生命有力量。

中国作家里谁称得上生命最有力量呢？如果让我推一个人的话，那我愿意推鲁迅先生。我们都知道，鲁迅先生是小体格，身高还不到一米六，身体也不好，烟瘾很大，鲁迅先生体力肯定是不行的，如果和鲁迅先生掰手腕，一个女士就能掰过他，但是我们不得不承认鲁迅先生的生命是非常有力量的。他的生命有力量体现在思想的高度、思想的深度、思想的宽度、思想的广度，鲁迅先生对人性的认识，对国民劣根性持久的批判，我们现在还达不到那样的高度。我们之所以推崇鲁迅先生，就在于鲁迅先生伟大的思想的力量。

当代的作家，如果让我推荐一个生命最有力量的人，我会推荐史铁生先生。史铁生是北京作协的副主席，我和他交往比较多，我都是叫他铁生兄，我们同年生的，他是一月生，我是腊月生的。大家都知道他写过很多有影响力的作品，大家最熟悉的就是《我与地坛》，因为《我与地坛》上过中学的课本，他还有至少两三篇散文作品都上过初中、高中的课本。以前铁生的身体很好，到陕西插队回来就截瘫了，只能在轮椅上生活。我们参加活动，要先把他抬上轮椅，推着他，一起聚会也是把他从轮椅上抬下来，才能和我们一块行动。我们知道铁生身体的力量完全不行，生活完全不能自理，得靠别人帮助他，但我们不得不承认史铁生的生命非常有力量。他生命的力量就体现在他的思想精神上。

除了我提到的这些作品，史铁生还写过《务虚笔记》，还写过《病隙碎笔》，还写过长篇小说《我的丁一之旅》，都是非常好的作品。我愿意把史铁生的作品推荐给大家，这些作品都是经得起细读的，经得起历史的检验。他作品中的思想的力量与鲁迅先生不一样。鲁迅先生主要是批判，史铁生主要是从生命哲学的高度，来追问生命的意义，追问生命从哪里来、到哪里去，追问肉体和精神的关系、和灵魂的关系，从哲学的高度来探讨生命的意义，写得非常深刻。

中国比较缺少生命哲学方面的著作，史铁生是通过小说、随笔探讨生命哲学，而且有很高的高度。铁生去世一周年的时候，中国作协举办了追思会，中国很多的作家、学者、评论家都去了，好多人都是自己要求去的。作协主席铁凝也去了，残联主席张海迪坐着轮椅也去了，她们都争相发言，对史铁生的创作给予了很高的评价。我记得铁凝说，“史铁生成天坐在轮椅上，我们站在地上，如果从生理高度看，好像我们比史铁生高，但是从精神和灵魂高度，我们又跟史铁生差远了，我们比不上他。”铁凝还说，“因为铁生得了病，行动不方便，不能到各地走，也不能出国，而我们这些健全的人，我们可以到处跑，把全国跑遍，甚至还可以跑到世界上很多国家。但是我们的视野和铁生比较起来，有时候我们的视野开阔还比不上铁生，我们的胸襟和胸怀也比不上铁生。”从这方面肯定了铁生兄生命的力量。

铁生的力量主要体现在他的思想上，他对生命的追问追得特别深，因为他特别纯净。铁生身体这么不好，但他的意志力是无与伦比的坚强。后来他病重了，尿毒症之后肾都不起作用了，每个星期要做三次透析，躺在病床上，非常艰难。像我们健全人脑子非常懒，我们不愿意动脑子，不愿意思索，但铁生即便在透析的时候，从身体里抽出来的血在体外循环，他脑中的血液不足，供氧也不足，这时候他仍然没有放弃思索，眼看血栓将血管堵住了，赶紧喊护士，说你看这血都变黑了，然后把血栓取出来再继续循环，然后他脑子才能思索。后来他跟我说，思索非常费劲，刚想到一个念头，如果不抓住它，它很快就散掉了。因为他身体有毛病，不像我们健全人，思索以后可以固定下来，他手里抓着一个手机，有了一个念头之后，赶快在手机上做一个记号，不至于使这个思索念头闪掉，然后再对着电脑整理下来，这体现了他的意志力。他不光是生命力量强大、思想力量强大，意志力也很强大。虽然他的生活不能自理，但是他的精神力量非常强大。所以我说，中国当代作家的生命最有力量的是史铁生，中国现代作家的生命最有力量的是鲁迅先生。

这是我所说的一个人生命的力量。让我回顾一下，我认为所谓的生命力量就是一个人思想的力量，就是人要不断地思索，不能人云亦云，对世界应该有独特的看法。思考必须是独立思考，独立是思考的前提，人没有独立是谈不上思考的。对一个作家来说，对一个公务员来说，甚至对每一个人来说，独立思考都是非常重要的，只有做到了独立思考，这个人的生命才有力量，这是我讲的生命的力量。

3. 生命的分量

一个人的生命的分量，肯定不是先天就有的，是经过后天的一些事情，有一些经历，有一些坎坷，有一些磨难，被人误解过，被人轻视过，甚至被人批斗过，是经过锻炼再锻炼、加码再加码，是通过积累才使这个人的生命逐渐变得有分量起来。一个作家只有生命有分量了，才有可能写出有分量的东西。如果一个人从学校门到机关门，他没有什么经历、阅历，没经历过什么事，他的生命的分量是轻的，就不可能写出有分量的东西。这个感悟是我看了沈从文的一封简短的信后悟到的。沈从文在这封信中说，司马迁之所以写出不朽的伟大的《史记》，在于司马迁的忧患意识和司马迁的生命分量。这不是靠积学所能成就的，它是经过所受的教育的总量相加，然后才有生命分量，才能写出这么有分量的东西。我觉得他这封很简短的信中有几个关键词，一个是他提到的叫“所受的教育的总量”，这个很有意思。通常我们说受到的教育有家庭教育、学校教育等等，但是教育的总量就开阔了，包括社会的教育、人生磨难的教育等等。加到一起才叫所受教育的总量。

不是靠积学才能成就，指一个人有学问可以当学者，但是不一定能成为作家，司马迁之所以能写出《史记》来，就是因为他的生命有分量。提到司马迁大家都知道，鲁迅先生对《史记》的评价非常高，称其为“史家之绝唱，无韵之离骚”。不论是从史，还是从文，都推崇到了至高无上的地位。司马迁为什么能写出《史记》，他的生命的分量是从哪里来的呢？汉武帝曾给他两条路，一个是砍头，一个是受宫刑，砍头当然容易了，但是受宫刑对于一个士大夫来说是一种极大的侮辱。士可杀不可辱，司马迁有使命还没有完成，他要完成他的《史记》，所以他选择了接受宫刑。我去陕西韩城的司马迁祠看过，司马迁受宫刑以后，族人们都不敢姓司马了，改成姓同。司马迁为了写《史记》付出了极大的代价，或者说是丧失了人生的尊严，但因为有伟大的《史记》，司马迁又赢回了尊严。司马迁在这件事上有他的考量，他之所以选择了受宫刑，是因为他有他的使命。《史记》之所以被后人一代一代传下去，成为一部非常有分量的书，首先就取决于司马迁生命的分量。

司马迁是这样，对司马迁作出如此精辟评价的沈从文先生，应该说他的生命也是非常有分量的。我自己非常喜欢沈从文的小说，我有沈从文所有的书，小说、随笔、文论，我都读过，而且是反复阅读。我知道沈从文的经历，知道沈从文生命的分量是逐渐积累起来的，是逐渐加重的，使他成为一个生命非常有分量的人。沈从文连小学都没有毕业，然后到北京谋生活，当时靠写作混一口饭吃，有的时候作品无法发表连吃的都没有，住的地方也没有，冬天穿着薄衣服冻得哈哈的，徐志摩看了，送给他一条围巾，他非常的感恩。稿费拿不出来，去报馆看发表了没有，去要稿费。当时一家报社副刊的主编对他的作品非常看不上，当着沈从文的面将他的作品用浆糊粘起来，还粘得很长，并指责沈从文说，你这东西还想发表，只能当废纸，并当场把他的稿子攒成一团扔到废纸篓里去了。这对沈从文是多么大的伤害和打击，但是他没有气馁，反而更加刻苦，最终还是一步一步走上了文坛，一步一步被文坛认可。一个小学都没上完的人，最后被聘为北京大学教写作课的教授。1988 年诺贝尔文学奖本来要颁给沈从文先生，但当年的夏天，沈从文先生就过世了。沈从文先生与诺贝尔奖交臂而过，一直过了好多年，我国的莫言先生才得了诺贝尔奖。

我的意思是说，一个作家要写出好的作品，生命是要有分量的，要不断积累自己的分量，才能写出好作品。我今天讲的第一个阶段就是这样，讲的是生命和文学的关系，特别是从作家的角度，讲生命跟他的作品有密切的联系，讲生命本身对一个作家的成长，对一个作家写出好的作品有多么的重要。

二、《黑白男女》的缘起

下面我来介绍一下我写这本《黑白男女》的缘起，或者说是讲讲这部作品的创作经过。这部小说是我 1996 年得到的素材，在 2015 年写出来的，首发在《中国作家》杂志 2015 年第 4 期，然后由上海文艺出版社出版，首印 8 万册。出版之后有几家报纸就做了连载，如《中国煤炭报》《大河报》《大连日报》《作家文摘》等。这本书是中国作家协会重点扶持的作品，也是国家新闻出版广电总局重点扶持的作品。今年 4 月 23 日世界读书日当天，《黑白男女》被评为“2015 年度好书”。

写这本书，可以说是我由来已久的心愿。我们每个人都有自己的心愿，有的人心愿多一些，有的人心愿少一些，有的人愿意把心愿说出来，有的人愿意把心愿埋在心底。写这本书可以说是我十多年，将近二十年的心愿，有了这本书，等于我实现了自己的心愿，还可以说写了这本书等于我还了一个心债。心愿有的时候像一种债一样，如果你的心债不还，是不得安宁的。当我们的心债还了以后，心就安然了。

中国作协组织这本书的研讨会，著名评论家、现在中国作协的副主席李敬泽先生评价说，“《黑白男女》是中国的心安之书，写了这本书心就安了。”他还说，“这本书写出了很多被遮蔽的东西。”他的意思就是说，我们中国发生了很多矿难，新闻报道总是很简单的、表面的，小说会心灵化地展现出来。

为什么说这是我很久的心愿呢？这个心愿是十多年、差不多二十年前就有了。1996 年 5 月 21 日，平顶山煤矿发生了一次特大瓦斯爆炸事故，这次爆炸使 84 名矿工瞬间被夺去了生命。事故发生后第二天，我就到这个矿上去采访了，其实是不能采访的，你不忍心去问，只能是看、听，只能用自己的心去感受。矿上一次死了这么多人，不能集中在一起来处理这些事务，只能分散做工作。煤矿底下有很多下级单位，一个矿管几个，负责接待人家，安排人家的吃住，负责对人家矿工家属谈安抚和赔偿。我跟着八矿处理这次矿难的事，住在一个宾馆里，好几个矿都在那儿包了房间。那几天每个房间都传出哭声，遇难矿工的妻子都哭得一次一次昏过去，抢救过来再昏过去，老人在门口都蹲着久久不动，孩子不懂事，在楼道里跑来跑去，让人觉得更加悲哀。

我去了几天，回来就写了一篇纪实报告文学，名为《生命悲悯》，将近 2 万字，当时发表在《中国煤矿文艺》上。我主要记述了几家矿工家属，通过一些细节来记录当时的一些生活。因为过去报告矿难都是说损失了多少人，造成直接经济损失多少多少，当然这是一种模式，但我对这种报道一直不太满意。

我就不明白人的生命是怎么换算成经济损失的，人的生命是最宝贵、最无价的，一个人的生命值多少钱呢？怎么把它转换为经济损失了呢？有了这个想法以后，第二天我就感觉我要算生命的账，我要算精神的账，或者算给矿工家属造成痛苦的账，从这方面唤醒人们对生命的重视。我要告诉全世界的人，一个矿工的死，造成的痛苦不是短暂的，是长期的；不是单一的，是大面积的。

在采访期间，我一再提醒自己不要哭，但我还是忍不住，情感受到了非常强烈的冲击，一次一次眼泪模糊了双眼，笔记本上都落了很多眼泪，那是忍不住的。我举两个简单的例子，一家中有矿工遇难了，家里有两个孩子，一个儿子刚刚六岁，刚上小学一年级，车到他家接家属去宾馆的时候，这个孩子不上车，工作人员一拉他就一挣扎，就是不上车，他姥姥下来哄他上车，他也不上，最后他妈在车上瘫软了，他姥姥扶着他妈下来，说上车吧，这个时候他儿子说了一句话："妈，你别难过，我去找两个同学把我爸爸扒出来。"他妈妈说好，要死咱们一块死，妈妈抱住儿子的头就大哭，这个小孩不懂事，他把爆炸看得很简单，他以为和小孩做游戏被土埋了是一样的，这种细节真是让人痛心。

还有一个例子，把矿工家属拉到宾馆以后，有一个女的老不吃饭，喊她吃饭她还去，但是一到桌前看到满桌的好吃好喝、大鱼大肉也不抬脸。当时要做一些补偿，就给矿工家属做一些好吃的，平时根本不可能吃到这些好吃的，可是这个女的就不吃。工作人员就说你吃饭啊，不吃饭怎么维持。我也帮着劝，我说你还有孩子呢，你还要对孩子负责呢，你不吃饭怎么能行呢？最后她说我吃不下，这些都是我丈夫的命，我怎么能吃得下我丈夫的命呢。她把桌上的好多饭菜都看成她丈夫的命。我一听这个也觉得心痛，怎么办呢？她不能吃饭只能打吊针，用输营养液的方式来维持她的生命。很多诸如此类的细节。

这篇报告文学发表之后，当时煤炭部管安全的一个副部长王显政看了以后非常感动，他给我写了一封信，信里说特别感谢作家能够深入基层、关心矿工的疾苦，从生命的角度来写出这样的报告文学。他第一是对我表示感谢，第二是要求全国煤矿中管安全生产的干部，都要读一读这篇报告文学，要对矿工的生命真正负起责任来。他把写给我的信登在报纸上头版头条的位置，登了以后在全国煤矿中引起了强烈的反响，矿上的广播在广播，《郑州矿工报》也转载了这篇报告文学，班前会上在读。有的还把它编成了节目演出，有妻子把报纸拿回来念给丈夫听。有的广播中读着读着就读不下去了，念着念着，矿工就失声痛哭。有一次我去采访，他们听说我去了，就在外边等着我，有几个矿工家属说想敬您一杯酒，说他们知道《生命悲悯》。我听着也很感动，一篇报告文学在矿上起了这么大的作用，我自己还是非常欣慰的。

因为有了这篇报告文学的影响，后来媒体中就有一个说法，是《南方周末》先提出的，说一到陕北提路遥就有人管你饭吃，一到煤矿提刘庆邦就有人管你酒喝。我听到这个，自己很欣慰，也很感动。直到今天这篇报告文学还在煤矿上持续发生作用。去年我到焦作煤矿，那里要招了新煤矿工人之后要学技术、学常识等等，学了以后发给每人一份《生命悲悯》这篇报告文学，让他们看，不光看硬的东西，还要看精神上的东西，才能提升自己的安全意识。这篇报告文学起了这样的作用。

作品为人民服务，真不是一个高调，也不是一句空话，真是我们俯下身子来，踏踏实实地为矿工着想。这是一件实实在在呕心沥血的事情，是文艺工作的价值取向，良心之公。我们心里装着矿工，贴心贴肺地为矿工着想，喜矿工所喜，怒矿工所怒，哀矿工所哀，乐矿工所乐，我们的作品就会在矿工群体中产生积极的心灵性和社会性的效应。

由于这篇报告文学在矿工中的良性互动，我就产生了一个想法，就是我刚才说的心愿，我能不能写一部长篇小说，可以更加充分地、饱满地反映中国矿工和家人的生活。因为报告文学篇幅有限，长篇小说可能容量更大一些；也因为报告文学有真实性的要求，真名、真姓、真时间、真地点，但是小说就可以虚构，就可以想象，人物就会更多，情节会更复杂，情感会更饱满，细节也会更丰富。我想它有可能会超越煤矿，走得更远一些，走到社会上去，甚至会走到世界上去。有了这个想法以后，我固定了这个心愿，然后就想着自己一定要写一部长篇小说。但是要实现这个心愿是不容易的。

首先有心愿和没心愿是不一样的，心愿是一个持久性的准备，也是一种内在的动力，有了创作这部长篇小说的心愿以后，我对全国煤矿的安全状况格外关注，因为我国的基础能源还是煤炭，煤矿的从业人员众多，安全状况不容乐观。远的不说，前些年全国煤矿的工亡人数平均每年达数千人。我就举一个例子，从2004年10月20日到2005年2月14日，不到四个月的时间内，全国煤矿就接连发生了三起重大瓦斯爆炸事故。这三起事故中，河南大平煤矿死亡184人，陕西陈家山煤矿死亡166人，辽宁阜新的孙家湾煤矿死亡214人。500多条年轻宝贵的生命突然丧失，同时使多少妻子失去了丈夫，多少父母失去了儿子，多少子女失去了爸爸。严酷的现实让人多么痛心，一种强烈的使命感鞭笞着我，催我赶紧挖掘素材，尽快投入创作。

平顶山那件事中积累的素材是不够的，我必须再继续进入生活，积累更多的素材才能写成。2013年，我申报了中国作家协会支持定点项目，希望到河南大平煤矿深入生活。河南大平煤矿也是2004年发生的事故。我为什么选择大平煤矿？因为我是从这个矿务局出来的，我原来在新密矿务局，现在叫郑煤集团，大平煤矿是新密矿务局的单位，矿上的领导、从书记到矿长都是我的朋友，我以朋友的身份到矿上去，我想我的朋友是不会拒绝我的。我就下决心，一定要把这部小说写下去。我知道这不容易，去之前正好是墨西哥邀请我去做文化交流，因为我在墨西哥出了一本书，墨方邀请我去大学里做演讲，我谢绝了墨西哥方面的邀请，坚持向近处走，不向远处走；向熟悉的地方走，不向陌生的地方走；向内走，不向外走；向深处走，不在表面走；在一个地方走，不到处乱走。我给自己总结了，叫“五走五不走”。

我这次去，给自己约法三章，“四少”“四多”。“四少”是我这次深入生活要少喝酒、少应酬、少讲话、少打手机；“四多”是多采访、多听、多记、多思索，一定要定下心来深入下去。把自己的姿态放低再放低，以真诚、虚心地学习劳动的态度把深入生活做细、做实。就在中秋节这一天，我自己买了月饼和水果，去拜访一位工亡矿工家属，这位家属让她的女儿带着我到她丈夫的坟前去默哀，谈了整整一上午，得到了许多好的素材。

我在矿上待了将近半个月，积累了丰富的素材，终于可以动笔了。回到北京后，我利用半年的时间把得到的材料加上以前采访的多次矿难的素材，加以整理、融合和消化，打上自己心灵的烙印，接着我就静下心来，投入到一场日复一日的马拉松长跑。我不说赛跑，说是长跑，因为场地上只有我一个人，我不跟任何人赛跑，跟我自己赛跑。2014 年 6 月开始，用了半年时间，到 2014 年 12 月 25 日，也就是圣诞节那天，我跑完了属于我自己的马拉松全程，意犹未尽地为小说结了尾。这个小说可以说倾注了我很多的感情，每天写作时都泪湿眼眶。

《黑白男女》与《生命悲悯》《清汤面》有着内在的联系，是一脉相承下来的，如果把《黑白男女》说成是《生命悲悯》的虚构版或者是《清汤面》的扩大版，也是可以的。我之所以要处心积虑地写《黑白男女》这部小说，并不是为了能挂得上大道德、大逻辑的匾额，也不是为了能承载多少历史意义，主要的动力是来自于情感。我认为，小说总是在表达人类的情感，而生死离别对人的情感造成的冲击最为强烈。别说人类了，其他的动物一旦遭遇生死离别也会悲痛欲绝。矿难往往是突发的，只能使活着的人痛上加痛，悲上加悲。小说表现人世间男男女女的恩恩怨怨，矿难的发生使男女恩怨有着集中、升级的表现，小说总是关注生与死的关系和意义，表现生者对死者的敬畏。矿难造成的死亡常常是大面积的，众多生命不可逆转地丧失，无数家庭命运的转折，使亲人的生变成了向死而生，对今后的生活和人生尊严都构成了严峻的考验。这些都为作家的想象提供了广阔空间。实际上，失去亲人也是我们每个人都必然会遇到的问题。失去亲人以后怎么办？我们都要作出自己的回答和选择，从这个意义上说，我要超越煤矿。这部小说实际上是在弘扬中华民族的坚韧、顽强、吃苦耐劳、善良、自尊、奉献等宝贵精神。

其实我们作家每写一部长篇小说都对自己有一个要求。比如刚刚过世的陈忠实先生，他写《白鹿原》时对自己的要求是要写一部死后当枕头的书，说得非常悲壮。贾平凹先生在写《秦腔》的时候，他对自己的要求就是通过写《秦腔》为家乡立一块碑。我在写这部长篇小说的时候对自己也有要求，我不像他们这么悲壮，我说我要做到大慈、大爱、大悲，这是境界上的要求；在写作过程当中，我要力争做到日常化、心灵化、诗意化、哲理化，我把它称为“四化”。想实现的目标是心灵画卷、人生壮歌、生命礼赞。我对读者也有一个许诺，读了这部书，既可以得到心灵的慰藉，又可以从中汲取不屈的精神力量。至于是不是达到了这个目标，这本书出版已经一年多了，应该说还有待包括广大矿工在内的读者的检验和历史的检验。

今天我的讲座就到这里，谢谢大家的耐心，谢谢！

郝振省：今天刘庆邦同志讲了两个大的问题，我想我们的梳理也从这两个方面展开。

首先，关于《黑白男女》，我们可以从作家笔下的煤矿和乡村看到我们社会基层的生产和生活的波涛，可以看到波涛中栩栩如生、各具个性的各种人物。小说讲述了沉重的矿难事故以后，社会、企业、家庭都面临着人际关系重建、企业重建、家庭重建的挑战，展现出基层企业干部的责任担当和为民意识，展现出普通百姓在灾难面前互相温暖、自尊自强的动人故事。当然，书中也描述了若干与我们倡导的价值观不相吻合的现象和负面的问题。但是这恰恰增添了，或者说客观地反映了生活的曲折性、真实性和复杂性。基层干部群众在灾难面前所表现出的团结与顽强生存的精神，反映了我们社会的本质和主流。说得大一点，这也是我们实现中华民族伟大复兴的基础和依托。刘庆邦同志特别讲到，一个作家要把自己的喜怒哀乐与底层、基层干群的喜怒哀乐融合到一块，才能写出有生命力的作品，也才能产生超出作品本身的价值和意义。

刘庆邦同志一开始讲到生命的力量、质量和分量的问题，从作家厚重的演讲中，我们认识到作家与作品之间内在的根本的联系。刘庆邦同志之所以能够写出那么有筋骨、有温度的文学作品，获得那么多的国家奖项，是因为他关注灵魂问题。他自己说，如果我们的写作不能影响别人的灵魂，那么至少可以通过写作改善自己的灵魂。所以，他更看重作家人格的力量、作家思想的力量、作家阅历的力量。每一种力量里边都有着丰富的内涵，所以他的作品中有一种生命的气场，他是以自己特别的方式用生命在写作。因而他的作品，在不动声色中具有强烈的穿透力和感染力，我们可以通过欣赏他的作品来感受生命的力量，来感悟生命的哲学。

所以，建议同志们下去以后认真读一读《黑白男女》和庆邦同志其他有生命力量的作品，然后就像有的评论家所说的那样，从他的作品里面感受到笨拙的诚恳和憨厚的深邃。

同志们，让我们再一次感谢庆邦同志精彩厚重的演讲！

（本文根据刘庆邦 2016 年 5 月 14 日在中央和国家机关“强素质·作表率”读书活动 2016 年第 5 期主题讲坛上的讲座内容整理）

主讲人：栾建章

栾建章，毕业于中国人民大学国际关系学院，法学博士，山东大学中外战略对话研究中心兼职教授。先后在外交部政策研究室、中国驻澳大利亚使馆和中央外事工作领导小组办公室政策研究局工作，现任中共中央对外联络部研究室副主任。长期从事国际关系和中国对外战略等方面的研究，多年来除撰写大量供决策参考的内部文稿外，曾主持编写《中国外交官眼中的世界热点》《中共十八大：中国梦与世界》等书，发表《文明兴衰与历史大势——观〈西藏的西藏〉有感》《科学发展观与新形势下的对外工作》等多篇论文。

当前国际形势与党的对外工作

当前国际形势与党的对外工作

郝振省：同志们，朋友们，大家上午好。今天是2016年第6期，总排序第86期的中央和国家机关“强素质·作表率”读书活动主题讲坛。我们为大家特别邀请到中共中央对外联络部研究室副主任栾建章同志，大家欢迎他。

栾建章同志曾先后在外交部、中央外事领导小组工作，现在任职于中联部研究室。他一直做的是政策研究，长期从事国际关系和中国对外战略、党的对外交往等方面的工作。多年来，除撰写大量供决策参考的内部文稿之外，他还组织编写了若干重要的出版物，发表了若干篇重要的论文。

同志们，今天讲坛主题的重要内容是我们党的对外交往工作，我们希望用这种方式来迎接党的第95个生日。当然，讲到我们党的对外工作，就不能不讲到国际形势，不能不讲到国家的外交问题，这就有了今天我们的这个题目。

习近平总书记讲，党的对外工作“要努力成为促进我国对外关系发展的重要途径，成为展示党的良好的国际形象的重要窗口，成为党员领导干部观察和研究世界的重要平台，成为我们借鉴国外经验、为中央决策服务的重要渠道”。这就要求我们有必要了解我们党对外工作的历史和现实、地位和作用、特色和优势等各个方面的情况。这也是我们设计今天读书讲坛主题的初衷。需要特别说明的是，中联部的领导同志十分支持我们今天这次主题讲坛，把今天栾建章同志的演讲作为他们部里面“两学一做”活动的重要内容。栾建章同志也是从十分繁忙的工作第一线抽身来到我们的讲坛的。让我们以热烈的掌声有请栾建章同志开讲。

很高兴和大家进行交流。感谢郝院长对我的介绍。郝院长刚才说，这个讲坛搞了7年了，今天是第86期，还和建党95周年联系在一起。这让我感到既神圣又有压力，要是讲不好觉得对不起大家。我注意到刚才郝院长还介绍了党的对外工作的情况，看来他是下了功夫的，非常感谢。其实我更要感谢的是今天来听讲座的人。大家来都是出于自愿，而不是行政命令。讲座在周末举办，大家起早赶过来，这说明什么？说明大家对外交感兴趣，对国际形势感兴趣，表明大家具有全球视野，比那个卡梅伦强。

这两天大家都在谈卡梅伦，谈英国“脱欧”的问题。关于英国“脱欧”，我也在考虑，到底怎么看好？现在看法很多，分析的角度也不一样。我发现“脱欧”公投中有几个“留与不留”，挺有意思。一个是“大留小不留”，这是指企业，大型的企业基本上是主张要留的，小企业，尤其是那些小微企业，都主张“脱欧”。一个是“富留穷不留”，就是那些有钱人想留在欧盟，没钱的就想出去。从年龄群体来讲，是“少留老不留”，就是年轻的一代希望留在欧盟，老年人、享受英国福利的一批人想“脱欧”。还有一个是政府想留，一般的老百姓不想留。当然，要是从世界范围内来看，世界上其他国家都希望英国能留，而英国自己不留。这是一个非常值得研究的现象，对我们的启发也是非常大的。

我首先想到的就是民主，公投被西方认为是民主的最高形式。但民主的进程，中国人以前是经历过的。严格来讲，公投和我们中国人过去所经历的大民主没有什么本质的区别，都是大家哗啦啦上街，实际上都是情绪化的，被某种议题裹胁着，身不由己、不由自主地去了。而这个进程一旦开启就很难停下来。中国有个词叫“知止”，就是《道德经》里面的“知止不殆”，什么意思？你知道什么时候停下来，才不会有危险。民主也是这样。在英国这次公投之前，他们还举行过一次关于苏格兰是否独立的公投，卡梅伦险胜，于是被胜利冲昏了头脑。通过那次公投他认为英国的民众会支持他，得意便忘形，不知道停下来，然后又举行了这次“脱欧”公投。你想想，民意是很难掌控的，原先是苏格兰，现在是整个英国，而且是在什么环境里面？是在民粹主义思潮上升和泛滥的情况下。在这种背景下进行“脱欧”公投无异于玩火。

第二点，我想到的是中国。我们中国这些年，恰恰是受益于参与全球化进程。包括习主席提出的人类命运共同体理念，实际上反映了我们对世界的一种看法，也是我们对世界大势的一种把握，展现了中国的开放与包容。我们是天下主义，是一种世界情怀，这是我们强大的软实力，必须坚持。当然，从我们的角度，还要坚守另外一种东西，那就是我们的单一制国家结构形式。世界已经很分散了，如果我们跟着分散，就没有力量。能够集中力量办大事是我们的体制优势所在。

第三点，我想到中国人经常说的一个词“阴差阳错”，为什么用这个词？可能与我对国际问题观察的角度和方法有关。观察世界形势有各种角度，如西方的国际关系理论、霸权稳定论、建构主义等等各种论调，我可以坦率地告诉大家，本人对那些东西不是特别的感兴趣，我比较感兴趣的是怎么以中国的方式来解读。我一直积极倡导的就是以中国文化的视角观察世界。这个视角就是刚才我说的阴差阳错中的“阴阳”的角度，我觉得这可能是一个比较简单又管用的视角。“阴”和“阳”就国际形势而言就是“形”和“势”，中医《黄帝内经》中就有“阴成形、阳化气”的说法。“形”为“阴”，我们看到的东西为“阴”；“势”为“阳”，也就是“阳化气”，是我们看不见，但能感觉到的东西。刚才郝院长往那里一站就很有气场，这个就是阳的东西多。“阴”和“阳”实际上是代表形势的两个方面。这个方法论不单是看世界形势，实际上可以看一切事物。比如看人，那个人很疲惫，气色不太好，就可以说这两天你缺阳。我给大家解释一下，这次英国的公投反映的是阴差阳错，就是因为阴出现了差错，然后在阳的判断上出现问题。简单地讲，就像我们每一个人一样，如果这两天身体不好，晚上睡不好觉，第二天精神状态肯定不好。晚上睡不好，各种疾病缠身，说明你的阴出了问题，然后必然会表现在阳上。我们看国际形势也是从这两个角度，既要看形也要看势，并把两者有机结合起来进行辩证分析，所谓“一阴一阳之谓道”。

如果从阴阳的观点来剖析几个国家的状况，可能会比较有意思。比方说美国，美国是典型的阳盛而致阴衰。为什么这么说？冷战结束以后，美国以为自己是唯一的超级大国，然后在世界范围内老是打仗，比如海湾战争、阿富汗战争、伊拉克战争，一直在打，什么叫阳盛？阳盛就是你不停地用力。如果我不停地挥动我的手，你想想累不累？肯定累。“冷战”结束之后，美国就处于阳盛状态，不停地挥舞自己的拳头到处打人，最后打累了，打疲了，打乏了，打得自己也遍体鳞伤，软实力下降，硬实力也下降。美国在 2008 年爆发金融危机，绝对不是偶然的。就是这几场战争下来再加上一场危机，造成了美国这种衰落。

俄罗斯是什么呢？我给它的诊断，俄罗斯是属于阴衰而致阳盛，为什么这么讲？俄罗斯在冷战结束以后元气大伤，到现在经济还没有恢复，经济结构调整很慢，所以俄罗斯是阴衰。但是同志们，阴衰了以后，阳一定要稍微盛一点，阴衰阳也衰基本上就完了。大家知道，俄罗斯的外交运筹能力很强，外交运筹属于用阳。一个国家的外交运筹能力，就是用阳的能力。俄罗斯虽然阴衰，但它的军事科技都没问题。加上普京的外交运筹，乌克兰危机发生后，就趁势把克里米亚拿下来，并在大家还没有反应过来的时候，几天时间就把法律手续履行完了，说明普京此前就有战略谋划，只不过是在等时机。什么叫战略，战略就是在所有人看不懂的时候，你干了，成功了，就叫战略，战略一定要有前瞻性。我认为俄罗斯也是在用中国文化规划外交战略，大家知道普京对中国文化非常感兴趣。中国文化的高深就在于，是A又不是A，是B又不是B，既是A又是B。什么时候是A，什么时候是B，全在一念之间，存乎于心，高明就高明在这里。一部《道德经》洋洋洒洒五千言说了什么？什么都没说，但也什么都说了；全看你理解到哪个程度上，这就是中国文化最有魅力的地方。现在很多人迷信西方文化，这是要不得的，我们要相信自己的文化。

从阳的角度看问题就是看世界大势。英国在把握世界大势方面，应该是不错的。如果没有英国带头加入亚投行，不可能出现57个国家申请加入亚投行那样的局面。英国是老牌帝国主义国家，曾经是日不落帝国。这个国家让人佩服的地方是，当它看到美国崛起的时候，就和美国形成了英美特殊关系。英国是原先的老大、一把手，现在二把手起来了，一般人也要适应一段时间，但英国适应得很好，而且利用这种特殊关系促进了自身的利益。现在英国觉得中国起来了，认为中国的崛起是大势，于是率先加入亚投行，反映了英国对世界大势的把握。但恰恰是这么一个对世界大势把握得很好的国家，搞了“脱欧”公投。一般来讲，英国人还是比较理性的，但是我感觉到，从这件事情来看，理性的人非理性起来，也是可怕的。因为有的时候，理性的人会自觉或不自觉地为自己的感性提供理性依据，觉得自己很有道理。

用阴阳理论看当前的国际形势，可以得出几个结论。第一个是当前国际力量（就是阴）对比进入了一个平台期。什么是平台期？简单地讲，金融危机之后，出现了所谓的“东升西降，南升北降”。这两年情况发生了很大的变化，就是西方的国家止跌回升，新兴经济体冲高回落，包括中国在内。但由于经济结构性问题没有得到根本解决，西方发达国家升不到哪里去，新兴国家的经济增长也很难回到从前，这种局面可能会持续一段时间，最终谁能脱颖而出，取决于各国的内外政策选择和战略运筹能力。你会发现世界范围内，现在有一个非常明显的状况，就是各国都在争发展主导权。在这一轮国际力量对比里面，就是因为世界经济的复苏不那么稳定，实际上缺乏新的动力。从提出第四次工业革命到现在，我们经常用的词叫酝酿，意思是还不知道什么时候到来。各国现在都在争，看哪个国家能率先创造出引领科技革命的科技成果。所以我的理解，我们国家采取创新驱动的发展战略，是想在这一轮的竞争里面，在提供新的经济增长动力方面，要做出自己的贡献。这个东西和我刚才讲的东西有很大的关系。你们看，十八届三中全会里面有一句话，我记得非常清楚，叫我们要充分发挥市场经济条件下举国体制的优势，大家读文件肯定会看到。举国体制，已经很多年没有看到这个词了，这个词非常有深意，实际上是和西方展开制度竞争。这也是西方攻击我们最多的一点。TPP 的实质就是要解构我们体制的优势，这是我们在新一轮的国际竞争里面，包括我们在对外交往时需要注意的问题。国企改革各种改革方案都可以有，但是有一条必须坚持，就是国企的主导地位。如果随着西方的经济学家走，等有一天把我们的政治基础被解构了，我们的政治优势就没有了。所以在今后的改革里面，如果我们能把市场经济条件下举国体制的优势发挥出来，就有可能在新一轮国际竞争中占据新的制高点，就有可能向世界提供新的发展动力。但是我们不可能重回上个世纪50年代。怎么在市场经济条件下形成我们举国体制的优势，有哪些路径可以选择，是我们要研究的重大课题。

第二个问题看美国。我们说大势的时候，有一个词经常用，就是“势不两立”。那么在全球化时代“势”是不是可以两立呢？这是我们要考虑的问题。我们看美国，美国正在进行我称之为休养生息的战略调整期。刚才我说了，美国是阳盛，就是不停地使用力量，所以美国总统奥巴马要做的事情就是纠正以前美国不停地使用力量的行为。美国相当于病了，大家知道人病了以后最想干什么？休息，卧床休息。你病了以后还到处“嘚瑟”，本来可能是感冒，最后有可能弄成支气管炎、肺炎等。有的人说我没事儿，我挺壮，然后该干嘛干嘛，不是这样的。我认为，奥巴马在美国历史上应该属于政治家。在奥巴马执政期间，美国从世界一把手的位置往下滑，这是很难受的。原来到处伸手惯了，别人听，现在不能伸手了，关键是伸手不一定有人听，多难受。但是奥巴马坚定不移地推进美国的战略方针，一定不要再用力了。你看奥巴马，乌克兰危机刚起来的时候，奥巴马就说我不会用军事手段，告诉你我的战略非常清晰，你别指望我动手。当然他自己面对的压力也很大，但是奥巴马坚持将美的战略在全球范围内收缩。奥巴马也看到了一个势，就是中国崛起。奥巴马觉得自己必须集中力量到亚太，他以前是看不上中国的。美国一开始觉得搞个经济全球化，慢慢把中国“化”掉，然后突然哪一天中国自己就会崩溃了。但美国一觉醒来，发现2010年中国成为世界第二大经济体，也没受国际金融危机太大的影响，于是美国人非常不爽。所以你看到他们回到亚太，目的是防范和遏制中国发展的势头。

第三个观点是，这个世界进入了常态性的不稳定期。一个是世界经济发展短时间内很难找到新的动力，经济、金融动荡是常态。二是美国衰落造成的权力真空短时间内也没有哪个国家能填上，大国博弈是常态。所以大家能感受到，现在世界上乱象频出。现在你在世界范围内看看，亚欧大陆、中东，包括我们家门口都是非常的乱，这种局面不会只是一天两天。这种局面会造成几个方面的结果。一是在自保。大家都很乱，美国也不想发挥那么大的作用，中国的作用还没发挥出来，怎么办？大家都在自保。自保的方式首先是经济上的保护主义，然后是军事上的军备竞赛，这一现象在世界范围内兴起、上升。而且这一轮的军事竞争，有一个极为重要的特点，就是指向性不像以前那么明确。现在很多国家发展军备都是出于安全的考虑，因为这个世界太不安全。指向性不明确，就是不知道这些武器能干什么，但是知道武器在手里心里踏实。二是"内顾"。就是自己顾自己，伴随着民粹主义、民族主义、反移民这些思潮的出现。像欧盟把边界关了，即使开放也不像以前那么开放了。像特朗普这种大嘴，他在美国能成为共和党推出来的候选人，这在过去绝对是不可能的。只有在目前这种不安定、不稳定的世界里，大家才觉得特朗普说的话靠谱。你看特朗普就支持英国"脱欧"。特朗普说我要帮助美国人民找回原来的美国，什么意思？原来的美国是什么？我还没看到全文，但肯定是对全球化的一种背离。三是新的政治强人现象的出现。对抗这个不安定的世界，大家觉得除了内顾、除了自保，就是寄希望于出现一个政治强人。所以你看从 2012 年开始，世界各国的新的政治强人的现象是非常突出的。普京是不是强人？绝对是强人，安倍也是强人，印度的莫迪是强人，埃及的塞西是强人。在这种氛围里，老百姓盼望救世主的出现。尽管从来就没有什么救世主，但是在这个不安定的、老是变化的世界里面，各国人民都希望领导人强一点。四是刚才提到的竞争。首先是发展的竞争，然后是地缘的竞争。还有一个很重要的竞争，就是一个国际话语权的竞争。什么叫话语权？说白了就是你说话有人听，听得进去，听了之后还感觉你说得有道理，然后跟着做、跟着走，那就叫话语权。你说的话没人听，听你说话人都跑了，这就是没话语权。我们现在做的很多事儿就是争话语权。

面对世界形势的新变化和中国与世界关系的新变化，中国必须有所作为，不能等，也不能太谦虚。所以，十八大以后我们强调要搞大国外交。十八大报告里面说，中国要在全球经济治理领域发挥负责任的大国的作用；第二年的政府工作报告里面说，中国是一个负责任的大国，这往前又进了一步。然后中央外事工作会议又说了，中国必须有自己特色的大国外交。大国这个词背后是沉甸甸的国际责任，说白了就是你的块头已经到这个程度了，GDP 世界第二了，尽管我们的质量不是很高，但是这个块头已经很大了，有这么大的块头就要发挥作用，就要对国际社会有所贡献。当然我们也跟外国朋友讲，我们人均 GDP 不高，我们还有 7000 万的贫困人口，但我们到全面建成小康社会以后，没有贫困县了，也没有贫困家庭了，那时是否还坚持发展中国家的定位？这都是我们要考虑的。我想说的是，所谓的发展中国家，除了经济指标等外，更多的意义恐怕在于，中国是在学习做大国，我们在这方面就是一个发展中国家，你应该承认我们现在履行国际责任、履行国际义务时，还不像西方那么娴熟。我想了一个词，我认为西方人都能够接受。我说中国这些年在学习，现在还在学习。原先我们在学习怎么吃饱饭，现在这个问题基本解决了；我们现在学习怎么说话，学习怎么和世界打交道，学习怎么用国际上既有的规范去维护我们自己的利益，学习怎么去制定一些规范来影响世界，怎么向世界提供更多的公共产品。包括我们的“一带一路”，就是向世界提供我们的公共产品。在这个过程中，肯定会出现这样那样的问题，没有什么值得大惊小怪的。说到中国特色大国外交，大国意味着责任，特色则规定了责任的边界和性质。这个特色既有时代特色，也有民族特色，既有阶段特色，也有制度特色。而这个制度特色是最根本的。我们是共产党领导下的中国特色社会主义，我们对美国人都是这样讲的，我说你们别一天到晚说我们是共产党领导的专制，别一听中国特色社会主义就不高兴，我可以负责任地告诉你们，中国共产党的领导和中国特色的社会主义提供了中国履行国际责任的体制保障，这是最大的体制保障，我们说到做到。我说你们说的能做到吗？虽然中国尽的责任没你们的大，但是中国的责任是实打实的。

下面我简单讲讲党的对外工作，其实前面讲的内容都是在为讲党的对外工作做铺垫。这些情况构成了党的对外工作的大背景，没有这个大背景，谈党的对外工作就是虚的。党的对外工作所发挥的作用，我认为现在越来越重要。这么说不是因为我是中联部的，而是因为我们的世界现在发生的变化，和以前所发生的变化是不太一样的。首先是政党。现在世界不安定、不稳定，其中有一条就是政局不稳定。这意味着政党的轮替比以前任何时候都频繁。现在不光是西方国家，所有实行多党制的国家都存在这个问题。以前世界上还有许多老党、大党，现在比较少了，所以你方唱罢然后又下去了，这种局面会越来越普遍。政党轮替越频繁，政党外交越重要。它上台就那么四年，我台上也交台下也交。而且在信息化时代、自媒体时代，民意的作用越来越突出，做民间外交和公共外交越来越重要。党的对外工作就是政党外交、民间外交和公共外交三位一体、有机结合的一个工作的格局，做工作的空间和潜力很大。

第二，我觉得中联部的工作是做人的工作。外交部是做事儿，它处理国与国之间的案子很多，处理双边关系很多。中联部基本上不承担这些工作，我们主要的着眼点是做人的工作。人是有感情的动物，我们把国际关系当做一种人际关系的延伸和拓展，把大量精力投入到人与人的交往方面，而且中联部接待外国代表团有一个特点，我们的好多个团来访是半个月甚至更长时间，人交往时间长了是有感情的。

第三，我觉得中联部工作的着眼点是政治引领，说白了就是做国际社会的思想工作，着眼于在思想上触动他们，在理念上引领他们，通过触及思想和灵魂来影响行为。这就需要把我们的理念、制度、政策等讲清楚，特别是要讲清楚中国为什么能、中国共产党为什么能。为此我们要建立自己的一套话语体系，用西方的话语体系永远讲不清楚，因为逻辑起点都不一样。

第四,三句话不离开本行，就是要观察世界、认识世界。从党际交往的角度，从民间交往的角度来观察这个世界。因为我们发现这个世界已经变化了，变得跟以前不一样了，怎么去看这个世界？我们要有历史感和未来感。我们和别人交往，经常说的一句话是，要站在“战略的高度”和“长远的角度”。大家看这个词，这个词绝不是虚空的，大家一定要从战略的高度和长远的角度来看问题、看世界。没有这两条，你站得不高看得不远，就不可能走得远，不可能走到底。特别是在当前很多区域日趋紧张、各种民粹主义思潮上升的情况下，我们一定要秉持对外开放的心态，高举人类命运共同体的旗帜，坚定地把全球化进程推进下去。这是历史赋予中国的责任。我相信有我们的文化作为支撑，我们会无往而不胜；我相信有了这种自信，中国的未来肯定是光明的。

谢谢大家。

郝振省：同志们，下面我总结一下栾建章同志在讲座中给我们的三点提示。

第一点，首先讲的是方法论的问题。从方法论角度，栾主任从英国的“脱欧”公投开始讲起，讲观察事物的阴阳之道，美国是阴盛而阳衰，俄罗斯是阴衰而致阳盛，进而讲到了中国的文化，讲到中国文化具有厚德载物的特性及包容性，所以才有天下主义和世界情怀，才有人类命运共同体的理念。而要追求和实现这种目标，就必须靠我们的集中领导和我们的举国优势，这恰恰是我们的特色和力量所在。如果从对外交往方面来讲，这应该就是我们党对外工作的基础和一定意义上的方法论。

第二点在定位问题上，在国际形势方面，栾建章同志分析了不同大国的心态和实力，这是一般人讲不了的。从中国目前的发展进程和拥有的实力来看，我们的大国外交，我们党对外工作发挥作用的空间和舞台，我们怎么样学会履行国际责任的本领？这里面的关键就是栾建章同志讲到的要争取到自己的话语权，学习怎么说话，学习怎么和世界打交道，学习怎么成为真正意义上的负责任的大国。

第三点栾建章同志讲到三位一体的问题，把国际关系与人的关系结合起来的观念，包括政治引领，我觉得讲得非常好。我们看到，根据今年 5 月 3 日的统计数字，我们和世界上 160 多个国家和地区，600 多个政党、国际组织保持着不同程度的联系和交往，这些对实现我们的大国外交，实现我们党的外交和国家外交的这种相互支撑、相辅相成意义非常大。

总之我们觉得栾建章同志对于国际形势和大国外交的历史和现实、理论与实践可以说烂熟于心、底蕴深厚，讲起来可以说旁征博引，娓娓道来，很有感染力，也很有亲和力，让我们再一次向他表示衷心感谢！

（本文根据栾建章 2016 年 6 月 25 日在中央和国家机关“强素质·作表率”读书活动 2016 年第 6 期主题讲坛上的讲座内容整理）

主讲人：曹意强

曹意强，艺术史家、画家。英国牛津大学哲学博士。中国美术学院艺术人文学院院长，《新美术》主编，教授、博士生导师。第六届国务院学位委员会艺术学科评议组召集人、全国艺术专业研究生学位指导委员会美术与设计分委会召集人。教育部艺术学理论本科教育指导委员会副主任，中国美协艺术理论委员会委员，中国油画家学会常务理事。发表中英文论文百余篇，提出“图像证史”“艺术智性模式”和“观念的隐形之链”等理论。专著有《艺术学的理论视域》《艺术与智性》等。主编《艺术管理学概论》《美术博物馆学概论》。美术作品在《美术研究》《艺苑》等刊物上发表，出版《曹意强速写集》。

审美品质与创造性思维

审美品质与创造性思维

郝振省：朋友们，大家上午好。今天是2016年第7期，总排序第87期的中央和国家机关“强素质·作表率”读书活动主题讲坛，我们为大家特别邀请到中国美术学院艺术人文学院院长，《新美术》杂志主编，博士生导师曹意强教授，大家欢迎他。

今天国家新闻出版广电总局的领导同志和有关负责同志，也来到会场聆听曹意强教授的演讲。

今天曹教授演讲的主题是“审美品质与创造性思维”。曹意强教授是位艺术史学家，也是一位具有影响力的画家，他是国内和国际上一些重要的学术机构成员，他还是牛津大学的哲学博士。也许是隔行如隔山的缘故，在此之前我并不是很了解这位大家，请他来做演讲嘉宾还有一个小小的故事，大概上个月中旬，一位牛津大学的研究生在宁波请他演讲，在演讲还未结束时，我就有了邀请曹教授作为主题讲坛嘉宾候选人的想法。他当时讲了一个观点，长期以来我们把审美品质局限在艺术家的圈子里，这非常不够，因为审美品质具有普遍性的意义。曹教授讲到我国唐宋时期的强盛与繁荣，意大利文艺复兴与欧洲革命的关系，讲到审美与复兴及强盛的关系。特别是曹教授根据审美品质的要求，对现代生产生活的同质化、粗俗化、粗鄙化、粗糙化做了很深入的批评和分析。

听他讲话的时候，我就想到关于审美的问题。我们过去理解得太狭窄，其实审美品质对一个人心理世界的成熟，对一个人的成长和发展，对一个单位的和谐，对一个民族的整体素质，对一个国家的繁荣与富强都太重要了。所以从这个角度，今天请曹意强教授专门给我们讲这个主题。他前天才从英国讲学回来，不顾疲劳，今天就来到我们的讲堂，让我们以热烈的掌声请他开讲。

各位领导，各位听众，受郝会长的热情邀请来做讲座，我感到非常荣幸。同时也要向他表示歉意，没能按要求提供讲座提纲。没有提纲演讲，是一种冒险，有可能讲得语无伦次，但完全按照事先准备的提纲讲，也有可能索然无味。

演讲是一种交流，本身就是一种艺术，艺术产生于遵循规则与突破规则之间。

在古希腊，演说称为修辞艺术，构成了教育的核心内容，让人学会如何在特定的场合里、面对特定的人群、针对特定的问题说服听众、打动听众。这样，讲座是演讲者与听众交流而共同完成的一门艺术。今天，我置身于你们之中，没有提纲和讲稿，也许能造就更有效的交流空间，希望我的演讲不会让你们失望。

说修辞学是一门艺术，这当然是一种隐喻。的确，当我们要形容任何领域的事情做到极致时，都会用“艺术”而非“科学”的比喻，如“教育的艺术”“战争的艺术”“烹饪的艺术”……这道出了我今天要讲的题目的实质：艺术代表着我们人类的最高审美品质，凝聚着我们对于事物的高度敏感性，这是孕育各个领域创造性的基因。

我在这里强调艺术的重要性，并非出于狭隘的学科偏见，试图抬高艺术学科。我一向认为任何狭隘的学科意识对学术的整体发展，尤其对我国的教育有害无益。我认为各个学科都是平等的，只是研究取向和重点有所不同。学科本身不存在等级高低的区别，只存在学科之间成绩或成果的好坏之别。然而，在人们的意识中，学科的等级区别还较严重，艺术总处于其他学科如哲学等之下。我认为，在哲学领域里，有非常杰出的哲学家，也有非常平庸的从事哲学的人，就跟在艺术领域里一样，有非常优秀的艺术家，也有非常差劲的从事艺术者。

人类发明的一切学科都是为了研究人与世界的关系。研究自然的称为自然科学，研究人的叫作人文学科。概而言之，我们探索世界有三种途径：世界观、艺术和科学。艺术在人类文明的发展中，其作用是不可或缺的。艺术和世界观与科学一起形成拉动历史的三套马车。

如今我们非常看重科学。前段时间，我国有些地区下暴雨，现代马路积水成灾，而北京故宫和南京明城墙周边却安然无恙，几百年前的排水系统那么好，而我们现在科技那么发达，为什么排水系统那么差？这不是科技问题，而是艺术问题。可以说，这就是因为缺乏审美品质而造成的现实灾难。

记得在上世纪80年代改革开放之初，学界围绕着为什么中国科技落后于西方的问题展开了讨论，涉及到了历史和现实的方方面面，则忽略了艺术的原因。

艺术与科学本为一体。我前面提到人类探索世界有三种方式：

一是世界观。人类在变化莫测的残酷自然中生存，必须建立一种信念，建立一套世界观，包括宗教信仰，如果没有信仰和信念，没有精神，我们人类难以生存。二是科学。人类要与天斗，要改造世界，使我们人类生存得更安全、更幸福，就需要达到这些目的的手段，就需要不断改善和发明新的技术即科学，这是把人类的信念信仰转化为具体的处理世界的技术程序手段。但是，信仰与科学之间有一座桥梁，这座桥梁是不可或缺的，但常常被忽略轻视，那就是艺术。

我为什么说艺术是连结信仰与科学的桥梁呢？为什么说艺术有这么重要的作用呢？这个道理非常简单。信仰是我们人类的愿望，而科学是一种具体的手段，在这两者之间，必须要有一种东西将之架构起来。艺术依靠想象力，不断创新，追求完美，艺术的这种特性使它一方面接近信仰，另一方面又为我们提供日新月异的技术手段和最高技术标准。正因为如此，我可以说，艺术在人类的发展过程中，起着以下几个作用。一是通过艺术给我们带来审美的愉悦。当然，我指的是好的艺术，真正的艺术作品，能给我们带来审美愉悦，藉此改变我们观察和感知世界的方式。人们容易将艺术作品所带给我们的审美愉悦视若生活的点缀，可有可无，或者看作某种奢侈品。这种看法其实不对。艺术审美不是奢侈品，不是点缀，而是人类认识世界的必要教育内容，是我们探索世界的重要途径之一。

艺术在带给我们审美享受的过程中，磨砺着我们的敏感性，使我们敏感到、以至发现原来我们看不见、感觉不到的东西，不断拓展我们对世界的认识维度。由此重新塑造我们的思维方式，而且通过这样的重塑，提升我们在各个领域的创造能力。

我将举些例子——从思想、科学到日常生活的例子说明这一点。

大家设想一下，如果没有出现法国19世纪的印象主义绘画，我们对于自然界色彩的认识恐怕完全是两回事，世界的颜色也许没有那么明亮斑斓。印象派绘画在捕捉住自然光影奇妙变化的同时，让我们在原来看不出颜色的地方看见了丰富的色彩。例加在阴影或投影中，古典主义绘画通常以黑色或是深色加以表现，而印象派绘画却让我们从中看见丰富美丽的色彩如紫罗兰等。可以说，历史上每一种新风格的绘画的诞生，都是对我们观察世界方法的新挑战和新拓展。

艺术总是在不知不觉中影响我们的观察。你们可以做个实验，当你们参观完一个画展，走出展览馆时注意下，就会发现你们的视觉是怎样受画展影响的。如果你看的是黑白版画，那么，你就会无意识地以黑白版画眼光看世界，整个街景宛如一幅黑白作品。19世纪法国历史之父米什莱曾经记录过他这样的经历。他是"文艺复兴观念"的铸造者之一，他讲到有次看了版画展出来，顿觉整个巴黎都是由黑白构成的。同样，看过油画展览后，世界就变成了色彩更加丰富的天地。艺术改变我们观看世界的方式。这种作用是通过艺术不断以新的方式重构世界秩序感而产生的。

我前面提到，艺术的另一个重要作用是为我们树立品质标准。人类在无序的世界当中活动，需要品质的标杆。我们都知道，人类各个学科都在发展，而 19 世纪以来科学的突飞猛进，使我们深信进步论，认为随着时间的推移，一切都会进步，连艺术也如此。然而，我觉得进步论不适用于艺术，除了它的技术和媒介另当别论。正是艺术的这个特性，能够为不断变化的世界确立稳定的标杆。真正伟大的艺术作品的审美价值永恒不变，这与其他领域的创造不同。

在科学史上，哥白尼的出现否定了中世纪的宇宙观，后来牛顿的出现否定了哥白尼，而爱因斯坦的出现又使牛顿的理论成为文物。在此，旧的东西不断被新的东西刷新替代。在所有其他领域里，包括哲学，例如柏拉图的哲学或孔子的学说，都充满智慧，值得发扬光大，但其中有些部分跟现实生活，跟不同的时代结合起来的时候，你就会发现有问题，必须提出新的哲学观念来解决现实的问题，因为唯有能转化为现代能量的哲学才具有真正的价值。大多数领域，都可以根据进步的观念加以衡量，唯独艺术不能。伟大的艺术作品无古今之分，无新旧之分，只有好坏之分。中国古代最早的画论《古画品录》中就提出了这个观念 :“艺无古今，迹有巧拙。”西方画论也有类似的说法。现代艺术之父毕加索在看拉斯科洞穴壁画时，曾感叹人类从事绘画三万余年，在这当中艺术没有什么进步。他不是在否定艺术，他的意思和我国古人的观点是一模一样的。我们看待艺术作品时，千万不要认为艺术是越新越好，时代越近越好，其他东西也许可以这样说，唯独艺术不可以这样说。

毕加索的意思并不是说艺术真的没有发展，事实上，艺术的新风格层出不穷，在艺术风格的变化史中变即其本质，毕加索自身就发展出了立体主义。但这种变化本身不能让我们误解艺术的本性：即艺术不能以新旧、古今来判断它的价值。每一件伟大的艺术作品就像一座座高山，屹立在历史的地平线上，给我们确立了永恒不变的标准。

当我国举办上海世博会的时候，最值得我们骄傲的就是拿出黄公望的《富春山居图》。这幅传世杰作不会因今天山水画有新技巧、新材料而暗然失色。同样，黄公望作品的问世，不会取代宋代的伟大山水画家范宽。范宽还是一座不可逾越的高峰，黄公望在这个传统基础上另起了一座高峰。所以在西方，人们把伟大的艺术杰作比喻成奥林匹斯山峰。意大利文艺复兴时期三杰之一的米开朗基罗，其后不论出现多少伟大的雕塑家，都不可能取代他。

艺术一方面在磨砺我们的敏感性，改变我们的思维方式，重塑我们的思维方式，不断让我们用更微妙、更敏感的目光看待世界，同时又给我们提供了最高的、永恒不变的衡量事物的标准。因为只有在艺术领域里，其杰作是永远不会因为时间的发展、古今的变化、个人趣味或群体趣味的好恶而影响它的艺术价值，作为个人，你有权利喜欢或不喜欢米开朗基罗或黄公望，作为个人，你甚至可以厌恶米开朗基罗的雕塑，但这种个人的好恶决不会影响真正的艺术的价值本身。而作为一个文明人，你即使不喜欢这样或那样的艺术作品，但你必须学会承认它们是人类艺术的杰作。你可以不喜欢它，但你必须了解它，承认它的价值，这就叫修养。你不欣赏它，这丝毫不影响它的伟大价值，其实受损的只是你自己，因为你放弃了一个培育和提升自己审美品格的机会，这将影响你的生活和工作的品质。

当我反复说艺术可以为我们树立衡量事物的最高技术标杆时，也就是强调审美品质在我们一切活动中的重要性。审美品质既是创造性的前提也是最高衡量标准。当我们衡量做任何事情的水平的时候，往往会不经意地用“艺术”这个词作为最高评价。比如，两个厨师做同一道菜，他们用同样的食材却会做出不同水准的菜来，有高低之分。参照菜谱，依靠计时器做出的菜，味道相同，是烹调的科学，不是烹调的艺术。真正好的厨师不会照菜谱做菜，他凭直觉，靠手感把握，火候等都恰到好处，达到了艺术的境界。管理也是。规则能保证做事的效率，但不能保证创新。制度创新就是艺术。

艺术的伟大之处在于，它既体现了最高最精的技术而又超越了技术本身，这就是庄子所说的“技进乎道”。很多人误解庄子这句话，将技术和道拆开来形成对立之势。人们总以为这里说的是：如果太拘泥于技术，就会达不到道。其实庄子的意思是说，当你的技术出神入化的时候，也就是进入了艺术的状态，技就是道，道也就是技了。庖丁解牛的故事就生动地说明了这种技与道的完美融合。技术掌握到了百分之百完美的时候就变成了艺术。

这涉及思维的问题。艺术理论把这种状态归于天赋、灵感或神来之笔。然而，我认为，灵感和天赋不是空穴来风，它们是通过整体性的思维而产生的。不要以为只有心灵和大脑才能思想，我想告诉大家，我们的身体也会思想，我们的四肢，我们的五官，我们的皮肤都会思维。例如，前面说的厨师，在烹饪时，什么时候放什么料，加多少盐和糖等等，不是靠头脑的逻辑思维，而是靠手和身体的思维，甚至靠他所用的勺子的思维，才做出美味佳肴的。

我们把教育分成文科和理科，把思维分成形象思维和逻辑思维，前者对应文科，后者对应理科。这是有问题的。这两种思维是整体合一的，如同文理科不应分离一样。有位著名的法国物理学家说过，世上最蹩脚的科学家是不是艺术家的科学家，反之亦然。

人们有种偏见，认为搞艺术的人没文化，这当然暗指他们缺乏逻辑思维或文字思维的能力。有人觉得搞舞蹈的人是艺术中没文化的典型。这种观念大错特错，殊不知，伟大的舞蹈家都是伟大的哲学家，他们是用身体在思考，思考宇宙，思考我们与自然之间的关系，并深刻地加以艺术表现。身体思想与逻辑思考完美结合是一种艺术。

艺术作品有非常严谨的构造，与一般的事物不同。比如说一辆车，质量差一点，还能开，但是艺术则不行，要是其中某个形与形之间的关系不恰当，整幅作品都会废掉。艺术中多一点不行，少一点也不行，中西画论都说到这一点，因为艺术是以审美的品质体现高级的抽象观念的完美创造，我称之为“艺术的智性力量”。

在研究艺术的智性时，我发现这样一个历史现象：当一个民族懂得像艺术家那样去思考，去探索，去行动的时候，这个民族一定处于伟大的创造性时期。历史证明了这个事实。在人类历史上，一中一西的复兴典范是我国的唐宋时期和 15、16 世纪意大利的文艺复兴时代。这两个伟大的创造性时代，留给后人的最鲜明的遗产就是艺术。

意大利文艺复兴的重镇是佛罗伦萨、罗马和威尼斯三个城市。参与这场复兴运动的主角是艺术家、人文学者和赞助人，总人数仅约 600 人，赞助人是美第奇家族这样的富商和权贵，他们热爱艺术，尊重艺术家，培养了极高的艺术鉴赏力和审美品味，出巨资赞助和支持艺术的创作。众所周知，意大利文艺复兴的领军人物不是军事家、哲学家，意大利文艺复兴时的哲学只不过是新柏拉图主义，也就是把柏拉图思想变得更神秘一点，没有什么哲学上的新贡献。当时的领军人物全部是我们今天说的美术家，即画家、雕刻家和建筑师。意大利文艺复兴三杰：达·芬奇、米开朗基罗、拉斐尔，这三个人是整个复兴运动的旗手，在他们的带领下，这支小小的美术家队伍创造了一个崭新的时代，催生了现代世界，改变了整个世界的观念和现实。

19 世纪的瑞士学者布克哈特写了一本书叫《意大利文艺复兴时期的文化》，这本书在改革开放初期，就有中译本在国内出版了。这部书影响巨大而深远，它不仅创造了新的文化史研究和写作方法，更重要的是首次系统地提出了复兴的观念。布克哈特本人擅长绘画，终其一生都在瑞士巴塞尔大学教授美术史。这两个事实意味深长。虽然他的书中没有讨论具体的美术作品，也只提到了几个艺术家的名字，可他通过对意大利 15、16 世纪美术作品的深刻理解构建了意大利文艺复兴的特征，包括其政治、经济、文化的特征。这部书的第一章论述了意大利文艺复兴时期的政治状况，标题叫“作为一种艺术工作的国家”。这部历史著作的真实性，并不在于他是否考证了当时的政治事件、经济和艺术创作的状况，而在于他用艺术的敏感性和理解力触摸到了 15、16 世纪的不朽创造力的源泉。也正是这种审美敏感性使得这部著作产生了巨大的影响。

胡适提倡的中国的文艺复兴，就是采纳了通俗化的布氏复兴观念。胡适的中国的文艺复兴，其典范，一方面是欧洲文艺复兴，另一方面是中国的唐宋时期。对他来说，唐宋时期就是中国新文化运动的榜样。我们想想，唐宋时期留给我们的是什么？有两样东西，一个是伟大的绘画作品，唐宋绘画是中国艺术的巅峰之作，尤其是宋画，无可超越。第二个是诗词，诗词是语言的艺术。跟意大利文艺复兴时代一样，支撑唐宋时代辉煌的是艺术。换言之，由艺术所孕育的审美品质塑造了中西这两个伟大的创造时代。

回想上世纪80年代关于中国科技为什么落后于西方的讨论，一个历史早已给出却被我们忽略的方面，就在我们脚下，那就是对审美品质的忽视。当时我自己根本没有意识到这一点。在当时的讨论中，我错误地认为艺术太微不足道了，因此放弃绘画去研究哲学、历史和艺术史等理论，直到从牛津大学学成归国时，才明白艺术的真正重要性。我经常假设反思：19 世纪以前的中国，也就是说，在西方科学被引进中国之前，为什么中国先进于西方，甚至在如今所称的“科技”方面也令西方羡慕？这难道与中国传统重视艺术没有关系吗？

中国民族文化的性格可以说主要由孔子思想铸成，就审美品质而言，其核心思想与西方文明的奠基者柏拉图不期而遇。柏拉图说，艺术必须成为教育的基础。他所指的不是艺术教育，而是整个教育。孔子说，君子“志于道，据于德，依于仁，游于艺”。孔子把“游于艺”放到最后，放到上位，相当于结论。孔子的意思是，有教养的人，必须具备审美品质，以从事艺术那样的敏感性和自由去实践道、德、仁，这样才能获得真正的体悟。孔子很重视音乐，甚至把乐看成是国家秩序的化身。谈到文字语言，他也不忘审美品质的决定因素，他说：“言之无文，行之不远。”可见，中西哲人都深信：艺术必须成为教育的基础。

审美品质应当贯穿于教育之中。从孔子和柏拉图的教育思想中，我感觉他们都趋于这样的结论：教育的目的不在于传授知识本体，而在于寻求智慧的方式。如果教育的目的仅仅是传授知识，那么，在这个大数据的时代，所有的知识都可百度而知，如果掌握了几门外语，任何知识点都可通过网络获知，还有上学的必要吗？教育的目的不是让学生在某个年龄段里面拥有某种知识，而在于让他发现自我的兴趣，由此具备自我教育、自我发展的能力。如果教育不是为了这个目的，那教育的意义何在?

我们都知道“钱学森之问”。钱学森先生认为，中国的大学培养不出创造性人才，其原因是艺术与科学的严重分离。艺术与科学融合的意义不在于艺术可以丰富校园生活或丰富学生的想象力，而在于审美品质本身就是创造性人才的必要条件。我们现在的教育，不仅将艺术与科学分离，而且把艺术打入了知识领域的最低等级，这无疑是造成我们无法培养创造性人才的重要原因。当然教育部正在努力改革，学校也开始重视起艺术，将之归入“素质教育”。然而，现实情况是，比之数、理、化和外语，这“素质教育”的说法意为可有可无的东西。民间流行着一个说法，学艺术的人没文化，他们学不好文化课才去考艺术院校。对于有些学生来说，这也许是事实，但不能因此而否定艺术。艺术是文化的主体，怎么能说搞艺术的人没文化呢?我认为，素质教育如果是审美品质教育，那么它就非常重要，是复兴中华民族创造力的活性激素。

我已经说了这么多，从中大家应该理解，我在强调艺术不仅是一种教育的内容，而更是一种教育的方式，这种方式就是寻求、掌握和创造智慧的能量。

为了撰写艺术学科门类独立的论证报告，我曾特意研究了历史上伟大的科学家和许多诺贝尔奖得主的生平和贡献。他们的家庭境况、教育背景各不相同，但有两个共同点：一是有强烈的个人兴趣和激情，二是热爱甚至实践艺术。一言以蔽之，他们都是艺术家—科学家。

仅举四个改变科学史的人物为例，就能看出审美品质是如何塑造科学、如何改造世界的。

第一个是哥白尼。他提出的“日心说”，打破了长期以来居于宗教统治地位的“地心说”，引发了天文学的根本变革。可教科书都不会告诉你，哥白尼是一位出色的画家，不仅有自画像传世，而且创作了宏大的拟人天体寓意画，可以说，绘画是他探究宇宙的手段。

第二个是伽利略。教科书只告诉你，他是天文学家和数学家。然而，鲜为人知的是，伽利略是画家，曾于16世纪在佛罗伦萨所建的欧洲最早的美术学院任素描和透视学教授，后来才转到比萨大学任数学教授。艺术和科学、逻辑思维和形象思维在伟大的科学家身上从来不对立，从来没冲突，也从来没有区别，始终是一体的。伽利略用他的天文望远镜看到月球表面的山峰洼地，后来有人质疑他，说他看不到月球表面，他看到的只是错觉，是天文望远镜玻璃上的污点。我觉得，伽利略凭他当时的天文望远镜，有可能真的没有看见月球表面，但作为艺术家的伽利略，他的艺术之眼却能凭想象看见月球，他所画的月球素描优美无比，其真实性跟美国人在月球上拍的照片相差无几。这就说明一个道理，任何事物不一定要肉眼能看见才叫看见，你的艺术想象力可以延长你的视线，展开你的翅膀，飞翔着去透视肉眼不可企及的宇宙奥秘。这验证了我国唐代人关于绘画功效的理论，“夫画者，成教化，助人伦，探幽微，测穷变。”

第三个是牛顿。牛顿虽然没给我们留下绘画作品，但他所写的书里的机械插图全是他自己画的，这类机械插图需要良好的素描功力。我们从牛顿自己说的一段话中，可以看出艺术的审美品质在他的科学发现中所起的作用。牛顿说自己在探究自然哲学即现在的自然科学时，只不过像一个在海滩上寻找他最喜欢的美丽的鹅卵石和贝壳的孩子。这段话的含义是什么？他后来说的话恰好解释了他的意思。他认为自己倘若没有受过良好的视觉语言的训练，就不可能有他的科学发现。视觉语言是什么？就是视觉艺术，包括绘画。有一个人人皆知的故事，说牛顿发现万有引力定律是看到苹果落地而受到了启示。究竟有没有这回事，已无从考证，但将这个传说附着在牛顿身上，不无道理，说明牛顿具有敏锐的视觉敏感性，从人们司空见惯的视觉事件中悟出了宇宙大道理。牛顿没有宣称自己是艺术家，但他说其一生的目标都是在寻找美，在证明造物主创造的完美。

第四个是爱因斯坦。爱因斯坦明确地说过，在他的科学思维机制当中，逻辑不起任何作用，语言文字也不起任何作用，真正起作用的是会自动呈现的图像。爱因斯坦和前面列举的三位改变世界的人物不一样，他的艺术兴趣是在音乐，他拉小提琴、弹钢琴。无需理解爱因斯坦的相对论，只要想想音乐是时间的艺术，就能体会到音乐是如何启示爱因斯坦的时间和空间观的。爱因斯坦爱好音乐并非为了放松精神，如他所说，音乐是他科学发现的思想机制中的有机组成部分。据他儿子回忆，每当他爸爸在实验室或书房里遇到物理难题时，他就会冲出来弹钢琴，而弹了几下又回去了。为什么？前面我说过，我们思想不单单靠的是大脑，也不单单靠的是心灵，我们身体从头发到脚趾的任何部位都会思想。对于爱因斯坦来说，思想的思考是不够的，当他的手指头触摸到琴键的时候，当音乐响起的时候，他的另外一种思维手段出现了，而这种思维方式恰恰解决了他用逻辑、用头脑、用钢笔的思考方式不能解决的问题，思想和答案产生于手指触摸琴键的瞬间。他儿子说，弹钢琴对他父亲来说，就是为了解决科学问题，而不是为了愉悦自己。

以上例子说明，艺术对思想、科学有塑造力，审美品质是衡量事物的标准。钱学森强调艺术与科学的结合，是有切身体会的，他早年学过绘画与钢琴。在中国，许多有建树的科学家，都亲身实践艺术。你们知道中国第一首小提琴曲是谁写的？是地质学家李四光先生写的，他谱写了我国第一首五线谱小提琴曲。我国最早歌谱谱曲家是谁呢？是人们所知的语言学家赵元任先生，其实赵元任的专业不是语言学，而是数学与物理。他在美国大学任教时教物理和数学，回国在清华大学也是物理和数学教授，兼教语言和音韵。语言学是他的业余爱好。我们说赵元任是语言天才，他到德国，三个月就能说地道的德语，让德国人误认为他是本国人，在意大利也如此。在中国，他轻松掌握了 33 种方言。可以说是艺术的敏感性赋予了他语言的天赋。赵元任的“音乐耳朵”，使他对语音的细微差异特别敏感，他能从与我们常人听着一样声音中，捕捉微妙的变化，并用声音准确地说出来，正因为这样的音乐耳朵，使他能轻而易举地学会如此多种外语和方言。无怪乎首位诺贝尔奖化学奖得主范·托夫断言，“世上所有伟大的科学家都是艺术家，不是美术家，就是音乐家。”他这里讲的艺术家，不是比喻，而是切实从事艺术实践的艺术家。

在科学领域里，可以举出无数的艺术家实例。由于时间的关系，我必须转到与我国现实有关的问题上。在21世纪，我们面临着一次伟大的选择，我们正处于中华民族伟大复兴的大好时机。今天的世界已然成为地球村，任何新发明、新发现、新技术都迅速成为可以世界共享的资源。在这样的形势下，真正能够把控资源的只有思想。所以有人早就预言，21世纪是一个思想的世纪，思想创新是重中之重。经济叫创意经济，文化叫创意文化。我们国家提出了文化发展战略，这符合时代的要求。比尔·盖茨和乔布斯的成功，说明创造性思维的主导性。而这种创造性思维来自于文化的土壤，来自于以艺术为主体所形成的审美品质。

然而，我们要警惕，文化创意产业不是要把文化立刻变成钱，文化是不能马上变成钱的。我们今天听说好莱坞和迪斯尼赚了大钱，也听说英国的创意文化产业占GDP的7%，可是我们不能只看结果而不了解过程。那过程就是前期长期的投入。文化是培育，犹如种树。中国古体“艺”字就很形象地图示了这个意思，“艺”是一个人跪着种植的形象。

文化的培育需要投入时间和财力，为所有学科创造肥沃的土壤，而在这个土壤里生长出来的艺术会给很多领域提供创造性思维，提供标准，提供最高的技术手段。因为艺术追求完美。

文化与教育绝对不是产业，文化与教育的目的在于培养创造性思维。这存在于我国伟大文明的活性基因之中，那曾是渗透于中华文明方方面面的审美品质。如果我们重新把艺术与创造性思维放到其应有的合适位置上，我想中华民族伟大复兴就有了具体的途径和方案。

郝振省：下面按照惯例，我来总结归纳一下今天曹教授讲座的内容，可能归纳得不一定准确。

第一点讲审美品质的普遍性和永恒性。曹教授讲到了中国历史上唐、宋王朝的繁荣与文学艺术兴盛的关系，也讲到了文艺复兴与欧洲资产阶级革命、工业革命的关系。实际上从社会发展的源头来看，审美的品质具有世界观的意义，从社会发展进步的总体上看，审美品质具有方法论的功能。这就不禁让我们对中外历史上的一些事件重新评价，而且使我们比较深刻地意识到，审美的品质、艺术的追求，不只局限在艺术家狭小的范围中，而是具有普遍性和永恒性。

第二点讲审美品质的基础性。也就是讲，我们怎样打造自己的审美品质，怎么探求、掌握智慧的路径。我觉得曹教授就是在说，要从自然审美到自觉审美，要学会从美的角度观察事物、欣赏事物、评价事物，逐步形成自己的审美品质，然后用这样的审美品质设计我们的生活方式、工作方式，乃至所承担的责任和义务，尤其是滋养我们自己的创造性思维。

第三点讲学科的融合性和艺术的主体性。教授讲到艺术与科学的相通相融，科学家和艺术家的相辅相成，艺术修炼和科学创造的相依相存。这就让我们思考不同学科的内在的关联，思考我们现有的教育方式过于分割所造成的问题，也让我们进一步思考教育改革的方向和培养人才的目标。曹教授认为，从艺术的主体性和学科的融合性的角度，审美品质对于我们民族的复兴具有主体性的作用。

今天，曹教授学贯中西的底蕴和他富有激情、哲理、魅力的演讲，给了我们非常深入的艺术享受和思想启示，让我们大家以热烈的掌声再次感谢他。

（本文根据曹意强 2016 年 7 月 23 日在中央和国家机关“强素质·作表率”读书活动 2016 年第 7 期主题讲坛上的讲座内容整理）

主讲人：徐焰

徐焰，国防大学教授，专业技术少将，博士生导师，校军事思想和军事历史学科带头人，现兼任中国军事科学学会历史分会副秘书长，曾先后任清华大学、中山大学、二炮工程大学、哈尔滨工程大学等十几所地方和军队高校的兼职教授；连续三次被评为国防大学杰出教授，又是“全军优秀教师”称号和“全军杰出科技人才奖”获得者。曾在美国斯坦福大学国际安全和军备控制中心、日本防卫大学做过访问学者和讲学。二十多年来著有二十余部学术著作，其中部分被翻译成日语、英语在国外出版。此外，还撰写过几十部电视片的解说词，并在中央电视台、北京电视台播出，同时长期担任中央电视台、中央人民广播电台的特邀嘉宾。

长征——中国革命的柳暗花明

长征——中国革命的柳暗花明

郝振省：同志们、朋友们，大家上午好！今天是2016年第8期、总排序第88期中央和国家机关“强素质·作表率”读书活动主题讲坛，今天我们为大家特别邀请到国防大学战略教研部教授、军事史专家、国防大学军事历史学科带头人、博士生导师徐焰少将。他还是中国军事科学学会历史分会的副秘书长，是清华大学、中山大学等高校的兼职教授，曾在美国、日本多所大学当过访问学者，并出版著作20余部，今天赠送给大家的《解放军为什么能赢》，就是他的著作之一。大家欢迎他！

同志们，今天徐焰教授演讲的题目是“长征——中国革命的柳暗花明”。设计今天的讲坛主题主要有两方面的考虑：第一，为了纪念伟大的长征胜利80周年，党中央做了相关的部署和要求，我们认真响应。我们的党有今天，军队有今天，国家有今天，中华民族有今天，都和长征紧密地联系在一起。长征的胜利已经载入了民族的史册，长征的精神锻造了中国共产党人和中华民族战胜一切敌人、克服一切艰难险阻的英雄气概。

长征的历史和长征的精神已经成为红色文化中最重要的板块，也成为我们中华民族优秀文化的重要基因，我们要永远纪念它。第二，这种纪念还意味着对长征知识的补充和积累，意味着对长征精神的更深入的把握和更科学的弘扬。据我们读书活动办公室的同志了解，虽然我们一直在纪念长征，每十年还有一次大型纪念活动，但是不少同志关于长征的知识是很不完整的，甚至是很不准确的。学习长征知识，准确地了解有关长征的历史史实，对我们弘扬长征精神，继承长征精神非常有必要。

同志们，下面就让我们一起来聆听徐焰教授有关长征的主题演讲！

今天很高兴能到国家新闻出版广电总局与在座的各位领导、各位同志一起回顾长征，首先向各位领导、各位观众致敬。

今天我们讲的题目是“长征——中国革命的柳暗花明”，回顾长征的历史意义，同时也讲一下它的现实启示，因为长征确实是中国革命史上最光辉的一环。我们国家现在进入几个“期”，既是一个伟大的历史复兴期，也是一个社会转型期。回过头去看，我们中国能取得现在这么伟大的成就，就说明当时老一辈的革命家为长征奋斗和 90 多年前中国人民的历史选择是正确的。老一辈革命家的奋斗是正确的，要不然哪有我们今天？我们说长征是永远发掘不尽的宝藏，它可以为我们后人提供很多的精神启示。今年我们纪念长征胜利 80 周年，这 80 年来长征精神教育了几代中国人，我记得我们小的时候有一个经常喊的口号“苦不苦，想想红军两万五”，那个时候把长征精神简单化了，也就是吃苦耐劳。其实我觉得长征精神它有很多内涵：强调党的先进性，强调群众路线，强调思想解放，这些都是长征精神。长征精神、延安精神，二者都是博大精深的，不单单是一个吃苦的问题。

长征精神最早在世界上弘扬，还真是美国记者斯诺的《红星照耀中国》（Red Star Over China）引起的，这本书曾在美国上了畅销书的榜首，后来翻成中文书名改成了《西行漫记》。对美国人讲长征精神他们是不相信的，因为他们不相信共产主义，他们觉得人类怎么能够有这样的壮举呢，但是他们认为长征是不得了的。1975 年美国国务卿基辛格访华的时候，正好赶上长征 40 周年的纪念，当时他还专门向长征英雄致敬，认为长征是历史上人类坚强意志的体现。美国人将其称为意志，我们共产党人则将其称为革命精神。

中国共产党 90 多年的奋斗，可以说是分为三个阶段：解放前是“救中国”；解放后、改革开放之前是“强中国”；改革开放之后是“富中国”。应该说“救中国”“强中国”“富中国”这三个阶段的努力都是成功的。当然我们国家现在还面临着很多复杂的形势，外部内部的情况很复杂，所以习近平总书记强调我们要“不忘初心”。“不忘初心”指什么？“不忘初心”是我们共产党人当年入党宣誓时，发誓要为我们整个中国的解放和建设事业奋斗，这个是我们的初心。你不能光看我们怎么发展经济，我们要不忘初心。现在我们国家发展很快，国内生产总值排名从 2000 年世界第六位，2005 年世界第五位，直到 2011 年到了世界第二位了；另外我们中国进入了一个多元化的社会，过去思想是单一的，现在什么思想都来了，多元化社会面对不同的价值观挑战，那么我们现在该怎样对待过去的革命经验呢？

我国现在处在一个社会转型期，新一代的思想观念跟过去不一样了，有新的价值和新的追求。所以你要讲发扬革命传统，拿老的那一套给人家灌输，很多年轻人没法接受。我们需要用现代人所需要的视角回顾历史，并按照现在新时代的要求，努力创新，按照新时代的要求，对大家进行教育。

下面我想讲一下长征对我们现在的启示：

一、在革命战争“马鞍型”发展中严重受挫实行战略转移

对新一代人进行政治教育，我觉得关键是要突出正能量，突出党的领导、群众路线、革命英雄主义，同现实教育相结合，不能像现在的一些文艺作品，尤其是有些电视剧里，充满血腥，充满痞气。当年那些人奋斗是为什么呀？是要推翻黑暗的旧中国和腐朽的国民党统治。当然了，人类要打仗也是由当时的社会历史造成的。战争是人类发展过程中的一种社会现象，也是必然现象，人类有了阶级，有了不同利益集团的冲突，口头解决不了，只能靠武力了。战争与人类发展史相伴，将来实现了共产主义，才能实现真正的和平。

中国近代史，也是遭受外国侵略的历史，所以反帝、反封

建是中国革命的基本任务。国民党创建时也是人才济济，却因脱离民众而不能救国，国民党内部派系林立、相互争权夺利，有“一个党名，两个政府、三个党部、四分五裂”之称。尤其是蒋介石统治中国二十多年，与军阀豪强相结合，搞得民不聊生，最终国民党被人民推翻。蒋介石执政 22 年，没有解决两个问题：统一问题和民生问题。而且他是典型的杀贫济富，少数官僚权贵家庭搜刮了十几亿美元存入美国，可却有几亿人饥寒交迫。国民党统治时期，连中国有几亿人都搞不清楚，腐败的国民党政权从未做过人口统计，就连估计的 4 亿人口都是以卖盐为入口做的调查；解放后人口普查才知道，我国人口已达 6 亿。这样的政府是什么政府？国民党统治中国二十多年，山河破碎，民不聊生。蒋介石在抗战中丢失了领土，是中国近代对外战争中损失最惨重的。如今社会上一些人过分吹嘘国民党，其实是敌对势力舆论信息攻势的一部分。否定中国革命的合理性，就是否定中国共产党的合法性，它其实是敌对势力阴谋的一部分。先进的中国人在 1921 年建立中国共产党，就是要解放受苦受难的中国人。中国共产党是接受马克思主义理论的先进政党，建党宗旨是彻底改造社会而不是为个人谋私利。

34 年前，我在中国人民大学读研究生时，采访过中共“一大”代表刘仁静。在 1921 年召开的一大上，便可看出真正革命者与好奇、投机分子的差别。追逐做官和名利享受的陈公博便不赞成党的纲领，不参加闭幕会，会后又脱党。陈公博最关心的是中国共产党能不能让自己在政府当官。周佛海同样在会后也不再参加党的活动。毛泽东才是真正的共产党人，在“一大”后便投身艰苦的工人运动。1924 年孙中山召开国民党“一大”，决定要“以俄为师”及“联俄联共”，后来创办了黄埔军校，一些共产党员也参加了国民党军校。但是我们讲，与国民党合作是暂时的，国民党与共产党最大的分歧就是谁能站在工农群众一边，国民党孙中山强调“辅助农工”，孙中山是反对阶级斗争的。国共能够合作，在于共产党的最低纲领与国民党有共同之处：反对北洋军阀、反对帝国主义。为什么蒋介石要发动“4·12 政变”？因为你一发动国民革命运动国民党就要跟你翻脸，因为国民党内的很多人是地主阶级，与工农群众没有密切的关系。你看当年的报道就知道，国民党大多数人要求反共。1927 年春，国共合作的北伐战争推进到长江流域，双方在工农运动中的矛盾爆发，国民党发动“4·12 政变”进行反共屠杀，毛泽东在党的“八七”会议上提出“枪杆子里面出政权”的思想。

应该说在不同的历史时期，中国共产党人完成了不同的任务，土地革命战争主要解决生存问题，打破国民党“围剿”，取得了胜利；抗日战争解决了发展力量问题，抗战不只是打日本，抗战是双重任务，毛泽东讲抗战是民族革命和民主革命的结合，民主革命就是发展人民的力量建设新中国；解放战争则解决了决战和全胜的问题。中国共产党人刚开始发动南昌起义、秋收起义、广东暴动，都是夺取大城市，毛泽东的伟大之处在于他受挫折后马上带部队上井冈山，改变了革命的道路。

毛泽东上井冈上之前，进行了“三湾改编”，这是有伟大意义的，建立了党对军队的绝对领导。上井冈山之前，军队 2000

多人中共有 20 个党员，根本没有掌握基层军队。兵源问题仍没有解决，因军饷缺乏，军官和士兵逃亡的现象仍很严重，秋收起义的 5000 多人，打了几天后只剩下 1700 人，然后向井冈山前进。走了 10 天后，最后只剩 700 人。为什么跑？因为是雇佣军，不给你拼命。所以到了三湾之后决定改编了。在井冈山下毛泽东破天荒地废除了雇佣制，以土地革命动员农民参军以解决兵源问题。军队不再由长官领导，而是由党组织、党委领导，部队中的一切事情由党委决定，这是解决党对军队绝对领导的问题。黄克诚对毛泽东印象最深的第一件事，就是他在井冈山下发布说，军队不能发饷了，令黄克诚和其他干部都大吃一惊，军队不发饷还能维持吗？改编之后的人民军队，官兵一致，这样战士才能为了胜利去拼命，为了获得土地去拼命。

实行党的群众路线除了生活上与群众打成一片，更重要的是为全中国谋利益，当时的军队内部为了保障官兵一致，毛泽东完善了三大民主：政治民主，士兵有发表意见和监督干部的权利；经济民主，士兵可以监督部队开销；军事民主，下级官兵可以对作战提出自己的意见。为了保证官兵一致，毛泽东逐步完善了三大民主制度。另外就像毛泽东讲的，"全心全意为人民服务"，首先军队要服务于人民，给农民解决土地问题，农村 90% 的人是农民，农民大部分是贫困的，没有土地，上井冈山建立革命根据地、建立红军靠什么？靠的是打土豪分田地。但是当时分田地的办法是苏俄的模式，苏俄模式是土地国有，不分给农民。井冈山也学这个办法。

到延安后毛泽东说井冈山时期的土地政策有三点问题：第

一，没收一切土地，而不是只没收地主的土地。第二，土地所有权属政府而不是农民。第三，禁止土地自由买卖。1929年1月毛泽东率军从井冈山突围东进，随后到达江西兴国，制订了《兴国土地法》，改变了苏俄土地公有的方式，将土地分给农民私有，发动群众解放自己，发动农民打土豪、分田地，然后发动农民让他们参加军队。后来我们讲，共产党征兵从何而来，你又不给人家发饷，你就是给他分土地，毛泽东提出了《兴国土地法》，真是把农民的斗志一下子就激发起来了。当年兴国28万人口，8万人参加红军、赤卫队，长征开始时，中央红军8万人中有2.7万兴国人，到陕北只剩下不足2000人，新中国成立后只剩200人，这些人中有54人在1955年获得将军军衔。另外湖北黄安县（现称红安）诞生过我军四支主力，出了202名省军级干部，两位国家主席。

1945年党的七大报告中提出，土地革命、农民战争、共产党领导，这三者相加就构成了中国革命。

毛泽东从上井冈山到和他的战友们艰辛探索，最后开辟了中央苏区，成立了中华苏维埃共和国，其他地方也纷纷效仿，陆续创立了十几块根据地。当时中国共产党的领导人还是共产国际指定的，中国共产党中央是共产国际的一个支部。中共六大上强调共产党的工人成分，选了一个工人出身的向忠发担任总书记，但他后来被捕叛变了。

后来共产国际意识到早期选的领导人存在错误，派王明、博古回来当领导，这就把苏联那套又搬到中国的实际里，成为“洋房子先生”。博古曾在中央苏区工作，他根本不懂中国国情，并深受王明路线影响。政治上他主张打击一切军阀，造成肃反扩大化，土地政策完全过火，斗完地主斗富农，斗完富农再斗中农，搞得一塌糊涂；经济上他把工商业者当成资产阶级打击，“竭泽而渔”，忽视经济建设。

历史证明，中国革命的规律要靠中国革命者自己来探索，跟着别人的指挥棒转，照抄照搬他国的模式必败无疑。另外，国民党一开始对红军不重视，1927 年蒋介石定都南京后，依靠江浙财团的支持和德国的军事技术援助，建立了一支规模庞大的中央军，在 1932 年以后迫使其他各派国民党军阀服从自己，因此能够集中力量“围剿”革命根据地。

1933 年国民党对中央红军进行第五次“围剿”，前四次“围剿”长驱直入遭遇埋伏吃了亏，总结失败教训的蒋介石制定了一个“堡垒政策”，在苏区周围驻扎好，再逐步压缩红色根据地，最后决战。当时红军第五次反“围剿”陷入困境，但是也可以采取其他办法，例如可以打到国民党后方去。当时有左倾思想的领导人学苏联的正规战，堡垒对堡垒，跟他们硬打，毛泽东曾总结说：“在没有广大兵力，没有弹药补充，每一个根据地打来打去只有一支红军的条件下，阵地战对我们基本上是无用的。”你修碉堡，人家一炮给你掀翻了，他的碉堡你却打不透。毛泽东称之为“乞丐同龙王比宝”的方式，将红军的人力物力几乎消耗殆尽。

1934 年广昌战役失败后，中央红军已完全陷入被动防御。当时他们准备突围，但是突围还需要共产国际批准，第五次反“围剿”前，中央苏区的人口才 250 万人，红军不到 10 万，却要抗击国民党50万军队的进攻，一年中，国民党军以碉堡政策逐步压缩，21个县的面积被压缩到仅剩7个县。当时红军利用了广东军阀与蒋介石的矛盾，向西突围，中央红军长征就此开始。当时红军只能突围，再不突围就全军覆没了。

现在有一些歌曲电影等艺术作品歌颂红军，我问过一些参加长征的老红军，说你们那个时候怎么走的呀，他们说那时候没有电影里歌里唱的那个场面，因为他们是隐蔽行军，选择晚间行走，就是为了不让别人发现，国民党军一个月后才知道中央红军主力已经走了。项英、陈毅等人留在苏区，坚持三年游击战，虽遭受重大损失，但在八个省、十四个地区仍保留了近万人的游击队，后来编为新四军。留下来的人比参加长征的人更苦。

二、克服千难万险、四路红军会聚陕甘宁

红一方面军长征离开了中央苏区，行程近二万五千里；红二十五军长征走得比较少；红四方面军长征在雪山草地走了1万里，最后到了会宁会师；红六军团转了一大圈，一直转到云南昆明。当时来讲，红军撤出中央苏区和湘赣、鄂豫皖、湘鄂西、川陕苏区进行长征，放弃了全部南方根据地，向西北实施战略转移，这是中国革命战争史上最大的挫折。中央红军（一方面军）长征冲破四道封锁线，四渡赤水，转了一大圈，最后雪山草地过了之后，到达陕甘。刚开始突围的时候吃亏最大的

就是湘江之战，中央红军 86000 人出发，一路上掉队的很多，到了湘江已经不到 7 万人了，结果国民党左右夹击，红军遭湘军侧击和中央军尾追，最后突破封锁时只剩下 3 万多人，损失太惨了。湘江战役成为红军战史上损失最大的一役。

过了湘江之后，按照原计划是到湘西会合二、六军团，但国民党已经在湘西布下十几万兵力的封锁线，如果这时再往湘西走，难免要全军覆没。所以毛泽东主张不能再往湘西走了，去贵州。贵州的国民党军队都是双枪兵（步枪、烟枪），没什么战斗力，红军就往贵州走了，到了贵州之后突破乌江、占领遵义。占领遵义 12 天，部队得到休整了，也给红军将士做了衣服。另外召开了一个遵义会议，当时遵义会议着重解决军事问题，但政治问题也展开了。1935 年 1 月召开遵义会议，当时电台跟共产国际已经失去联络了，完全是中国共产党人自主决定命运的第一次中央会议。在会上确立了毛泽东的领导地位，结束了照搬苏联教条的博古、李德的领导。

据遵义会议历史记录原件（陈云记），会上规定“以毛泽东同志为恩来同志军事指挥上的帮助者”，那怎么说“确立毛泽东的领导地位”？他不是“帮助者”吗？大家就奇怪了，遵义会议领导人没有换，军事上还是周恩来指挥，毛泽东是帮助者，政治上还是博古。但我们说的是事实上，毛泽东进入中央政治局作为常委，周恩来对毛泽东的意见是完全接受的，所以我们说事实上就确立了毛泽东的领导地位。遵义会议上解除了共产国际顾问李德的指挥权，此后又成立了毛泽东、周恩来、王稼祥三人组成的军事小组。遵义会议改变了黎平会议作出的以黔北为中心来创建根据地的决议，改为争取在成都建立新根据地。因为中央看到国民党中央军的追兵已渡过乌江，又看到当时贵州地瘠民贫，“烟土多，粮食少”。1月20日，中央红军经过半个月休整后北上，在三省交界的鸡鸣三省村，张闻天接替博古。

遵义会议后，国民党中央军和川军、滇军、黔军十几万人对中央红军围追堵截，在险恶环境中，毛泽东率领红军四渡赤水，以灵活运动调动敌军，最终跳出包围圈，后来他自认为这是“平生得意之笔”。其实四渡赤水的时候也打了两次败仗，1956年在八大第二次会议的讲话中，毛泽东说：“我是犯过错误的，比如打仗，高兴圩打了败仗，那是我指挥的；南雄打了败仗，也是我指挥的；还有长征时候的土城战役是我指挥的，茅台那次打仗也是我指挥的。在井冈山的时候我提出的那个土地法很蹩脚，不是一个彻底的土地纲领。”毛泽东的伟大之处在于他不傲，犯了错误马上纠正，人怎么可能是神仙不犯错误？后来彭德怀回顾讲：“在鲁班和土城两役又打得不好，伤员无法安置，也增加了部队疲劳、困难和减员。……由于上述两战打得不好，就不能不放弃在湘、川、黔、鄂四省边区建立根据地的正确决定。被迫的带着极大冒险性的长征，幸赖红军英勇和巧妙的侦察工作才免于覆灭到达陕北。”

红军向金沙江前进，用7条破船在7天之内巧渡金沙江，把国民党疲惫不堪的追兵甩到后面。红军过了金沙江后危险仍然存在，前有大渡河，后有金沙江，国民党中央军已从金沙江追来，南返不可能，只有迅速北上。当时红军的少数民族政策好，到了这里后和小叶丹结拜了，解放初刘伯承回忆说：“如果不结盟，再推迟三天，蒋介石的重兵就调到大渡河堵住我们了，就有可能走石达开的下场了。”当年还真是惊险，1935 年 5 月 24 日，担任先遣队的红一军团第一师第一团赶到安顺场，只夺得一只小船。团长杨得志马上命令营长孙继先率领 17 名勇士组成渡河奋勇队，在神炮手赵章成操作的迫击炮和重机枪掩护下，奇迹般抢渡成功，控制了渡口。另一路顺着大渡河，抢夺泸定桥，“大渡桥横铁索寒”的英雄壮举，是红军英勇无畏精神的突出体现，把尾随的国民党中央军彻底甩掉，又一次转危为安。

过了铁索桥之后，就要过雪山了，红军三个方面军都曾多次翻越雪山，体现了以革命精神向生命极限的挑战。爬雪山时，周恩来患了感冒，下山后咳嗽不止，差点送了命；朱德患上了支气管炎，留下了后遗症终生未愈。

1935 年 5 月，红四方面军放弃川陕苏区，开始西征。6 月 18 日，在懋功地区与翻越雪山的红一方面军会师，此时红一方面军已不足 2 万人，四方面军则有 8 万人。红军一、四方面军会合后，由于在发展方向上产生争论，在川康边区停留两个月之久，因粮食供应极为困难，部队减员很大。张国焘的逃跑主义方针，是向川康边的羌藏少数民族区域发展，这只能使红军陷入绝境。

中央红军过草地的七天行军，是长征史上最艰苦的一段路途。因缺衣、缺粮和宿营环境恶劣，部队牺牲严重。后来统计，三个方面军过草地时因饥饿、疾病牺牲的大约在万人以上。张闻天的夫人刘英回忆说：“打仗还是一部分人的事，过草地却是每个人的事，红军过草地时的牺牲最大，走出草地后，我觉得仿佛是从死亡的世界回到了人间。”过草地时最大的困难是粮食不足，尤其是中央红军最困难，红四方面军因为刚离开根据地，人的体力和身体状况比较好。

1935年9月17日红军突破腊子口，18日进入哈达铺。当时红军进入雪山之后就没有看到报纸了，在哈达铺找到报纸，得知陕甘边区有刘志丹领导的红军，徐海东的红二十五军也抵达该地，于是“一张报纸定方向”，部队向陕北前进。当年也真是走一步看一步，这个时候中央红军已经是疲惫不堪了。1935年7月，徐海东等人得知红一、四方面军已由川西北上，便决定主力继续长征迎接红军。因没有电台得不到确切消息，便决定先到陕北，于9月进至陕西永坪，同红二十六、二十七军会合，合编为红十五军团，军团长徐海东，政委程子华。红二十五军长征历时10个月，行程约9000余里，被称为“小长征”，并且在行军途中人数不减反增。红二十五军最先到达陕北，为随后到达的中央红军落脚奠定了重要的基础。毛泽东后来一再称赞徐海东，说他是“对中国革命有大功的人”。

1935年10月19日，中央红军到达陕北苏区，终于有了立脚点。毛泽东后来讲，没有这块地方，我们下不了地。当年陕北刘志丹他们开辟了根据地，但是到了陕北发现一个问题，有人有极“左”思想，他们把刘志丹、习仲勋等人抓起来。毛泽东纠正错误肃反，释放刘志丹、习仲勋等人，并强调“人头不像割韭头”，规定党内斗争不许杀人，错了可平反。同时，毛泽东把红十五军团编入了刚刚恢复番号的红一方面军，加强了红军力量的统一。

1935年11月，红军进行了到达陕北后的第一仗——直罗镇战役，这仗是彭德怀在前线指挥，胜利之后毛泽东非常高兴，给彭德怀写了一首诗：山高路远坑深，大军纵横驰奔。谁敢横刀立马，唯我彭大将军！红军的这一战役，给立脚陕北奠定了基础，如果这仗败了，再往北走就是沙漠了，这仗赢了才能在陕北立脚。而且打完了这仗之后让张学良非常震惊，张学良后来回忆说："红军经过二万五千里长征非常疲惫，还能击败东北军，这个问题值得深思，我常对我的部下说，都是带兵的，这万里长征你们谁能把部队带成这样？"这么强大的战斗力是不能想象的，所以他们后来就谈判，停止"围剿"了。

中央红军到了陕北，长江以南就剩下一支红军主力了，就是红二、六军团，这个时候再不走就晚了，所以这个时候就赶快突围，然后从湖南西部到贵州西北，到那边一看，红军主力又北上了，然后他们也就赶快北上，后来他们跟红四方面军会合，编成红二方面军。

1936年10月，红军一、二、四方面军在甘肃会宁县会师，长征胜利结束，全军还有近8万人。前边为什么说长征只剩下3万人呢？因为会师后在西路军损失了2万人，另外留下的人里面有一部分是路上或者是到陕北扩充的，真正经过长征是3万人。

三、长征的胜利，迎来中国革命的柳暗花明

刚才讲长征的"山重水复疑无路"，到了陕北之后迎来了中

国革命的“柳暗花明”。1936 年 10 月间，红军三大主力会师陕北后，正式成立了中央军委主席团，毛泽东任主席，从而成为全军的最高统帅。

1935 年 12 月，中共中央在陕北召开瓦窑堡会议，传达了共产国际抗日民族统一战线的政策，周恩来会见张学良，提出停止内战，共同抗日，并且想办法说服蒋介石停止内战，这就是中国革命的“柳暗花明”，从此中国革命走向新局面，走向团结抗日的道路。但是蒋介石还不想抗日，红军会师陕甘宁之后，蒋介石又调兵准备发动新“围剿”，中共中央准备东进山西，结果“西安事变”发生了。“西安事变”主要由杨虎城谋划，张学良指挥发动。当时他们把蒋介石扣了，蒋介石也只好同意停止内战，中国革命的大本营最后留在陕北，这是中国革命的落脚点也是胜利的新起点。

“西安事变”的出现也标志着长征完满胜利，红军三大主力到了，杨虎城和张学良敢发动“西安事变”，是因为有红军在后面做依托，要不然他们敢扣蒋介石吗？“西安事变”促进了全民抗战。我们讲国共合作，它是在民族大义面前，国共两党的暂时妥协。但双方还把对方视为最大的潜在敌人，蒋介石根本不承认国共合作，他想要收编共产党，融化共产党。但是共产党人更高明。1937 年夏，北方红军的主力改编为八路军，南方红军游击队改编为新四军。但是为防国民党暗算，八路军、新四军由共产党领导。当时蒋介石也同意了。所以我们说中国共产党在长征结束后进行的抗日民族统一战线需要同时完成民族、民主两个革命的任务。民族革命反对日本帝国主义，民主革命发展人民力量，现在我们讲抗日战争往往带有片面性，只宣传民族革命，没有重点宣传民主革命，其实它是中国民主革命的一个重要部分。

从上世纪80年代中期开始，颂扬国民党正面战场抗战的文艺作品越来越多。但是，国民党毕竟是一个腐败无能的政权，在正面战场上节节败退；共产党建立敌后根据地，共产党军队就占领广大面积，根据地马上就发展起来了。为什么共产党能站住脚而国民党不行呢？共产党会打游击，为什么国民党打不了？因为它脱离群众。共产党抗战的时候土地政策也有变化，蒋介石同意停止内战的条件就是你不能再进行土地革命了，你不能再打土豪了。那共产党不打土豪了怎么发动群众呢？一个折中的办法就是减租减息（二五减租），什么是“二五减租”呢？旧中国农民给地主交租子，一般要交50%，我收1000斤交500斤给地主，共产党来了之后减少25%，只交25%；另外，利息三分以上的按照高利贷算，全部免除。还有就是公粮还是让地主交。农民的负担减轻了，要不然他们不会唱“解放区的天是明朗的天”。

抗日战争最重大的成果，是中国的革命力量得到空前发展。抗日战争刚开始的时候，八路军4万人，新四军1万人，一共5万人，到抗日战争结束时发展到127万，解放区人口从150万人发展到1.3亿人。抗战期间共产党发扬艰苦奋斗、群众路线的精神，极大地发展了军队和根据地，这为中国革命力量同反革命力量总决战准备了雄厚的力量，也准备了广阔的战场。这也是长征之后总结经验教训和抗战时期实行正确路线的成果，真是“柳暗花明又一村”。中国共产党赢了，国民党输了，关键是共产党赢得了以贫苦农民为主体的广大人民的拥护。

毛泽东到延安之后在政治上提出了新的思想——新民主主义革命理论，这是他一生中最伟大的政治思想，也是经过土地革命的教训总结出来的。《新民主主义论》标志着毛泽东创立了完整的新民主主义革命理论体系，毛泽东当时在延安指出："在真正的资本主义国家，资本主义文化提高了生产技术。现在我们建立新民主主义社会，性质是资本主义的，但又是人民大众的，不是社会主义……”毛泽东在《论联合政府》报告的原文中强调："需要资本主义的广大发展，又以反专制主义为第一。……拿资本主义的某种发展代替外国帝国主义和本国封建主义的压迫，不但是一个进步，而且是一个不可避免的过程。……”

1944年美军观察组到延安时，毛泽东曾表示愿意访问美国，并说中国革命的目标是建立林肯那样的“民治、民有、民享”的政权，他有一个题词："美国人民是中国人民的好朋友，我党的奋斗目标，就是推翻独裁的国民党反动派，建立美国式的民主制度，使全国人民能享受民主带来的幸福。我相信，当中国人民为民主而奋斗时，美国人民会支持我们。”延安时期是毛泽东思想解放的探索时期，当时毛泽东阐述的新民主主义思想：政治上主张联合政府，反对一党专政；经济上保护私有制，多种经济成分并存，公私兼顾，劳资两利；主张对资产阶级又团结又斗争的政策。这个政策一直延续到新中国成立。

1931年中华苏维埃共和国的国旗跟苏联一样，共产党领导，工农联盟；1949 年我们的五星红旗就不是这样了，我们共产党领导，四个小星星是什么？工人阶级、农民阶级、小资产阶级、民族资产阶级的合作建国，说明新中国承认民族资产阶级的地位，这正体现了新民主主义的思想。

四、物质变精神，精神变物质，靠政治优势赢得长征胜利

长征精神是中国共产党人联系群众、艰苦奋斗精神的最光辉的典范，几十年来教育了几代人。长征精神接着就是延安精神。中国革命有三个最艰苦斗争的阶段，分别是红军长征、南方三年游击战、东北抗日联军的苦斗。美国记者斯诺看到刚刚经过长征的红军，第一印象便是"这是一支终日唱着歌的队伍"。"铁流两万五千里，直向着一个坚定的方向"，长征中虽然人员不断减少，但是留下来的那都是经过千锤百炼的。中国工农红军基本上由两种人组成：一种是政治军事精英，他们大都受过系统的革命理论教育，很多都有在外国留学的经历，懂得一两门外语。这些人他们可不是无产者出身，但他们的社会理想是属于无产者的，那就是推翻旧中国剥削和压迫的统治，谋求无产阶级在政治上和经济上的彻底解放。另外一种人是来自旧中国赤贫阶层的人，许多是不识字的农民，他们从来没有过过"人"的生活，当共产党人带领着他们改变命运的时候，没有任何东西能阻挡他们的步伐。他们信念极其坚定，意志格外

坚强，除了对新中国的向往之外，他们在这个世界上无牵无挂。

妇女解放也是社会解放的尺度之一。过去的妇女裹小脚，大门不出二门不迈的。一个社会的解放的重要方面就是妇女解放。参加红一方面军长征的有32名女同志，红二方面军有20多名女同志，红二十五军只有7名女同志，红四方面军参加长征的女同志最多，有2000名，到达陕甘的有400余人。红四方面军中还有一个妇女独立团，沿途还参加作战，长征的实践证明，组织女性参加革命是对的，但是建立独立的女性部队是不合适的。

红军到达陕北，当时真是一支朝气蓬勃的军队，当年美国记者斯诺写了《西行漫记》，把它称之为“东方魔力”“兴国之光”，美国总统罗斯福看了《西行漫记》之后，专门把斯诺夫妇请到白宫聊了一天，就问红军到底是一些什么人，这些人是美国的敌人还是美国的朋友？斯诺说他们可能成为美国的朋友。为什么后来罗斯福要求美军向北观察，跟这些人接触呢，因为他觉得这些人不得了。所以斯诺的作品影响了当时中国一代青年人，看了《西行漫记》就觉得共产党太好了。当年共产党人为什么能号召起那么多人，就像马克思的一句名言：“人们奋斗的一切，都与他们的利益相关。”人们要求的还是实际的利益，共产党给人们带来土地，所以那么多人舍生忘死参加革命，政治工作是红军的生命线，核心是官兵一致，军民一致和瓦解敌军。

“经过政治教育，红军士兵都有了阶级觉悟，都有了分配土地、建立政权和武装工农等项常识，都知道是为了自己和工农阶级而作战”，“好在苦惯了，而且什么人都一样苦”，这是当时毛泽东的话。国民党军队中，军官是金戒指、金手表、皮鞋，士兵是布衣烂鞋；但是红军中间军装一样，头上的红星是一样的，官兵一致，人人平等；军阀军队中校尉起居饮食不同，红军中官兵一样。长征中牺牲的领导人很多，光师级以上干部就80多人，冲锋时，红军指挥员和政委喊的是“跟我上”，国民党军官喊的是“给我上”，一字之差，勇怯立判。

红军最终能胜利，还有重要一条就是侦查的优势。红军当时侦查主要靠无线电侦查。第一次反“围剿”歼灭张辉瓒师时缴获半部电台，红军就用这半部电台开始了技术侦查工作。1931年1月6日，王诤用“半部电台”侦听敌电台信号，成为我军技侦工作的开端。第二次反“围剿”时，毛泽东称赞无线电队：“你们是科学的千里眼、顺风耳。”国民党在哪里，他们的驻地和他们的情报我们都知道，所以第二次反“围剿”就是“七百里驱十五日，赣水苍茫闽山碧，横扫千军如卷席”。连战连捷主要就是靠侦查。但是后来国民党建立密码了，当时二局局长曾希圣就想办法破译了密码，周恩来后来讲，搞侦查密码破译，曾希圣是当时党的稀有的神人。毛泽东后来讲：“没有二局，长征是不可想象的。有了二局，我们就像打着灯笼走夜路。”《长征组歌》里面有这么一句：“毛主席用兵真如神”，但是他也是以情报作为基础的。

破译敌军密码的意义在于：第一，能及时得知敌人部署和战略意图，情报数量、质量和时效性大大提高；第二，我军培养出一批破译高手，奠定了我军技术侦查工作的基础；第三，有利于我军密码安全，使我军编码的水平也相应提升。因为我方能破译敌方密码，就说明我方的密码水平高，我方密码就大体安全，反之如果敌方密码破不开，我方密码就可能被敌方破译。鉴于国民党电台严重泄密，红军从一开始就建立起最严格的保卫制度，而且最根本的问题是我们共产党人的奋斗精神比国民党强。1948 年，周恩来对军委二局的报告批示：以科学战胜科学，应加上政治。就是说，我们掌握了科学，一定能战胜敌人使用的科学，而且不管敌人以后怎样精益求精，其制度中的技术内在矛盾及工作中的漏洞，是敌人无可挽救的致命伤。周恩来曾形容说："我们党的机要工作在科学技术上是正 50 分，我们的政治也是正 50 分，两者相加得 100 分。而敌人在科学技术上是正 50 分，政治则是负 50 分，正负相加等于零。"当年红军长征胜利还可以用《孙子兵法》最后的一句话来总结："非圣智者不能用间，非仁义者不能使间。"隐蔽战线的胜负也取决于你的正义性。

五、现代人如何继承长征精神？

历史跟现实的对话也不容易，现在的人怎么继承、发扬长征精神？我们现在讲长征精神是我们中国人民的"软实力"，现在我们的 GDP 都是硬实力，但是人要有精神，精神就是"软实力"。全国解放后毛泽东认为已经解决了"头顶上的问题"，下一步需要"解决脚底下的问题"，解决脚底下的问题首先要搞好党跟群众的关系，党群关系搞不好就必然会失败。毛主席进北平之前就提出“不要学李自成”。党的七届二中全会提出“两个务必”：务必使同志们继续地保持谦虚、谨慎、不骄、不躁的作风；务必使同志们继续地保持艰苦奋斗的作风。现在我们看确实是这样。毛主席讲夺取全国胜利这只不过是万里长征走完了第一步，开国元勋们创建新中国不容易，但解放后要走的路程更漫长，更不容易。长征伟大，长征之后的路程更伟大。

我们军队的光荣传统还是要坚持，解放初期解放军内部一度强调对苏军“全面地学，不走样地学”；毛泽东则要求“科学技术要全学，行政制度半学，政治工作不学”。苏联“一长制”我们不搞，坚持政治工作“两长制”。而且为了防止干部滋长官僚主义和脱离群众，1958 年毛泽东要求军官下连队当兵。解放初期刘少奇曾经提出，新民主主义社会至少要持续二三十年，现在看应该是“五十年不变，一百年不动摇”。

我们改革开放之后取得了伟大的成绩，1950 年我们的国内生产总值占全球 1.4%，1978 年占全球 1.8%，但是 2015 年我们已经占全球的 13.8%。改革开放之后我们国家经济的高速发展，证明了我们的指导思想总体上是正确的，但是现在也出现了新的问题。党的十八大以来，以习近平同志为总书记的党中央采取了一系列措施，使党风军风大有好转。我们共产党人相信马克思主义，马克思主义的理想是人类摆脱剥削压迫，实现物质丰富、社会公正，最终实现共产主义，这个理想一百多年来一直具有强大的生命力，激励了无数人为之奋斗。

我们现在还面临着复杂的对外斗争的环境，我们还是要大力惩治腐败，把那些大老虎给打掉，不然党和军队就会丧失群众基础。习近平总书记提出，党的群众路线教育的根本问题还是制度问题，把权力关进制度的笼子这才是根本。在新的历史时期，人们的价值观念已有很大改变，政治教育不能局限于过去的做法，所以我们今天要弘扬长征精神，绝不是要穿着红军服装照张相，最重要的还是注重它的精神，不能拘泥于形式，必须与时俱进。

现在我们崛起的中国更加开放，更加面向世界，这是我们继承革命传统最有力的保障，也是我们基本的要求。我们奋斗的目标是实现中国梦，这是我们全党、全军和全国人民为之奋斗的目标，这个目标是一定能够实现的，对此我们应该充满信心。

今天就向大家介绍到这里，谢谢大家！

郝振省：谢谢徐教授的演讲。徐焰教授讲了五个板块，他讲到了中国长征开始之前的社会现实，讲到了中国革命的成败得失，中间讲了好多重要的历史细节，因为他长期研究这些问题，他也亲自考察过，所以他的演讲应该说既有一定的理论高度，也有感性的鲜活度，我们现在从这五个方面简单归纳一下今天的演讲。

第一，从红军长征的原因来看，实际上是一次被迫的战略转移，第五次反“围剿”的失败，迫使中央红军率先开始了这次战略转移。这是第一点，原因的问题。

第二，从长征的实际进程看，呈现给我们的是敌人的围追堵截，是自然环境的极端恶劣，是红军官兵难以想象的超出生命极限的坚韧。这里面讲的坚韧实际上是一种意志的力量、信念的力量和理想的力量。红军主要是由两种人组成的：一种是崇尚革命理想的知识分子，一种是处于饥寒交迫状况的工农，前者意识到要解放社会，必须要解放劳苦大众；劳苦大众以解放自己为目标，但是后来他们意识到只有解放全中国才能够解放自己。所以我们说，这种信念和理想的融合使他们处在一个精神的制高点上，而这种精神的制高点又使我们的红军站在一个人类历史的制高点上。我觉得现在讲长征精神，要着力理解当时的精神境界和理想境界。

第三，从红军胜利的原因来看，除了红军官兵超乎想象的坚韧性之外，还有党和红军领袖集团的自我纠错、运筹帷幄的诚实性。博古的坦荡，当然更有毛泽东的文韬武略，周恩来、朱德、彭德怀等人的智慧和坚强意志，最终促成了长征的胜利。

第四，从形成的长征精神和沉淀下来的长征智慧来看，具有超越性和永恒性。不管你对红军有什么看法，但是你不能不承认长征是军事史上最伟大的业绩之一，是人类有文字记载以来最令人振奋的大无畏的事情。美国前国家安全事务助理布热津斯基在 1981 年带着家人，重走了一段长征路。他原来不相信别人的描述，但当他亲临现场，感觉惊心动魄。

最后我想引用习近平总书记前不久在宁夏六盘山视察时说的一句话——"长征还在路上"，就是说长征永远是我们民族的精神瑰宝和财富，永远是激励和鼓舞我们实现民族振兴的伟大精神支撑。

感谢徐焰教授的精彩演讲，使我们重温了长征精神，记住了长征智慧，也激发了我们的责任担当意识，让我们再一次感谢他！

（本文根据徐焰2016年8月27日在中央和国家机关“强素质·作表率”读书活动2016年第8期主题讲坛上的讲座内容整理）

主讲人：何亚非

何亚非，浙江宁波人。北京外国语学院研究生毕业，曾在日内瓦国际关系学院学习。曾任中国常驻联合国代表团参赞，外交部军控司副司长，驻美国使馆公使衔参赞、公使，外交部美大司司长，外交部部长助理，外交部副部长，中国常驻联合国日内瓦办事处和瑞士其他国际组织代表、大使，国务院侨务办公室副主任。现任北京大学燕京学堂兼职教授，华侨大学国际关系学院院长、博士生导师，上海交通大学、同济大学、暨南大学客座教授等。主要著作有《选择：中国的历史选择》（中、英文版本）、《风云论道——何亚非谈变化中的世界》等。在美国《外交政策》杂志、英国《经济学人》报等众多权威报刊上发表中英文政论、专栏文章 200 多篇。

中国与 G20 和全球治理

中国与G20和全球治理

郝振省：同志们，朋友们，大家上午好。今天是2016年第9期，总排序第89期中央和国家机关“强素质·作表率”读书活动主题讲坛。今天国家新闻出版广电总局的领导和有关部门负责同志来到我们的现场，出席我们的活动，我们表示深深的感谢。

我们今天特别邀请到了外交部原副部长，国务院侨办原副主任，中国首任20国集团峰会事务协调人何亚非同志，大家欢迎他。何亚非同志曾担任我国驻美大使馆公使衔参赞，外交部美洲大洋洲司司长，现任北京大学燕京学堂的特聘教授，华侨大学国际关系学院院长、博士生导师。他是一位学者型的官员，经历了20国集团由部长级会议发展到领导人峰会的全过程。特别是今天送给各位的这本《选择：中国与全球治理》，是何亚非同志的最新著作，文笔流畅、案例典型、思想深刻、分析透彻，很好读也很有见地。

同志们，就在这个9月，20国集团领导人杭州峰会成功举办。请何亚非同志来讲这个题目，有两个理由，一个是直接的理由，一个是间接的理由。从直接的理由来讲，本次峰会围绕“构建创新、活力、联动和包容的世界经济”的主题，发布了《二十国集团领导人杭州峰会公报》，核准了《二十国集团创新增长蓝图》《二十国集团全球贸易增长战略》和《二十国集团全球投资指导原则》等30多项协议，取得了一系列成果，彰显了中国已经进入世界事务核心决策圈的历史性转折，彰显了20国集团对中国道路、中国模式、中国主导的认同与追随，彰显了全球治理因为中国的责任和担当所发生的巨大变化。那么我们就有必要了解中国参与全球治理的历史经纬，了解和理清20国集团如何从8国集团演变到15国集团、20国集团的过程，了解和理清在联合国的基础上，全球治理从起步到运行，从形式到内容，从实践到理论、又从理论到实践的过程，这是一个直接性的理由。间接的理由，也是更根本的理由，就是由于经济全球化，使得中国经济、金融等方面的事务，不可能不具有世界因素和全球背景，还由于经济的基础性作用和全局性影响，使得中国所有的非经济事务，如政治、文化、外交、军事等，也都不可能不具有世界色彩和全球因素。这就对我们的能力和素质提出了新的要求和挑战。今天我们请何亚非同志来讲这个主题，就是为了帮助大家来认识这种新要求和新挑战，让我们用热烈的掌声欢迎何亚非同志开讲。

谢谢主持人的介绍，很高兴能够出席已经举办了多年的中央和国家机关读书活动，今天的题目是“中国与G20和全球治理”，9 月初习近平主席在杭州成功主持了 G20 第 11 次峰会，G20 给世界经济的增长，给我们应对全球性挑战，给世界下一步对全球治理应该怎么做都指明了方向。国际社会和世界舆论普遍评论这次杭州峰会是 G20 历史上的一个转折点，我想用自己的亲历给大家介绍一下中国和 G20 的关系，中国与全球治理的关系，这实际上也是中国从一个发展中大国走向全球性大国的历史进程。

说起中国和 G20 的关系，我想讲两个历史转折点，这两个历史转折点一个是 2008 年，一个是 2016 年。为什么这么讲？我们回顾一下历史，2008 年发生世界金融危机，美国是罪魁祸首，美国的次贷危机爆发，引发了世界范围的金融危机和经济危机。这场危机的影响是前所未有的，次贷危机不仅仅给世界经济、世界金融带来了空前的打击，而且还在全球治理思想或者说全球经济治理思想上摧毁了西方一直推崇的经济新自由主义。也就是说，西方指导经济增长的理论被打破了。所以当时世界经济处于一个漂移不定的状态，指导思想没有了，经济接近崩溃。

在这样的背景下，世界主要经济体，包括美国、法国、英国以及其他欧盟国家，还有中国、印度、巴西，需要紧急磋商如何应对金融危机。面对共同的挑战，世界主要经济体不管是发达国家还是发展中国家，都有点茫然。大家开始紧急磋商该怎么办，这个“怎么办”既包括用什么指导思想、用什么具体措施来应对金融危机，还包括用什么平台——总不能找几个人大家聊一聊就解决，你得有一个平台。这个平台用联合国行不行？显然不行，人太多。现在联合国共有 193 个会员国，没法一起讨论这个问题。过去世界经济、金融出了问题，由谁来解决呢？大家可能记得 7 国集团，也就是我们讲的“富国俱乐部”。当时这 7 个国家的 GDP 合起来超过世界的 60%，而且世界经济的发展模式都是由西方这几个国家制定出来的。

大家过去可能听说过或研究过经济新自由主义，它的核心思想是彻底的市场化、资本化、私有化，里根经济学和撒切尔经济学就是代表。下面还有一批理论家和学者支撑。他们信奉的就是让资本在全球自由地流动。他们有一套理论叫“涓滴”，就是让富人、有资本的人尽快发展，让他们富裕再富裕，等整个社会财富水平上去后，总会滴下来一点给普通老百姓。这样一套理论指导了世界经济，结果出了问题。过去是 7 国集团在指导和处理国际经济金融事务，经济出了问题，亚洲金融危机出来了，7 国集团进行讨论；美元跟欧元的汇率出了问题，美元跟日元的汇率出了问题，谁来讨论呢？还是 7 国集团。所以说，尽管上世纪六七十年代许多亚非拉发展中国家通过民族解放获得了国家独立，摆脱了殖民统治，在政治上有了一定的权利，但在经济上他们其实没有什么权利，没有什么话语权，包括中国也是，在处理世界经济事务上，我们的话语权和决策权是不足的。

这样一个世界政治经济的现实，从什么时候开始转变了呢？第一次出现改变是在 2003 年。2003 年 7 国集团开峰会，法国当轮值主席，G7 后来也称 G8，西方把俄罗斯拉进来变成 8 国集团，但经济事务实际上还是 7 国主导，只是在讨论其他问题时用8国。这次峰会在位于法国和瑞士交界的日内瓦湖畔的依云镇举办。法国人历史上有改革的冲动，当时法国人说从现在世界政治经济格局的变化看，需要邀请一些发展中国家，来参与7国集团的讨论。

所以当年法国就邀请了中国、印度、巴西、南非、墨西哥这5个国家的元首。胡锦涛主席出席了这次峰会。这是发展中国家领导人第一次与发达国家领导人就世界经济问题进行对话，对发展中国家来说显然是一个提升，终于有机会参与全球经济治理的讨论了。所以那时候发展中国家是比较兴奋的，虽然我们不远万里到了依云以后，只有一两个小时左右的磋商，7国集团把世界经济主要状况给发展中国家吹吹风，然后请发展中国家元首每人用几分钟谈谈看法，但大家觉得还不错。发展中国家就按这个模式每年一次参与G7峰会，一直延续到2008年。但后来发展中国家越来越感觉不好了，因为它暴露了全球治理体系内在的不平衡、不平等、不公正。为什么这么说，国际经济世界经济问题还是G7在处理，给发展中大国一两个小时的时间谈谈看法，但并没有让你深入参与讨论，最后做的决定跟你也没有关系。随着包括中国在内的发展中国家总体力量的上升，不平等感觉日益增加。

2008年爆发金融危机以后，主要大国就探索用什么平台来探讨解决危机的办法，有的国家希望用“8+5”的模式，即13国集团，或者加上另外个别国家。中国等发展中国家都不同意，大家对“8+5”本来就不满意。英国、美国等也不是很赞成“8+5”或13国集团，于是就想到了G20。

G20是1999年成立的，在亚洲金融危机之后，主要经济体意识到需要一个对话机制，这个对话机制中发达国家和发展中国家的组成相对平衡。所以大家就提议成立一个19国加欧盟的财政部长、央行行长的论坛和对话机制。G20成立以后，国际货币基金组织、世界银行每年春天在华盛顿开年会，20国集团的财政部长和央行行长经常利用与会时间在华盛顿开会。2008年金融危机时，大家认为G20这个平台可用，美国等西方国家与中国等发展中国家商量，考虑启用G20，中国等表示同意。当时表示同意的主要考虑是，G20是个组成相对平衡的对话机制，发展中国家有平等对话的机会。大家同意以后，就决定2008年11月在美国开第一次峰会，结果开得非常成功，因为第一次峰会前后及会议期间，发达国家和发展中国家，包括中国、美国、欧洲国家都出台了数量很大的经济刺激措施，以制止金融、经济危机的蔓延，这对提振市场的信心还是有作用的。

第一次华盛顿峰会传递了一个信号，面对金融危机，主要大国决心同舟共济，给市场一个信心。除了出台刺激经济的措施，还对加强金融监管等作出了决定，对促进贸易和投资也有表态。第一次峰会标志着G20的一个历史转折点，从原来默默无闻的部长级论坛摇身一变，变成了发达国家和发展中国家领导人对话的最高级平台。以后G20开会都是领导人峰会，同时也有部长级会议在下面进行磋商、准备。对G20来说这是一个重要的转折，级别提高了，讨论问题更有权威性了。对于中国和发展中国家来说，这意味着什么？我觉得对中国来说也是一次历史性转折，是发展中国家的历史性转折。因为对发展中国家来说，这标志着全球治理特别是处理全球经济事务，从过去的“西方治理”，即7国集团和“8+5”，开始进入一个新的“东西方共同治理”的历史阶段。发展中国家的整体力量、整体代表性第一次得到了充分体现。对中国来说，这个历史性转折用习近平总书记的话来讲，是中国“站在新的历史起点上”。当时就是一个新的历史起点，它的含义是中国进入了世界舞台的中央，进入了全球经济治理的核心决策圈。

大家知道2008年中国还有两件重要事情，一个是北京奥运会，一个是四川的汶川地震。汶川地震显示了中国政府的动员能力，这么大的地震，中国政府应对自如。北京奥运会更是凸显了中国的号召力，出席北京奥运会开幕式的国家元首、政府首脑有85个，史无前例。这是唐宋以来第一次有这么多国家的元首、政府首脑聚集中国。到了2008年年底，中国现身G20峰会又发挥了很重要的作用。我们在G20峰会上第一次感受到世界的目光聚焦在中国身上，都在讲中国，这个过去很少有过。记得当时印度总理辛格，一进华盛顿会场，看到桌子上写着印度的名牌，就对身旁的部长说，我们终于坐到主桌了。他讲的话很形象，发展中国家都有感触，这次是坐在主桌了。美国这些国家讲话的口气变了，变得谦虚，甚至谦卑了。

从历史角度看，G20发展的第一个转折点是2008年，从部长级会议升格为领导人峰会，这同时也是中国参与G20、参与全球治理的转折点，因为中国在全球治理中过去是一条腿长，一条腿稍微短一点，政治安全上没有问题，经济上相对弱一点，现在这条腿也补齐了。如果说中国成为全球性大国有什么标志的话，2008 年就是一个标志。

为什么会有这样的转折点，为什么世界目光会聚焦中国，会把中国推到世界舞台的中央？这一方面确实是因为中国的实力增强了，中国经过几十年改革开放，经济突飞猛进，年均 GDP 增长 10% 左右，从上世纪 70 年代末人均 GDP280 多美元到 2008 年已经有 4000 美元左右了，现在已经到 8000 美元了。中国已经成为具有相当经济实力、综合国力不断增强的大国，中国地位上来了。再一个是因为国际形势的变化，特别是作为国际体系主导者的美国力量在下降。美国在 2001 年遭受“9・11”恐怖袭击，受到的打击很大，此后美国开始把全球战略转向全球反恐，打了两场战争——阿富汗战争和伊拉克战争，这两场战争把美国的实力消耗了很多。2008 年金融危机又爆发在美国，这是美国人自己引起的。因为经济新自由主义提倡经济完全交给市场，政府不要管，结果导致了金融监管的缺失，金融体系衍生品泛滥，泡沫不断膨胀，最后泡沫破灭。美国遭受两场战争和一场金融危机以后，有点底气不足了。

奥巴马是 2009 年初上台的，他奉行整体收缩的全球战略。用我们的话讲是有所为有所不为，他有所不为的是，觉得美国的全球摊子铺得太大了，需要收缩巩固一下，对美国来说，全球战略板块是三块，即欧洲、中东和亚洲，美国收缩的首要地区是中东，觉得不能陷在那里，战争不能再打下去，所以伊拉克战争收场，军队撤离了，不管伊拉克闹成什么样美国都撤手不管了。阿富汗则是在撤离前先增派兵力，巩固阿富汗的安全形势，然后确定撤军时间。中东收缩，欧洲也收缩。当然乌克兰危机发生后美国有所调整，但总体还是收缩。唯一加强的是亚洲，“两缩一进”就是美国式的有所为有所不为，总体收缩局部加强。局部加强主要是应对中国的崛起。

2008 年时，美国的主导思想还是要拉住中国。大国的关系永远是国际关系的核心。美国希望“拉住中国”有两个考虑，第一，美国希望拉住中国在美国的体系里面，不要脱离或打破这个体系，另起炉灶；第二，中国和美国的经济、金融关系非常密切，中国的外汇储备很大一部分是买了美国的国债，包括美国“两房”债券，也就是房地美（Freddie Mac）和房利美（Fannie Mae）发行的住房抵押债券。金融危机是次贷危机引发的，“两房”首当其冲受到冲击，如果中国抛售“两房”债券，美国的房屋贷款系统和银行系统都会垮掉，美国的经济、金融体系也要崩溃。所以美国在经济、金融上有求于中国。当时美国财政部长到中国访问，主要目的就是恳请中国帮助美国。中国说我们的资产不能受损失，美国政府做出了承诺。中国从中美关系，从世界经济大局出发，在金融上坚持没动。在这种情况下，美国自然是支持中国在 G20 发挥作用的，就是说 G20 在 2008、2009 年之所以能成功应对金融危机，跟大国的合作密不可分，特别是跟中美合作密不可分。这是重要的国际背景。

第一个转折点讲得比较清楚了。2008 年第一次峰会以后，G20 继续发挥作用。当时 G20 不是每年开一次峰会，而是有需要就开会，2009 年 4 月初伦敦峰会是第二次，同年秋天在美国匹茨堡开了第三次峰会，不到一年时间开了三次峰会，这既说明当时情况危急，也表明 G20 各国确实愿意同舟共济应对金融危机。2009 年 4 月份伦敦峰会主要是应对金融危机的蔓延，防止有一些国家可能破产。国家破产的情况很少见，除了拉美金融危机时阿根廷出现国家破产，导致阿根廷直到现在以国家的名义去贷款还贷不到。如果有一批国家破产的话，那么世界经济、金融体系就整体垮了。面对国家破产，全球治理体系、国际体系怎么设计呢？怎么救呢？就是由国际货币基金组织来做最后贷款人，就像一个国家的中央银行是国家的最后贷款人。国家破产由国际货币基金来救，这自然需要资金。国际货币基金的救助资金是会员国贡献的。每个国家都有一定的份额，这个份额机制也是美国当时主导定下来的，定的规则是有利于西方、有利于美国的。

2009年，国际货币基金的救助资金大概只有3000多亿美元，当然基金组织可以用 3000 多亿做杠杆，但不管怎么样钱是不够的。当时英国作为主席国召开 G20 峰会，主要就是让各国出资，扩大国际货币基金的救助盘子，目标是 5000 亿美元。英国当时的首相布朗，当过英国财政部长，不但给中国领导人打电话，请中国带头，还派特使跟我谈，因为我当时是中国的 G20 协调人。

这件事跟中国参与全球治理很有关系。当时中国有想法，一是为什么要用中国老百姓辛辛苦苦挣来的钱去救发达国家，二是如果出手相救，钱会不会打水漂？中国参与全球治理也有一个思想逐步认识的过程，那就是中国跟世界经济、跟其他国家究竟是什么关系？全球化时代各国经济相互依存度高，世界经济不好，一个国家经济也会滑坡，中国经济也会受影响。世界经济、金融体系出现问题，中国一定受害。经过反复讨论得出了结论：中国的发展离不开世界，这是利益共同体的关系。就是说，挽救世界金融体系也是为了中国自身的发展。

那么，钱会不会打水漂？要出多少钱呢？金融部门的建议是购买国际货币基金的债券，因为不管出现什么情况，国际货币基金债券会第一个得到赔偿。中国最后承诺不超过总盘子的10%，也就是承诺可以购买500亿美元的IMF债券。中国的分量马上就显现出来了。中国在伦敦峰会上发挥了引领作用，引领了应对世界金融危机的努力。

接下来匹茨堡峰会上发生的事情，更体现了中国开始逐步引领全球治理体系的转变。中国是联合国安理会常任理事国之一，那么经济领域怎么来确保中国的发言权、话语权呢？当时“8+5”还没有正式散伙，7国集团也在，同时出来了这个G20峰会机制，中国开始考虑要把G20做实，要让G20成为全球治理的首要平台，目标是让G20成为一个类似全球经济指导委员会这样的机构，G7、“8+5”都应该退出历史舞台。中国的设想符合历史潮流，很大胆，之所以能实现，主要是因为主要大国有一定共识。美国当时对中国有所求，也希望通过给中国一定的发言权来继续拉住中国。美国可能还有一个考虑，就是美国当时对欧元上升的势头、对欧盟的发展有点忧虑，担心冲击美元的地位，想借机打压一下欧元。

当然，后来由于地缘政治和中美关系的变化，美国有些往后缩了。这是后话。当时中、美、英、德、法5国协调人在德国的法兰克福讨论了G20今后怎么办、“8+5”怎么办的问题，请 G20 领导人在匹茨堡峰会上审议考虑。最后达成共识的表述是，G20 是全球经济治理的首要平台，突出了“首要”。

G20 曾有一个君子协定，在确立了 G20 的首要地位之后，G7 不能再在 G20 峰会前开自己的峰会，G7 不能在 G20 峰会前定调子。当时各方是接受的。但是后来，特别是 2010 年地缘政治发生变化，G7 并没有遵守。这个小插曲也能说明一些问题。

2010 年开始国际局势发生了变化，大国关系开始紧张，地缘政治干扰开始增加。首先是中东，从 2011 年年初开始乱了，从突尼斯一路蔓延，到埃及穆巴拉克、利比亚卡扎菲倒台，之后又是叙利亚、也门危机，整个中东乱了。从深层次看，这个乱本身就是美国等西方国家的干预造成的。叙利亚问题以后，美俄博弈增大，后来又出现乌克兰危机，导致美俄关系紧张，俄罗斯和欧洲国家关系也开始紧张。同时，美国战略重点转向亚洲，推行“亚洲再平衡战略”，中美围绕南海问题等关系也更趋复杂。大国关系的紧张对 G20 的合作是有一些影响的。

G20 在中国杭州峰会之前开了 10 次，这些峰会虽然取得了一些成果，但许多没有落实，或者落实起来比较困难。问题的核心还是大国的合作意愿在减弱。所以这次习近平总书记在杭州峰会期间讲，G20 要重新拾起同舟共济的精神。美国始终对中国的发展有不必要的疑虑，主要是担心中国强大了会挑战美国在国际体系和全球治理中的主导地位。

我们把镜头拉到 2016 年，看看现在为什么有第二次转折点。世界形势正在发生比较大的变化，有三点值得关注。

第一，世界经济没有像通常所预料的那样危机后能够及时、全面复苏。过去经济学家一般的判断是，经济、金融危机后，世界经济复苏一般需要5—7年。可是现在的情况是过了8年多了，世界经济依然低迷。2016年全球GDP增速被国际货币基金组织反复调低，最近调到只有3.1%了。中国经济增速也在下降，因为我们进入了发展的新常态。世界经济持续低迷对西方国家、对发展中国家都有很大影响，如何应对世界经济持续低迷，让世界经济能够重新恢复增长，这是非常大的挑战，也是新挑战。

第二，国际形势的另一个变化是逆全球化、反全球化的思潮泛滥。大家可能也注意到，今年美国大选特朗普能够一路领跑到现在，说不定就会成为美国下一任总统，大家都觉得很奇怪；英国居然会公投脱离欧盟；欧洲一些主要国家如西班牙、丹麦、德国，代表激进民粹主义思潮的政党获得很多选票，默克尔的政治前途堪忧，为什么？

全球化增加了世界各国的财富，大家经济水平都在提高。但同时因为全球价值链、生产链的变化，中低端特别是中端的产业从发达国家转移到了发展中国家，现在有些产业也从中国转移到孟加拉、斯里兰卡等。这些产业原来雇佣的工人或者蓝领，他们的就业机会在下降。你让他重新培训做IT，他做不了，做银行也做不了，50多岁了，能让他做什么？这批人就业受影响，收入也受影响。美国有统计，这三四十年以来，美国工人阶级，或者说中产阶级的平均收入一直在下降。与此同时，欧洲又受大批移民的冲击。全球化重要的一条是人员自由流动，是商品、资本、人员的自由流动，因此鼓励移民。现在因为中东动荡，许多移民从叙利亚、伊拉克、也门涌入欧洲，目的地往往是德国、英国、法国，当地不少老百姓就受不了了。

“脱欧”的主要原因就是对经济下滑感到不满，对受移民冲击生活水平下降、犯罪率提高感到不满，那么老百姓自然而然地将其归咎于政府无能，也就是认为治理社会、统治社会的精英无能，没有替老百姓着想。再就是归咎于欧盟，认为自己的政府把那些权力给欧盟了，所以英国老百姓要脱欧。英国领导人原本没有想到这次公投能够成功，以为老百姓会支持英国留在欧盟，但结果一出来，50% 以上的人决定要退出欧盟，就傻眼了。

反全球化趋势加强、民粹主义上升，已经影响到了西方国家的政治生态，很可能会有代表民粹主义思潮的政党在一些国家的选举中取胜，这对全球化也会有影响。特朗普就把美国工人阶级的生活水平下降归咎于中国，说他上台后将对中国的商品征收 40% 以上的税。当然这实际上不太可能，否则的话世界贸易就乱套了。

再则是近几年地缘政治关系越来越复杂，矛盾上升。中美关于南海问题的争执，美俄就叙利亚和乌克兰的对峙就是例子。最近美俄就在叙利亚到底谁炸了联合国人道主义救援车队，谁炸了叙利亚政府军问题上搞得一团乱麻，实际上是美俄大国博弈，利用叙利亚问题博弈。乌克兰问题一直解决不了也凸显了美俄的矛盾。

在这些背景下，G20 怎么办？世界再一次把目光聚焦于中国，希望中国能够给世界经济发展指出方向，给全球治理发展指出方向，给由于大国政治日趋复杂的国际格局，提供新的思想、思路和解决方案，也就是习近平总书记讲的“中国的思想、中国的方案”。

现在西方的政治体制、经济体制都出了问题，经济指导思想已经信誉扫地，而这几十年中国国内治理的成功、中国的发展模式和道路取得了巨大的成功。这样的对比放在国际环境和全球治理的大框架里来分析，许多国家特别是发展中国家就希望学习中国的经验，希望中国能够引领全球治理体制机制乃至体系的改革。在这样的国际环境里，各国关注中国的发展模式和发展道路，希望了解为什么中国能这么成功，是必然的。因为中国的成功一定有政治和社会制度上的优势，除了中国人勤奋努力，中国能够融入全球化，在现有国际体系内发展壮大，其体制机制一定有优势。

也正是在这样的背景下，中国 2015 年接任 G20 的主席。G20 有一个“三驾马车”的领导机制，“三驾马车”中有候任主席国、现任主席国、前任主席国，中国 2015 年作为候任主席国进入“三驾马车”。2014 年澳大利亚布里斯班峰会决定 2016 年由中国主办峰会，表明国际社会再次将目光聚焦中国，寄希望于中国。这里很重要的一个因素是中国经济的稳定增长，一个 13 亿人口的大国能够保持政治稳定，社会和谐，经济持续发展，世界历史上没有过。这不是 5 年、10 年的事，改革开放已经快 40 年了。这与全球治理的现实形成了一个反差，西方经济指导思想失灵了，经济新自由主义破产了，西方要引领世界经济也力不从心了。现在中国对全球经济的增长，保守估计每年是贡献 30%，这就是说，2016 年，如果全球经济增长 3.1%，那么其中的一个百分点就是中国贡献的，如果中国经济下滑的话，那世界经济总体就会很快下滑，那就不是一个百分点的事，还会有其他的效应，世界经济可能就会负增长。所以各国对中国经济能够保持持续增长，中国经济能够顺利转型抱以很大的期待，因为这关系到整个世界经济的命运。

现在全球治理体系面临的困难是全球治理体系的改革问题。显然我们看到的这个体系存在一些不公正、不公平、不合理的地方，比如金融体系、货币体系。譬如美元体系，大家知道美元现在占整个世界货币体系的 60%，就是说直接或间接使用美元的国家及其经济总量都在 60% 以上，美元是国际储备货币，这就导致全球金融体系风险。美联储近一年来一直在加息预期上做文章，因为加息预期，美元一路走强，国际资本纷纷流回美国本土。现在巴西、马来西亚等不少发展中国家金融出现了问题，不得不采取货币贬值等措施，这跟美元走势和美联储政策预期很有关系。

所以这次 G20 峰会一个十分重要的成果是，领导人决定要加强宏观政策的协调，以减少主要发达国家宏观政策的负面“溢出效应”。现在各国对于全球治理体系存在的问题怎么改，都寄希望于中国。中国也在身体力行，在推动包括货币体系在内的金融体系的改革。今年 10 月 1 日，人民币将正式成为国际货币基金组织特别提款权（SDR）的货币篮子的一部分。SDR 是国际货币基金组织的计价货币，在人民币进入前由 4 种货币组成，分别是美元、欧元、日元、英镑。美元为主体，大概

40% 左右，欧元 30% 左右，后面是日元和英镑。现在人民币进去以后就排在美元、欧元后边，日元和英镑的前面。这个货币篮子里人民币占比多少呢，大概 10.9% 左右，如果看中国经济总量占全球经济总量的比例，大概 12%—13%，这两个数字很接近，说明人民币在国际货币中的分量跟经济总量占比是一致的。当然，SDR 现在还不是国际流通货币，只是计价单位，每个国家在国际货币基金组织有一定的份额，如果到国际货币基金组织去贷款，可以选择美元，现在也可以选择人民币。

中国正在推动全球治理体系改革，推动货币体系的改革，这就包括 SDR 更广泛的使用。第一步已经迈出了，世界银行在中国首次发行了以 SDR 计价的债券，所以我们的推动还是有效果的。全球治理体系的改革是世界各国面临的新挑战。

还有就是 G20 本身的转型问题。金融危机应该说已经基本结束了，那 G20 怎么能够从一个危机应对机制转变成一个经济长期治理的机制。德国曾经提过非正式的建议，说干脆成立一个经济上的安理会，但这个实现起来很难，因为涉及修改《联合国宪章》，很难做到。

这次杭州 G20 峰会习总书记强调，我们要推动 G20 的顺利转型，从危机应对转到长期治理，从注重短期政策转到注重中长期政策。我们高兴地看到，2016 年杭州峰会取得的 29 项成果里，已经体现了 G20 的转型。

我们讲 2016 年是 G20 的历史性转折，也是中国的历史性转折，它的意义在哪里？对 G20 来说，在促进全球经济增长、改革全球治理体系、G20 本身转型这三个方面都取得了丰硕的成果。对中国来说，习总书记在 G20 峰会期间讲得非常清楚，中国现在处在一个新的历史起点上，中国开始用自己的思想、智慧和具体的方案来推进 G20 的发展，来推进世界经济的增长，来推进全球治理体系的改革。我们开始发挥引领作用。用什么引领呢？如果 2008 年是中国“出钱出力”的话，现在更多是出思想、出方案，这就是引领作用的体现。

这两个历史转折点对 G20、对中国都意义重大，比如刚才讲的宏观政策的协调。主要大国宏观政策协调是非常困难的，都觉得很有必要，但协调起来难度大。你说去协调美国的财政政策、货币政策，美国能痛快同意吗？但宏观政策到了非协调不可的地步，美国的货币政策对世界都有溢出效应，不是只对美国产生影响，对整个金融体系都有影响。目前连发达国家之间也没有协调，美国货币量化宽松结束了，美元开始走强，利率提高；日本和欧洲国家则继续量化宽松，进入负利率。发达国家与发展中国家之间更是没有协调。巴西这么资源丰富的国家现在也遇到经济困难，其总统被弹劾有别的原因，但经济上出了问题是重要因素。这次 G20 峰会在中国的推动下决定要进行宏观政策协调，主要还要靠财政部长、银行行长这个财经渠道机制来办。同时 G20 做了件重要的事，G20 委托经济合作与发展组织（OECD）来拟定一系列的指数。今后 G20 峰会可以按照这些指数来衡量各国对全球宏观政策协调的参与程度，执行力怎么样，做得怎么样。

中国还推动杭州峰会把发展问题列入 G20 正式议程，并取得具体成果。什么叫发展问题？现在有很多欠发达国家、发展中国家并没有得到全球化的好处，这些国家很多还处在工业化初期。记得从第一次G20峰会中国就提出发展问题，认为世界经济、世界金融出了问题，一个根本问题就是发展中国家没有真正发展起来，贫富差距在扩大，所以必须正视发展问题。经济增长靠什么？靠发展。怎么才能实现世界经济的可持续发展，就需要所有国家包括发展中国家的发展。这是全面发展的新理念。中国有“一带一路”倡议、中西部的发展战略，有京津冀协同发展和长江经济带发展的战略等等，以克服中国发展的不平衡。中国提出“创新、协调、绿色、开放、共享”五大发展新理念，其中创新和协调发展放在前面。我们提出建设“一带一路”的发展战略和国际合作倡议，核心思想就是共同发展，希望中国发展成果能惠及其他国家。习近平主席说得很明确，中国欢迎其他国家来搭乘中国发展的便车，搭乘中国发展的快车，我们愿意与大家分享中国发展的成果。中国古代有“达而兼济天下”的哲学思想，中国发达了，就要考虑天下。

所以发展问题第一次被列入议程，而且有一系列措施，包括基础设施建设的推动，是要真正给发展中国家一个机会，帮助他们一起来发展。这是过去G20没有做到的。这也是第一次把发展问题跟联合国的可持续发展议程联系在一起。联合国的可持续发展目标就是从2015到2030年，通过广大发展中国家的共同发展，实现世界经济的可持续发展。

中国推动G20转型，推动G20更多关注世界上存在的一些根本性问题，像贫富差距问题，并在其中发挥了重要的作用。作为主席国协调G20并非易事，因为涉及议题很多，大国又都有自己的想法。G20 升格为峰会机制之初，主要是就应对金融危机、加强金融监管、反对贸易保护主义等进行协调，现在协调的问题更多了。中国这次能够成功协调 G20 成员国，达成这么多重要成果，表明中国在国际上的动员能力、协调能力是比较强的，已经是全球性大国了。当然，中国不仅动员别人，更是自己身体力行来做这些事情。“一带一路”建设就是中国自己带头做，亚投行是中国牵头成立的，丝路基金是中国自己投入的，都是为了给发展中国家提供一个新的融资渠道。这一次杭州峰会大家看到的报道比较多，我就不具体讲了。概括起来，对中国来说，这是一个从积极参与到发挥引领作用的历史性转折，对 G20 来说，是从应对危机机制向长期治理机制转型的历史性转折。

现在中国确实站在一个新的历史起点上，我们从这个新的历史起点再出发，中华民族伟大复兴的中国梦一定能够实现。

谢谢大家。

郝振省：下面我将今天的讲座做一个小结，主要归纳为三条：第一条是全球治理的客观性；第二条是 20 国集团成长的阶段性；第三条是中国作为 20 国集团领导者的必然性。

第一，何亚非同志在他的书里讲到，“自 20 世纪 90 年代至今，全球格局与国际关系正经历人类历史上最深刻的变革，世界多极化、经济全球化、文化多样化、社会信息化、工业化和城市化加速发展。……与此同时，地缘政治和文明冲突、金融和经济危机、粮食和水资源安全、环境恶化、气候变化、全球移民等全球性挑战和问题更加突出、更加尖锐。"世界变成地球村，牵一发而动全身，每一个国家问题的解决都依赖于国际社会和其他国家的加盟，而其他国家解决问题也是如此，就是这样一种情况，全球治理可以说体现了一种不以人的意志为转移的趋势，这是它的客观性。

第二，关于20国集团形成的曲折性和阶段性，按照何亚非同志刚才所讲的，包括他在书里面讲的，现代全球治理发展经历了三个阶段：第一个阶段是1945年至1975年，从联合国的建立和布雷顿森林体系诞生，延续到7国集团一统天下的信心。第二个阶段是20世纪70年代末，自中国投入到改革开放的伟大进程至金融危机之前，7国集团开始松动。8国也好，13国也好，都没有改变西方国家为主，发展中国家从属的局面。第三个阶段是2008年以后，自全球金融危机爆发至今，实际上是以中国为首的10个新兴国家和发展中国家与以美国为首的10个发达国家形成了一个共治的局面。

第三，关于中国进入20国集团治理机制核心领导层的必然性问题，何亚非同志刚才讲到了2008年金融危机以来，中国作为发展中的大国勇于担当和作为的形象，在推动20国集团转型中表现出的动员能力和协调能力，特别是在这次杭州峰会上无可争议的出色表现，实际上就是在讲必然性问题。中国之所以能够逐步进入全球治理领域的核心圈，就在于我们国家稳步快速的崛起，2008年奥运会上85个国家的元首来到北京，包括美国用"两缩一进"的策略对付中国，也说明了中国在世界上地位的提升。从这个角度讲，实际上中国已经形成了富有魅力的中国道路、中国模式。当然我们也要看到全球治理的脆弱性、复杂性、曲折性。何亚非同志刚才讲到我们面临的经济复苏的问题，讲到地缘政治和民粹主义的问题等等，讲到把中国自己的事情做好与积极地担当国际责任的密切的关联度，正是在这个意义上，何亚非同志的演讲既增强了我们的信心，又使我们对面临的挑战和任务有了更清醒的认识。

对何亚非同志今天精彩的、深入的、富于理性的演讲再次表示感谢。

（本文根据何亚非2016年9月24日在中央和国家机关“强素质·作表率”读书活动2016年第9期主题讲坛上的讲座内容整理）

主讲人：朱维群

朱维群，江苏建湖人。中国社会科学院研究生院新闻系新闻业务专业毕业，研究生学历，硕士学位，研究员。历任《人民日报》社国际部记者、编辑，总编室一版主编；中共中央办公厅调研室宣传组副组长、组长，统战组组长，调研室副主任；中共中央统战部副部长、中共中央统战部副部长（主持常务工作）；全国政协副秘书长（兼）。现任全国政协民族和宗教委员会主任。中共十六大、十七大代表，中共十六大当选为中共中央纪律检查委员会委员，中共第十七届中央委员；政协第十一、十二届全国委员会常务委员。长期从事党的民族宗教工作。

新形势下民族宗教工作的坚持与创新

新形势下民族宗教工作的坚持与创新

郝振省：朋友们，大家上午好，今天是2016年第10期，总排序第90期中央和国家机关“强素质·作表率”读书活动主题讲坛，总局的领导同志和有关方面的负责同志一如既往出席我们的讲坛，增强了我们的信心。

今天我们特别邀请到第十七届中央委员，中央统战部原常务副部长，现任全国政协民族和宗教委员会主任朱维群同志作为我们的主讲嘉宾，大家欢迎他。他演讲的题目是“新形势下民族宗教工作的坚持与创新”，同时这也是今天赠送给大家的这本书的主题。朱维群同志的这本专著可以说是案例典型、思想深刻、文风硬朗、语言流畅，体现了他的个性和特色，展现了他作为党和国家民族宗教工作战线上资深专家的风采。当然，我们设计和策划这个主题，主要还是从民族宗教工作在党和国家工作大局中的地位和作用出发。毛泽东同志讲，国家的统一，人民的团结，国内各民族的团结，这是我们的事业必定要胜利的基本保证。这个“基本保证”强调了民族和宗教工作的重要作用。从我国的情况看，有些民族的形成离不开宗教的作用，可以说民族工作与宗教工作如影随形，相辅相成。习近平同志也讲，宗教问题始终是我们党治国理政必须处理好的重大问题，宗教工作在党和国家工作全局中具有特殊重要性。从毛泽东同志讲的“基本保证”到习近平同志讲的“特殊重要性”，都表明作为中央和国家机关的司处级干部，我们应该通过向书本学习和向实践学习的路径，在民族宗教工作方面多一点自觉性，少一点被迫性；多一点科学性，少一点盲目性；多一点前瞻性，少一点滞后性。

同志们，现在就让我们以热烈的掌声欢迎朱维群同志演讲。

我国是一个统一的多民族和多宗教的国家，这是我国的基本国情之一。当今世界，民族、宗教问题日益成为全球性热点问题，而我国总体上保持了民族团结、宗教和顺的局面，这表明，我们党的民族、宗教工作方针政策及其实践总体上是正确的，同时，我们在这一领域也面临复杂、长期的任务和严峻挑战。除了民族地区经济社会发展任务艰巨、社会变革带来这一领域人民内部矛盾增多外，内外敌对势力也极力利用民族、宗教问题企图搞乱、分裂中国。2008 年拉萨“3・14”事件、2009 年乌鲁木齐“7・5”事件给我们敲响了警钟。在当前形势下，民族、宗教工作若有重大闪失，不仅将贻误全面建成小康社会目标的实现，而且有可能带来社会动乱、国家分裂的危险。我们既要坚持已有的理论、政策和工作，又要与时俱进，有所创新，使之适应新的形势、新的情况、新的挑战。

一、关于民族工作

（一）我国民族的基本情况和历史特征

多民族现象是我国自古以来的社会客观存在，但具体到56个民族则与新中国民族识别政策有关。1953年全国开展第一次人口普查，进行民族识别，上报民族400多个，改革开放后进一步识别，到1982年第三次人口普查确定了56个民族，尚有70万人未能确定民族身份。现在我国少数民族人口1.1亿，占全国总人口8.49%，民族区域自治地方占全国领土面积的64%。

从历史的角度看，我国的民族现象有三个主要特征。

1. 中华各民族共同缔造了统一的多民族国家

中国远古就有华夏居中原，东夷、南蛮、西戎、北狄的民族集团格局，历朝历代都是各民族共同表演的大舞台。社会上有一种观点，把中国历史基本等同于汉族历史，对少数民族的贡献评价不足；有一种观点把少数民族历史描述为与中国历史不相干的、完全独立的过程，自外于中国历史，这是不对的。历史上少数民族开拓土地、守卫边疆、同中原民族共同生活，对中华统一体的形成和发展有巨大贡献。没有少数民族就没有今天中国的格局。秦汉以后中国历史有两次大分裂。第一次是西晋八王之乱后，经历东晋十六国和南北朝共 270 多年，由隋统一，而其基础是鲜卑人创建的北魏打下的。北魏孝文帝主动推动鲜卑族中原化，说中原语言，行中原制度，着中原服装，同中原人通婚，把首都从大同迁到洛阳，为隋的统一和唐的盛世创造了条件。第二次是唐以后中国分裂 370 多年，其间经历五代十国、北宋（北宋只有一个小统一局面，其地域北不及幽燕，西北不及宁夏，西南不过大渡河）、南宋，是由蒙古族主导的元朝统一起来的，我们统一的多民族国家是那个时候最后形成的。此后 700 多年，中国再也没有全局性、长时期的分裂。满族主导的清朝统一了满、汉、蒙三大区域，使中国疆域进一步巩固，中央对边疆地区的管理制度化，清朝在其倾覆之前还平息了阿古柏叛乱，实现了新疆建省。中国历史上分裂时间占 1/3，统一时间占 2/3，即使经历分裂割据，结果也是统一的范围越来越大，制度越来越完善，加入到统一国家中的民族越来越多，国家疆域越来越巩固。统一被各民族视为常态，分裂被视为不正常或过渡状态。这是因为中国本来就是各民族共同创建的，在此基础上形成各民族认同的中央集中制的政治制度和大一统的政治理念。有一些外国学者以及达赖集团在其对历史的描述中把“中国”等同于“汉族”，汉族当皇帝的朝代才算中国，其他民族当皇帝的朝代不算中国，这不仅违背历史事实，而且包藏分裂中国的祸心。

2. 中华各民族在长期历史中形成了你中有我、我中有你、休戚与共、相互依存的关系

中华民族几千年的历史，就是一部各民族互相交往交流交融的历史，这里包括常态下的相互学习、相互通商、相互通婚，也包括北方民族由于战争等原因多次大规模南下，还包括秦、汉、明等中央政府有组织的大规模向西北、西南移民、屯垦。即使是残酷战争和统治阶级的民族歧视政策，最后都不能阻止各民族交融的大趋势。这就造成中国各民族的族源，没有哪一个的成分是纯粹单一的。各民族的发展演化都是在各种形式的民族混居、迁移中，既保持自己的特色，又不断地吸收、容纳其他民族成分得以完成的。也就是说，中国各民族间的界限不同程度地呈现出相对性、变易性，是动态的而不是凝固的，是弹性的而不是刚性的。中国历朝历代，只要年头长一点，其民族格局没有重样的。汉族以华夏民族为起始，不断吸收、容纳其他少数民族，才逐渐发展成为人数最多、文化比较先进的民族。历史上也有相当多的汉人融入少数民族，壮大了少数民族并由此产生一些新的民族。

中国人看待民族问题有一种不重血缘而重文化的倾向，清人解释孔子思想，“诸侯用夷则夷之，进于中国则中国之”，不把民族身份看成凝固不变的。唐李靖答太宗说：“天之生人，本无番汉之别，然地远荒漠，必以射猎为生，由此常习战斗。若我恩信抚之，衣食周之，则皆汉人矣。”所以，我们在承认和尊重民族差异的同时，也要看到，如果把我国民族区分视为凝固不变的现象，用行政手段把民族界限划得过于清晰，并不符合

中国民族现象的规律性和传统。

3. 中华民族近代以来在捍卫祖国统一、抵抗外来侵略的斗争中更加紧密地团结起来，凝聚力和向心力空前加强

近代以来中国社会的一个重大变化，是在与西方民族的碰撞与交流中，在各民族反帝反封建的共同斗争中，尤其是在抗日战争中，发生中华民族自我意识的觉醒。“中华民族”概念的提出是在清末民初，但这并不意味着中华民族此前不存在。如费孝通先生所说，近代以来发生的，只是中华民族从自在民族变成了自觉民族。需要特别指出的是，中华民族是包括中国境内 56 个民族的民族实体、本体，而不是把 56 个民族加在一起的名义上的统称。有学者至今否定中华民族的存在及其意义，说“各民族之间的差异性大于中华民族整体的共同性，中华民族不是民族实体，其内部各民族仍然是民族实体”。这是不符合实际的。中华民族共同体意识和爱国主义精神的增强，不仅使中国在帝国主义列强侵略下免遭亡国灭种，而且为后来取得抗日战争和新民主主义革命的胜利奠定了民众基础。

（二）党和国家关于民族问题和民族工作的基本政策

1. 坚持民族平等、民族团结

民族平等是我们党解决中国民族问题的基本原则和根本政

策，没有平等就没有团结。1949年的《中国人民政治协商会议共同纲领》和1954年的新中国第一部宪法，都明确规定了“各民族一律平等”。民族平等观念是西方资产阶级在反对封建专制的斗争中首先提出的。辛亥革命后《中华民国临时约法》也规定：“中华民国人民一律平等，无种族、阶级、宗教之区别。”第一次国共合作后，孙中山重新解释“三民主义”说：“国民党的民族主义，有两方面的意义：一则中国民族自求解放；二则中国境内各民族一律平等。”但是在旧中国这一原则没有办法实现，我们党的特别之处是把它真正落实了。我们党之所以能够将之落实，不仅在于新中国建立后，在国家治理结构中安排民族人士、废除歧视性族名地名、开展民族团结教育活动，给予少数民族经济上的帮助等等，根本的一条还在于，我们党根据马克思主义关于只有铲除导致不平等的社会根源，才能实现各民族真正平等的观点，从不同民族地区社会发展的不同实际情况出发，慎重稳进，采取了“和平改革”“和平协商”“直接过渡”等不同办法，彻底废除包括新疆、西藏在内各民族内部原有的阶级剥削与阶级压迫制度，使之同全国一样完成彻底的民主改革，过渡到社会主义社会，有的地方如西藏进行了平叛斗争。可以设想，如果一些少数民族内部保留奴隶制、农奴制、封建制长期不动，在这个社会基础上是不可能建立起平等、团结的民族关系的。这件事只有共产党能办成。有人说如果当初西藏不搞民主改革，就不会有叛乱。可以肯定地说，西藏如果不改革，不仅不会有真正的民族平等，而且早晚还要发生叛乱。

2. 实行民族区域自治制度

新中国建立之初，我们党就确定了建立在统一国家基础上的民族区域自治制度，1984 年发布《中华人民共和国民族区域自治法》。建立这一制度，是因为它适应当时中国民族分布的国情，既保证了社会主义国家的集中统一，又有利于实现当时少数民族管理本民族内部事务的愿望。在当时的条件下，建立这一制度还有另一层深意，这就是，中国革命受苏联的影响很大，我们党探索处理中国民族问题的国家建构模式，经历了一个认识过程。最终在新中国国家建构问题上，我们没有接受苏联的民族自决、民族自治共和国、联邦制模式，而是创造了中国特色的单一制统一国家基础上的民族区域自治制度。毛泽东、周恩来、邓小平同志多次讲过这个意思。邓小平同志 1981 年在新疆考察时指出，“新疆的根本性问题是搞共和国还是搞自治区的问题。要把我国实行的民族区域自治制度用法律形式固定下来，要从法律上解决这个问题，要有民族区域自治法。新疆稳定是大局，不稳定一切事情都办不成。不允许搞分裂，谁搞分裂就处理谁。”由此可见，我们搞民族区域自治制度，一个重要指向是反对搞“民族自决”和“联邦制”。

在 2014 年 5 月第二次新疆工作座谈会上，习近平同志指出，坚持民族区域自治制度不动摇，关键是坚持各民族一律平等，坚持民族因素和地域因素相结合，各民族享有和履行平等权利和义务；民族区域自治不是某个民族独享的自治，民族区域自治地方更不是某个民族独有的地方。这一论断在民族工作理论和实践两方面都具有重大意义。

在涉及民族地区政治制度设计问题上，必须十分慎重。在这个问题上，苏联和南斯拉夫的教训非常深刻。两国都有扶持发展程度较低民族的政策，力度也不算小，但政治导向和制度设计不对，结果一切落空。苏联搞加盟共和国制度，宪法规定各共和国有权通过“自决”自由退出联盟，原以为只是说说而已，没想到几十年后闹成真的了。列宁曾指出加盟共和国制度是一个过渡，将来还是要搞单一制国家。问题在于一个制度一旦确立，就会随着其自身逻辑发展，再想改它就难了。英国前首相撒切尔夫人1991年谈如何瓦解苏联时说：“我们的政策的另一重要方面是利用苏联宪法上的漏洞。苏联宪法在形式上允许任何一个加盟共和国（只需凭着共和国最高苏维埃的简单多数）只要有意即可迅速脱离苏联。当然，由于共产党和强力部门的凝聚作用，长时间里这一权利实际上很难实现。但这一宪法漏洞还是给实施我们的政策留下了未来的可能。”当年12月苏联解体。南斯拉夫将内部民族差异强调到无微不至的地步，六个共和国、两个自治省的自治权力绝对化，各共和国、自治省只用本民族的干部，在联邦一层搞各民族“轮流坐庄”；开会、教育、出版都各用各民族的语言。原以为这样有利于把不同民族拢到一起，没想到导致民族的分野越来越明晰和政治化，民族之间的矛盾不但没有如铁托所希望的那样趋于消弭，反而不断加深，最终成为导致国家解体的重要原因。所以，我们的每一项政治制度设计，首先要考虑到增强国家统一的社会基础，要化解而不是扩大发展过程中出现的不利于民族平等团结的各类矛盾和问题，不给内外分裂主义势力任何可乘之机。

3. 促进少数民族和民族地区加快发展

党和政府历来高度重视少数民族和民族地区的发展问题，特别是改革开放后，随着国家实力增强，采取了一系列特殊的政策和措施。首先是全覆盖性的《少数民族事业规划》等长期规划，如2000年开始实行西部大开发战略，其范围覆盖了96.7%的民族地区和80%的少数民族人口；第二是为民族八省区分别制定了支持经济社会发展的特殊政策；第三是对西藏、新疆、青海实行对口支援，等等。改革开放以来，民族地区自己与自己比，发展很快，但横向比较，与东部地区的差距仍然较大且一些领域有拉大的趋势，特别是基础设施建设仍然落后，基本公共服务水平较低，国家14个集中连片特困地区，有11个在少数民族地区。"十三五"扶贫攻坚任务最重的仍然是民族地区。市场经济焕发了少数民族地区经济竞争活力，但少数民族地区要在竞争中取得优势不是短时间的事。所以，帮助少数民族地区发展经济的政策要长期坚持。

道理要两面讲。中华各民族间的支援和帮助从来都是双向的。自古以来少数民族开发了祖国边陲，守卫了国土，今天，我国2.1万公里陆地边境线大部分位于民族地区，中东部所用大量矿产、林木、能源和劳动力资源来自西部，国家生态保护区也多设在西部。因此，国家和发达地区支持民族地区是天经地义的事情。

有一种看法，认为只有少数民族经济社会发展全面赶上汉族，甚至到了"无差别"境界，才算实现了民族关系"真正的平等"。实际上，这种差距主要是中国经济地域发展不平衡性的一种反映，需要长时期努力才能解决，不能由此得出我国民族间"事实上不平等"的政治性结论。

4. 保护和发展少数民族文化

中国各民族在长期的历史发展过程中形成了独具特色和风格各异的文化，中原地区源源不断地从少数民族那里获取新鲜文化养分，少数民族也从中原地区不断取得文化的帮助和提升；少数民族之间也不断进行文化交流。今天的欧洲国家在为搞"多元文化"还是搞"同化"而困惑的时候，中国人的祖先早就由这三种流向造就了中华民族"多元一体"文化格局。在今天这个经济社会高速发展开放的时代，各民族相互文化交往日益增多，这就造成现实生活中两种趋势并存的局面。一方面许多民族自觉不自觉地对自己的文化习俗进行了调整，积极汲取其他民族文化，使民族间的相互差异有减少的趋势；另一方面，许多民族努力保持、开掘本民族传统文化、风俗习惯，这里既有保持、彰显本民族文化特色的追求，也有开发旅游业的发展性动机。这两种趋势都应充分尊重，不能随意强迫改变少数民族传统文化，也不能以保护传统文化为名阻碍少数民族接受现代社会新文化成果。总的政策导向，应当是尊重差异，包容多样，促进交融，每一个民族的优秀文化为所有民族共享共赏，在建设社会主义现代文化的进程中，实现中华民族文化多样性和共同性（爱国、科学、民主）的统一，强化中华民族共同性、一致性的思想基础。

5. 大力培养少数民族干部

少数民族干部队伍是党和国家干部队伍的重要组成部分。在革命战争年代我们党培养了一大批优秀的少数民族出身的干部。新中国建立后，国家采取一系列措施加强民族干部培养。新中国成立之初，我国少数民族干部只有 4.8 万人，目前超过 300 万人，增长 60 倍，其中专业技术人才的比重迅速上升。

现在少数民族干部队伍构成已经不完全同于新中国成立初期，几乎全部而且全过程是在党和国家培养下成长起来的。我们今天说某个同志是“少数民族干部”，是说他出身于某个民族，而一旦他成为国家干部，成为党员，他就不再仅仅是某一个民族的代表，而是为整个中华民族服务。党的组织及其本人都应当作此要求。少数民族出身的干部可以而且应当运用与本民族的天然联系，反映本民族群众的利益诉求，但是其出发点，应当是中华民族的整体利益。在更多地培养、使用少数民族干部的同时，要鼓励不同民族出身的干部互相学习、支持，成为民族交往交流交融的促进派和带头人。除法律有规定外，要避免一些职务事实上的“民族世袭”，增加民族干部易地交流、到发达地区任职的机会，为他们的成长开拓更广阔的空间。习近平同志 2014 年在第二次新疆工作座谈会上强调，要扩大新疆少数民族干部到内地任职的范围和人数，同时要有更多内地各族干部到新疆县乡工作。在 2014 年中央民族工作会议上又强调，对政治过硬、敢于担当的优秀少数民族干部要大胆使用，放到重要领导岗位上来，让他们当主官、挑大梁，还可以交流到内地、中央和国家机关任职。

（三）当前关于民族工作的讨论和 2014 年中央民族工作会议精神

一个时期以来，一些民族理论工作者、实际工作者对我国民族工作理论、政策、体制、措施等进行了热烈的讨论，我以为这个讨论对于我们加深对社会主义市场经济条件下民族工作规律性的认识是有积极意义的。但是讨论中也出现观点偏颇现象。一种偏颇就是习近平同志批评的，把民族当作“包袱”，把民族问题当作“麻烦”，把少数民族当作“外人”，习近平同志尖锐指出：取消民族区域自治制度这种说法可以休矣。另一种偏颇，是有的人以民族工作创新为名，提出这样一些观点：“民族区域自治制度作为三大基本政治制度之一，其组织形式也应与其他两大基本政治制度一样，从上到下具有同样规模同样地位的组织形式”；自治区、自治州所辖地、市、县、乡各级人大主任、政府一把手都只用“实行区域自治的”民族干部；城市内普遍增设“民族区”作为民族区域自治制度的补充形式，赋予不同于一般市辖区的政策、权利；为照顾民族自治县升格，应增设“民族自治市”。以上“创新”无疑需要修改宪法和民族区域自治法。甚至有学者散布，“民族自治地方的自治权是先于国家主权的一种权利。自治权不是宪法赋予，不需要上级机关与政府赋予，其与国家权力不是赋权关系而是分权关系。”这就离分裂主义不太远了。

在实际工作中，有的地方为了将一般的县改设民族自治地方，将大量汉族人口改为少数民族成分，据统计，1982 年至 1990 年 8 年间，全国少数民族人口净增 2391 万人，其中 1360 万人是由民族成分更改引起的，占净增人口近 60%。有的地方一直试图增设新的“民族”、新的“民族自治”地方。一个时期以来，一些地方随意扩大“清真”范围，市场上出现“清真蔬菜”“清真植物油”“清真水”“清真盐”“清真纸”“清真牙膏”“清真化妆品”“清真服装”“清真鱼饲料”，乃至“清真收款台”“穆斯林通道”“清真洗手间”，甚至要办“穆斯林银行”。我们必须尊重每一个民族的饮食、生活习惯，但不能搞成民族隔阂，不能把宗教教法变成国家法规。习近平同志在 2016 年 4 月召开的全国宗教工作会议上严肃批评了“清真”概念泛化、绝对化，以及“去中国化”“沙化”思想蔓延的现象，指出这样搞下去，总有一天是要出事的！

我的看法，当前民族工作最重要的问题是把握总体走向。首先要指出，当前，涉及党的民族工作基本政策以及涉及宪法、民族区域自治法的有关规定不宜轻易改动。因为实践证明这些政策、法律规定总体上是符合我国民族问题实际情况的，实践效果总体是好的；有的政策是在当时历史条件下搞的，要改变也需要一个过程；特别是很多群众从中得到利益，突然改变可能引发不满和不安。另一方面，要看到现在同新中国成立初期甚至改革开放之初相比，情况有了很大变化，特别是社会主义市场经济把地区间的壁垒打开了，中国形成了一个统一的大市场，各种生产要素充分自由流动，包括人口的流动，使得各民族混居程度比过去任何时候都高。目前全国约有 2000 万少数民族群众到中东部地区的中心城市经商务工求学，居住在城市和散居各地区的少数民族人口已超过少数民族总人口的 1/3。民族间的交往交流交融比历史上任何时候都更加普遍、经常和便利。同时也要看到，维护国家统一、反分裂斗争出现了新的情况，新疆、西藏斗争形势严峻。这就要求我们工作的侧重点应当有所调整，以适应新的历史条件。调整的方向不应该是扩大民族之间、民族区域自治地方与非民族区域自治地方之间的差别，而应更多地强调 2010 年中央第五次西藏工作座谈会、中央第一次新疆工作座谈会、2014 年中央第二次新疆工作座谈会以及 2014 年中央民族工作会议、2015 年中央第六次西藏工作座谈会共同强调的各民族“交往交流交融”“增进各族群众对伟大祖国的认同、对中华民族的认同、对中华文化的认同、对中国共产党的认同、对中国特色社会主义道路的认同”，增强各族人民的国家意识、法律意识、公民意识。

按这样一种工作思路、工作方法去做，我们的民族工作才有出路，才能有牢固的民族团结和国家统一。

二、关于宗教工作

（一）我国宗教的基本情况和历史特征

我国宗教主要包括佛教、道教、伊斯兰教、天主教和基督教。新中国成立之初，周总理估计信教人数近1亿，现在习近平同志估计已近2亿。

从历史上看，我国宗教具有三个特征。

一是在国家与宗教关系上，国家政权高于宗教，总体上没有出现政教合一、教高于政的局面，例如中世纪欧洲梵蒂冈广泛影响甚至主导各国政治那样的情况。这是因为中国历史上以儒学的影响最为突出，而儒学是以伦理道德为中心的社会关系处理的哲学，不是宗教，所以不具宗教的排他性，能够对宗教（包括外来宗教）持开放、包容态度，同时也要求国家高于宗教，君权高于神权。中国历史上虽然也有宗教势力膨胀、干政的事情发生，但总体上宗教接受国家的管理。从南北朝到五代后期曾发生"三武一宗"四位皇帝灭佛，灭佛的根本原因是佛教的过分发展影响到国家的财税、兵源，国家必须予以压制，"求兵于僧众之间，取地于塔庙之下"。由于国家的管控，中国各宗教自身不能形成如同西方天主教、西亚中亚伊斯兰教曾有的那样大范围、统一垂直领导的组织体系，内部的联系大多比较松散，不能形成与政府相抗衡的力量。(西藏在民主改革之前政教合一，寺庙之间存在隶属关系，这种特点至今还被达赖利用给我们制造麻烦。)我们今天在政教关系上必须坚持政教分离，坚持国家对宗教的管理。不能把属于政府的管理权、执法权交给宗教团体，不能允许搞什么"宗教警察"。

二是在宗教与宗教关系上，没有形成一教独大的局面，宗教具有较强的包容性。中国各种不同的宗教信仰，包括外来宗教，受政权管控和中国传统文化影响，相对都比较宽容，能够容忍其他宗教及内部分支教派的存在和发展，不像有的国家的宗教特别是一神教那样具有强烈的排他性，动辄打压、杀害"异教徒""异端"，甚至发起"十字军"东征这样的长期残酷的宗教战争。中国历史上没有发生过全局性宗教战争。自南北朝开始，统治阶级极力调剂儒释道三大势力，力求取得平衡，让其各显其用，三家一边在朝廷面前激烈争夺"首席"位置，一边又互相汲取。人们常说的佛道不分，就指一个人可以同时崇拜佛教、道教的各种神灵，佛道的神灵可以交流。明末清初中国伊斯兰教学者推行"以儒诠回"，即用汉语翻译讲解伊斯兰教经典，用儒学传统思想阐发伊斯兰教教义，既不失伊斯兰教本义，又使中国伊斯兰教更具有中国气息，更适应中国文化与传统道德。无论从历史传统看还是从现实工作看，都不能搞"抬一种宗教打一种宗教"，不能有意无意搞"一教独大"甚至"国教"。

三是我国多数人口没有宗教信仰，信教群众也比较重视现世人生问题。中国儒学重视现实社会关系的处理，较少讲鬼神，不讲来世，不讲“末日”。孔子讲“不语怪力乱神”“敬鬼神而远之”“未能事人焉能事鬼”“未知生焉知死”“祭如在，祭神如神在”，这在当时是一种很理性的态度。受此影响，中国多数人口虽然不能算自觉的唯物主义者，多少有一些宗教观念和迷信，但构不成体系性的宗教信仰。在儒家文化精神的熏陶下，宗教不仅始终不能成为中国人意识形态的主流（包括宗教道德也不能成为中国人的道德规范的主流，中国人的道德规范主要靠世俗道德支撑），同时自身也具有强烈的现实品格，比如佛、道教的大多数信徒崇拜神灵，不是为了达到彼岸世界和取得精神解脱，也不大关心历史、宇宙的终极问题，更多是为了求得神灵帮助解决民生问题。道教认为人可以“功德成神”，佛教寺庙里常有“风调雨顺，国泰民安”的牌匾。老百姓则求消灾免祸，治病驱邪，人丁兴旺，五谷丰登。这使得中国宗教较少神秘主义，较少狂热和极端。有的人极力赞扬外国人信教虔诚，指责中国人信教只是图利。宗教虔诚没有客观标准，虔诚不虔诚是信徒自己的事，他有那个自由，政府要求他的只是守法。

（二）党的宗教工作基本方针

党的“宗教工作基本方针”的提法是十七大写入党章的。基本方针四句话只有第一句是原有的，后三句都是改革开放后我们总结自己的经验归纳的。

1. 全面正确地贯彻宗教信仰自由政策

我们党从建党开始就主张在宗教问题上实行宗教信仰自由政策。新中国成立后，宗教信仰自由成为宪法赋予公民的一项基本权利。

共产党人是唯物论者，在世界观上与宗教是对立的，为什么需要而且能够制定和贯彻宗教信仰自由政策呢？就理论而言，江泽民同志在 2001 年全国宗教工作会议上对此有一段经典性阐述：现在看来，社会主义制度的建立，有利于消除宗教存在的阶级根源，但宗教存在的其他社会根源和自然根源、认识根源的消失，则需要经历一个极为漫长的历史时期。从长远看，随着社会主义物质文明和精神文明建设的发展，人们不断掌握自然界的奥秘和自己的命运，对客观世界、生命运动和宗教本质的认识不断趋于科学和理性，有利于宗教最终走向消亡，但这绝不是短时期内可以达到的。马克思说，宗教的消亡，"这需要有一定的社会物质基础或一系列物质生存条件，而这些条件本身又是长期的、痛苦的历史发展的自然产物"。可以说，宗教走向最终消亡可能比阶级、国家的消亡还要久远。基于这样的科学认识，我们主张既不能用行政力量去发展宗教，也不能用行政力量去消灭宗教，只能承认这种社会现象的存在，实行宗教信仰自由政策，加以积极的管理与引导。就党的任务和宗旨而言，我们党要代表最广大人民群众的根本利益，当然也包括要代表信教群众的利益。否则我们所说的代表最广大人民群众的根本利益就要打很大的折扣。而代表信教群众的根本利益，除了代表他们的政治利益、经济利益，也包括要尊重他们精神上的信仰宗教的自由权利。革命战争和社会主义建设的历史都证明，我们同信教群众在根本利益上的一致性，是主要的，而在宗教信仰问题上的差异，是次要的，因此在正确的方针政策指引下，是完全可以做到“政治上团结合作，信仰上互相尊重”，共同致力于建设中国特色社会主义社会的大目标的。

有人认为，只有信仰宗教的人执政，才会真正实行宗教信仰自由。其实，近代宗教信仰自由观念，并不是由宗教的善意和宽容产生的，而是17世纪欧洲天主教势力与新教势力之间长期血腥宗教战争和18世纪资产阶级革命的产物。在那场战争中，中欧人口减少三分之一，双方最后达成协议，“教随国定”。历史和现实表明，恰恰在某种宗教占据统治地位、政教合一的国家或者朝代，对其他宗教甚至本宗教内部的其他派别是不容忍的，信仰是不自由的。比如在天主教占统治地位的中世纪欧洲对“异教徒”“异端”的迫害，“十字军”东征；奥斯曼帝国打着伊斯兰教的旗号进攻欧洲，强迫欧洲人改信伊斯兰教。历史上恰恰没有以无神论名义发动的战争。美国总统就职时手按《圣经》宣誓，背后就是对不信仰基督教的民众的歧视。我们讲的宗教信仰自由，除了有信教的自由，还有不信教的自由，以及改变宗教信仰的自由。

2. 依法管理宗教事务

为什么要管理宗教事务？因为一个人是否信仰宗教，信什么宗教固然是由个人自己决定，是一种自由的状态，但是包括宗教团体、宗教院校、宗教活动场所、宗教教职人员、宗教活动、宗教财产在内的宗教事务却会影响到社会共同利益，因此要遵守一定的社会规范。我们讲的是“宗教信仰自由”，不是“宗教自由”。宗教界人士和信教群众首先是公民，作为公民就必须遵守法律。任何宗教都没有超越法律的特权，都不能干预行政、司法、教育等国家职能的实施，不能妨碍正常的社会秩序、工作秩序、生活秩序。当然，更不能利用宗教搞破坏社会稳定、民族团结、国家统一的活动。“决不允许有法外之地、法外之人、法外之教”。另一方面，管理也不是自由的、随意的、个人式的管理，管理必须依法，必须不断提高宗教工作法制化水平。管理的要旨是：保护合法、制止非法、遏制极端、抵御渗透、打击犯罪。

全国宗教工作会议明确，我国不立专门的宗教法。2004 年国务院颁发了《宗教事务条例》，是迄今有关宗教事务管理的最完整的综合性法规，之后又出台了一批配套法规和地方性法规，共同使宗教事务纳入法制化轨道，成为依法治国方略的一个重要体现。目前，正在修订《宗教事务条例》。修订工作针对性很强，有 6 个重点：维护公民宗教信仰自由和宗教界合法权益，维护国家安全和社会和谐；明确宗教活动场所法人资格，明确遏制宗教商业化倾向；规范宗教界财务管理，规范互联网宗教信息服务。

3. 坚持独立自主自办原则

独立自主自办原则是我国独立自主的外交路线在宗教工作中的体现，其实质就是我国宗教团体和宗教事务不受外国势力的支配。历史上，鸦片战争之后，西方宗教势力借着列强的坚船利炮进入中国，大规模随意传教，并操纵、控制中国教会，使中国教会成为西方教会的附庸，为帝国主义的侵略服务。新中国成立后，宗教界开展了反帝爱国运动，中国各宗教走上了独立自主自办的道路，教徒获得自己的尊严。当前境外渗透形势严峻，习近平同志指出，西方国家往往把宗教作为维护其强权、干涉他国内政的重要工具。近年来，境外利用宗教对我国进行渗透活动不断加剧，进攻态势更加明显，手段更加隐蔽。境外基督教的渗透从东向西、从低文化层次向高文化层次扩展，是境内基督教不正常发展的重要原因，从中不断产生跨地域甚至全国性的地下势力组织。西方敌对势力利用基督教对我实施“金字塔工程”“断桥工程”“松土工程”，提出“把中国福音化”，企图动摇我们党的执政基础。梵蒂冈极力在中国恢复“圣统制”，同我们争夺主教任命的决定权，干扰我国主教自选自圣，私自任命地下主教。伊斯兰极端主义派别“达洼宣教团”“伊扎布特”等向我国西部地区特别是新疆渗透，成为分裂主义暴力恐怖活动的精神旗帜和动力，一些地方伊斯兰教出现“逆中国化”“逆社会化”“逆科学化”倾向，一些受极端主义影响的人跑到中东参加所谓的“圣战”。达赖利用藏传佛教破坏西藏稳定、分裂国家的行为一刻也没有停止。渗透的目的是影响、操纵我国宗教，进而把宗教变成反对中国党和政府的政治力量。因此，我们必须毫不动摇地坚持独立自主自办原则，维护我们党的领导地位和社会主义国家政权，维护国家的统一和安全。

我们不仅不反对，而且支持我国宗教界同各国宗教界建立在互相尊重、互不干涉内政基础上的平等交往。

4. 积极引导宗教与社会主义社会相适应

宗教总是某一具体时代的宗教，它作为上层建筑的一种形式，以其特有方式反映着当时社会的经济、政治和文化面貌，同时又随着社会经济、政治、文化的发展变化而变化。

就中国来说，历史上凡是外来宗教，都必然要经历一个中国化或本地化的过程，否则难以存在和发展。佛教传入中国，起初与中国传统文化多有矛盾，讲“沙门不敬王者”，讲“识体轮回，六趣无非父母；生死变易，三界孰辨怨亲”，被儒学批为“无君无父”。但经过几次“法难”，经唐、五代，到了宋代，已经认识到与政治统治者、社会及儒学过不去是没有前途的。为了与“孝”的观念相符，中国僧人在《善生经》汉译过程中添加了“凡有所为，先自父母”“父母所为，恭顺不逆”“父母之令不敢违背”等内容，还创造了《父母恩重经》这样的一批印度佛教所没有的经典。以禅宗为代表，比较自觉地走上中国化的道路。佛教进入中国，促进了哲学、音韵学、形象艺术、语言文字的发展，现在人们基本上已经把佛教作为中国自己的传统宗教来对待。

应当说，佛、伊、天、基四大宗教进入中国以来，或早或迟，或深或浅，都在中国化道路上有所成就。但是，宗教适应了历史上的中国还不够，要改变旧时代的政治烙印，在宗教观念、制度、礼仪、组织等方面进行调整，从今天的社会现实生活中吸收新鲜养分，与中国特色社会主义社会相适应。习近平同志指出，中国特色社会主义最本质的特征是中国共产党领导，如果与这一点不适应，那还办什么教？宗教与社会主义社会相适应如果处理得好，就能够对社会发展和稳定产生积极作用；如果处理不好，就会产生消极甚至破坏作用。我们的任务是“最大限度发挥宗教的积极作用，最大限度抑制宗教的消极作用”。

在实际工作中，宗教与社会主义社会相适应包括不同的操作层面，第一层面是宗教界和信众爱国守法，能做到这一条就算是基本上相适应了；第二层面是宗教界多做有利于社会民生的事，目前我国各大宗教爱国爱教人士都努力从自身实际出发，参与灾害救助，兴办慈善事业，支持教育卫生事业，保护文物，保护自然生态，做了大量有益工作；第三层面是深入挖掘教义教规中有益于社会和谐、时代进步、健康文明的内容。2011 年至 2013 年这 3 年中，达赖集团歪曲佛教教义，在藏区煽动制造自焚事件百余起，企图迫使我们在政治上对其让步。包括藏传佛教在内的佛教界针锋相对阐释佛教珍爱生命、不许杀生的基本教义，有力地支持了我们的反自焚斗争。

宗教对教义教规作出新的阐释，要启发宗教界的自觉，不能由我们越俎代庖。

（三）当前宗教领域存在的问题

现在我国宗教无论在信众数量上、社会影响力上都呈现快速上升态势。一般来说，我们贯彻宗教信仰自由的政策，肯定信教群众是建设中国特色社会主义事业的积极力量，自然也就为宗教的发展提供了较过去宽松得多的环境，再加上市场经济条件下人们思想观念、行为方式的变化，网络宗教活动的出现，这种增长总体上可视为是自然的，正常的。我们的工作目标不是简单地去压制这种增长，而是承认当前的宗教现象有其内在规律，通过依法加强管理，将其活动纳入法制轨道，实现规范化、有序化，从而团结信教群众和我们共同奋斗。

但是，结合国内外大背景，结合宗教的历史作用和实际状况，我们仍然需要考虑到，宗教的发展在未来会给我国社会带来什么变化。中国历史上虽然活跃着不同宗教，但从来不是一个宗教国家，而是世俗国家；中华文化虽然包容着丰富的宗教文化因素，但总体不是一种宗教文化而是世俗文化；中国老百姓大多数不信教或不持某种固定宗教信仰；受中国文化的浸濡，信教群众在信仰上也具有许多鲜明的中国特点。这些是我国国情的一部分。我们党作为一个唯物主义、无神论的党而能够如此自然地从人民中生长出来，得到人民广泛支持；我们党执政后，执政地位能够如此稳固，与这些国情是分不开的。我以为，如果今后中国信教与不信教人口结构与今天相比发生重大改变甚至颠倒，如果我国宗教逐渐“去中国化”“极端化”，信教群众传统信仰特点被改变乃至与境外“共融”，那么对我们党的执政地位、对我们国家的前途不可能没有影响。美国《外交》杂志撰文认为：如果中国基督徒像韩国那样迅速增加，只要占人口四分之一，那么中国的政治结构早晚要发生根本改变。我们必须十分严肃地对待这个问题。

值得注意的是，当前宗教领域的乱象，很大程度上与我们自己对宗教社会作用的认识发生偏差甚至背离有关。比如，有的地方党政领导者把宗教视为获取经济利益和提高本地知名度的工具，视为“政绩”，违反有关规定，引入商业资本，争相滥修大型露天宗教造像和寺庙，热衷于大规模宗教活动，助长了宗教热。这些行为实际上是对政教分离原则的背弃。一些地方宗教界道风败坏与党纪废弛混在一起。

我们治理宗教活动乱象，不能改变宗教信仰自由政策，更不能对宗教“宣战”，这样只会把信教群众推向我们的政治对立面。我们能做的工作，第一方面是加强依法管理。习近平同志明确指出，我们必须牢记，我们的政权要巩固，我们的社会要太平，对宗教就要管得住、管得好。各级党政干部要严守政策法规红线，不得支持参与“宗教搭台、经济唱戏”，不得以发展经济和繁荣文化的名义助长宗教热。要加强对宗教活动场所的财务监管，切断借教敛财利益链，严禁商业资本介入宗教，明确任何组织和个人不得投资修建宗教活动场所，宗教团体、宗教活动场所以外的任何组织或者个人捐资修建的宗教活动场所，不享有该场所的所有权、使用权，不得从中获取经济利益，也不得借此干预宗教活动场所的内部事务。

第二方面的工作是在意识形态领域主动加强执政党的辩证唯物主义世界观的宣传教育。我们实行和坚持宗教信仰自由政策，是因为这一政策符合宗教现象发展规律，符合人民和国家的根本利益，而不是说我们共产党人可以赞成唯心主义，可以在唯物主义和唯心主义之间持中立态度，可以放弃在人民特别是青少年中间进行辩证唯物主义包括无神论的教育。在宣传马克思主义世界观上，这些年我们做得不够甚至在退却。《宪法》第 24 条规定，国家在人民中“进行辩证唯物主义和历史唯物主义的教育”。作为执政党，我们应抛掉种种无所作为的怪论，自觉主动地把宪法责任承担起来，在社会上特别是各级各类学校教育（宗教院校除外）中宣传辩证唯物主义和历史唯物主义，宣传无神论。习近平同志在全国宗教工作会议讲话中以强调“作为马克思主义的信奉者，共产党员当然要坚持无神论”作为全文结尾。他强调，要看到无神论和有神论也有意识形态领域的较量，是某种形式的争夺人心。如果让有神论在我国社会蔓延开来，信仰宗教的人越来越多，最终会对我们党的指导思想、执政基础等产生影响。我们不仅要坚持马克思主义无神论，而且要积极宣传马克思主义无神论，普及科学文化知识，帮助和引导人们划清唯物论和唯心论、无神论和有神论、科学和迷信、文明和愚昧的界限，逐渐消除宗教产生和传播的思想基础和社会基础。

第三方面工作是坚持共产党员不能信教这一政治纪律。这些年一个值得注意的现象是，党员信教的越来越多。社会上乃至党内、理论界频频出现一种声音，主张“开禁”，允许共产党员信教。在中央多次重申“党员不能信教”原则的情况下，有的人不敢公开提“党员信教”，却又提出“宗教徒可以入党”。很清楚，这二者结果是一样的，即把唯心主义、有神论合法引入党内，使马克思主义世界观在党内的理论基础地位丧失，并导致党的组织分裂，党的宗教工作塌台。

习近平同志指出，我们党在这个问题上的态度是十分明确的，这就是共产党员要做坚定的马克思主义无神论者，严守党章规定，坚定理想信念，牢记党的宗旨，决不能在宗教中寻找自己的价值和信念。中央已经讲得很清楚了，各地基层要讲，党的各个部门也要讲。要把我们的理论和实践建立在马克思主义辩证唯物主义世界观基础上，在今天，特别是要全面学习、理解、贯彻习近平同志在全国宗教工作会议上讲话的精神，这样才能把党内认识真正统一起来，才能走出一条中国特色解决宗教问题的路子。

郝振省：同志们，对朱维群同志今天厚重深入且富有政策理论水平和知识信息含量的讲演，下面我从三个方面作一下总结：

一，关于民族宗教情况的历史性和它的基础性。从民族方面来看，中华各民族共同缔造了我们这个统一的多民族国家，秦汉以后虽有两次大的分裂，但是分裂之后统一的规模更加辽阔，各民族间的经济文化交流更加深入，国家的版图和疆域也更加巩固，而且在民族的交往中，没有哪一个民族的成员是纯粹和单一的，交流、交往和交融是其本质特征。从宗教方面看，我国历史上国家和宗教的关系始终没有出现政教合一或者政教相争的局面，国家政权始终高于宗教。就宗教和宗教的关系而言，始终没有形成“一教独大”的局面，彼此间有融合与包容。多数国人没有体系性的宗教信仰，儒教的本质是一种文化追求，是一种价值观的遵循。即便是信教群众也比较重视现实的人生问题，比较少神秘主义和极端主义。这就构成了党和国家处理和对待民族宗教问题的大背景、大环境及比较稳定的国情基础。

二，党和政府关于民族宗教工作的方针和政策的特别性和它的成功性。我觉得从民族方面看，我们坚持民族平等和民族团结的理念，长期采取一系列行之有效的政策和措施，促进了少数民族和民族地区经济、社会和文化的快速发展。内地与少数民族地区之间相互支持、多元一体的文化格局非常珍贵，特别是我们坚持实行民族区域自治制度更是宝贵的经验。朱维群同志把我们的经验与苏联、南斯拉夫做了比较，我们没有照搬苏联的民族自决、民族自治共和国的模式，而是采取了单一制国家基础上的民族区域自治制度。这就从制度的设计上，从宪法的层面上没有给国内外别有用心的人和势力留下制造分裂的空隙。关于宗教政策，朱维群同志讲到我们坚持宗教信仰的自由，坚持依法管理，引导信教群众与我们的社会主义制度相适应。从成功性方面来看，从我们的革命一开始包括长征中间，我们党就比较善于处理民族和宗教问题，我们的宗教政策是马克思主义中国化的结晶，来之不易，弥足珍贵。

三，关于民族和宗教工作的重要性和复杂性。目前我们少数民族人口数量比较准确地说是1.1亿，占到全国总人口的8.49%；少数民族区域自治面积占全国总面积的64%，这几个数字我觉得非常重要。少数民族群众很多都有自己的宗教信仰，从这点看，我们做好民族和宗教工作对于我们建设社会主义强国、实现民族的伟大复兴是何等重要。民族和宗教既有历史的渊源，又有现实的因素；既有文化的渊源，又有经济的因素；既有国内的渊源，又有国际的背景。一些西方国家从他们的利益出发，总是企图利用民族宗教问题分裂我们的国家和社会，西藏的“3·14”事件和新疆的“7·5”事件就是触目惊心的案例，这就需要我们在政治制度设计方面努力增强国家的统一；在经济方面更加强调地域性的共同利益；在意识形态方面，要强化中华民族共通性、一致性的思想需求；同时要恰当地处理好宗教热点与宗教相关方面的问题。

总之，朱维群同志厚重深入又富有魅力的演讲，表现出他作为专家型领导、学者型官员的风采，反映了他深度参与对达赖集团、“东突”势力正面斗争的宝贵经验，表现了他在马克思主义民族宗教理论方面的素养，所有这些连同他的著作，为我们在座的各位做好民族宗教工作、处理好与民族宗教相关的党务和政务提供了十分重要的帮助。让我们再一次感谢朱维群同志的精彩演讲。

（本文根据朱维群2016年10月22日在中央和国家机关“强素质·作表率”读书活动2016年第10期主题讲坛上的讲座内容整理）

主讲人：杨立华

杨立华，北京大学哲学系教授、博士生导师。主要研究领域是中国哲学史、儒学、道家与道教，近年来主要着力于宋明哲学及魏晋哲学的研究。出版专著五部：《宋明理学十五讲》（北京大学出版社，2015 年）、《中国儒学史》（宋元卷，北京大学出版社，2011 年）、《郭象〈庄子注〉研究》（北京大学出版社，2010 年）、《气本与神化：张载哲学述论》（北京大学出版社，2008 年）和《匿名的拼接：内丹观念下道教长生技术的开展》（北京大学出版社，2002 年），译著五部：《王弼〈老子注〉研究》《近代中国之种族观念》《宋代思想史论》《章学诚的生平与思想》《帝国的话语政治》等，发表学术论文四十余篇。2011 年被评为“北京大学十佳教师”。

哲学与时代问题的解决：以北宋道学为核心

哲学与时代问题的解决：以北宋道学为核心

郝振省：同志们，朋友们，大家上午好。今天是2016年第11期，总排序第91期中央和国家机关"强素质·作表率"读书活动主题讲坛，国家新闻出版广电总局和两个工委的领导同志出席了我们今天的主题讲坛，对此我们表示由衷的感谢。这次我们邀请到了北京大学哲学系著名教授、博士生导师杨立华先生，大家欢迎他。

我们很早就想请杨立华教授做我们的主讲嘉宾。之前中央和国家机关工委、国家新闻出版广电总局已经向全国的领导干部和公务员郑重地推荐过他的著作，就是今天送给各位的《宋明理学十五讲》。虽然他是中青年教师，但他已经是北京大学十大名师之一，这个身份让人钦佩。

请杨教授主讲宋明理学，理由既复杂又简单，我们研究中华民族源远流长的优秀传统文化，就不能不研究宋明理学。宋明理学是一种既贯通宇宙自然和人生命运，又继承孔孟正统而能够治理国家、社会的新儒学，是宋明时代占主导地位的儒家哲学思想体系，我们平常说的“四书五经”，特别是“四书”——《大学》《论语》《孟子》《中庸》，就是由这一思想体系来确定的核心著作，也是科举制度下考取功名的最基本的教材，是儒学认识论和方法论的集大成者。“五经”是“粗米”，“四书”更精致，“四书”是对“五经”进一步的细致化、精致化、学理化和体系化。让我们以热烈的掌声欢迎他开讲。

各位领导，各位来宾，非常荣幸有机会跟大家交流。刚才郝院长对我的介绍我觉得不敢当。今天的主题是思考哲学与时代的关系，这个主题里面不仅仅是在讲宋明理学，关键的部分是张载哲学的一个论证，我今天特别希望大家知道，中国是有哲学的，而且我们的哲学达到的深度令人震惊。中国哲学是有证明和论证的，有很多人以为中国哲学仅仅是一种理论上的直观，一种信念，其实不是，只要是哲学就一定要论证，如果不去论证，不去谈道理，它就不是哲学。我今天特别希望能够给大家展现出中国哲学在某种程度上达到的深度。

一、价值危机与哲学的突破

我先简单介绍一下或者说简单汇报一下我自己对中国文化或者中国文明基本精神的理解。我们的文明到底有什么样的特点，这是我们首先要来面对的。讲中国文化的特色或者讲中国文化的特性，不是因为中国文化特殊，中国文化特殊就意味着，在历史的整个文明发展当中，我们好像是个例外，别人是普遍的，而我们是例外的，这个我不能接受。在谈到普遍的问题的时候，我认为至少有三个层面的普遍是我们要去思考的：第一个层面是实际上已经普遍了；第二个层面是可以普遍；第三个层面是应该普遍。如果对这三个层面的普遍概念我们没有加以区分的话，我们笼统的去谈，这个问题一定是混淆了，而在我看来，我们中国文化的基本价值和基本精神是可以普遍而且是应该普遍的，所以我不谈中国文化的特性，我谈中国文明的基本性。

我们的文明在我看来最根本的性质是此世性的，我们的文明是人类文明里面唯一一个没有创世神话的，那么有人会说女娲造人是怎么回事？女娲造人她用的原料不是她造的，上帝创世时什么都得他造。"上帝说要有光，于是就有了光"，我看到这一页就马上合上了，我理解不了。反正孔子、孟子都不是这样讲的，老子、庄子也不是这么讲的，荀子、韩非子也不是这样讲的。我们没有创世神话，所以我们没有彼岸，没有末日审判，没有"原罪"。我最近造了一个词，我们不是原罪，我们是"原善"。一切都围绕一个根本的问题来展开，就是此世之饱满，所以在这个意义上我们特别强调文明的此世性，我们的文明是唯一一个成功解决了"上帝之死"这个问题的文明。其实人和神的观念以前我们有。在《诗经》里面，早期谈到天地这样的概念的时候，还有人和神的理论，但是至少在3000年前左右，我们的人和神的信仰已经打消了，上帝死之后的生活如何来安排，我们的这个文明在3000年前就已经成功解决了，这是非常了不起的。既然是这样的一个性质，由此引申出来的一个主题是，我们这个文明的根本文化精神是理性的、哲学的，而非宗教信仰，这是我的体会。宗教与哲学最根本的区别是，宗教是相信之后才能理解，哲学是理解了才能确认。所以你看我们中国哲学的境界，所有哲学家都是在讲道理，无论是老子、孔子、庄子，甚至是公孙龙，都是在讲道理。

二、中国哲学在历史上有哪些发展

说到哲学的发展我们马上就要谈到一个问题，这也是我自己多年思考的问题：哲学的发展和不发展。哲学在哪个地方发展？可能有很多朋友都会这样说，为什么现代自然科学一直在发展，我们对世界的认识好像不断在加深，我们现在甚至可以看到百亿光年以外的地方，我们对微观世界的探索已经能够直观地看到原子甚至原子以下的结构，我们对人的身体和心灵的了解都加深了，在自然科学的意义上我们在一往无前地发展，但是为什么我们还要回去读老子和孔子，读柏拉图？哲学好像没有发展，哲学好像一直在原地踏步。为什么？

在我看来，当我们以哲学的眼光整体地看待世界和人生的时候，所达到的哲学洞见的高度就是人类达到的最高的高度。上世纪有一个著名的哲学家雅斯贝斯，他在一本叫《历史的起源与目标》的书里面提出了一个非常重要的概念："轴心期"。

人类的“轴心期”几乎成为人类的“回心之轴”，当然这个“回心之轴”是另外一本书中的提法，作者叫竹内好。竹内好终生研究鲁迅，他有一本特别著名的书叫《鲁迅》，这本书里面写道：鲁迅一生有一个回心之轴。“轴心期”基本上成为人类文明上的回心之轴，人类文明在“轴心期”之后的每一步发展都会不断回到“轴心期”的基本理论和基本思想当中去，获得滋养和前行的动力，这是雅斯贝斯的著名论断。在“轴心期”的时候，人类开始发展到以整体的目光来看待世界和人生，他所达到的哲学构建的高度就是最高的高度。

回过头来看，我们会发现我们在不断往回走，不仅中国如此，西方哲学也是如此。你去读德国古典哲学，像康德、黑格尔，他们实际上不断恢复的是古希腊的哲学，他们要回到的是古希腊哲学的高度，他们要回到的是柏拉图的高度。为什么在那个时代达到这样的高度？为什么那么早的时期的人们就开始以整体的眼光来审视、思考哲学的高度？这里面最重要的原因是，自然科学的发展是经验科学的发展，它依赖于经验的不断扩展，但是经验无论怎么扩展，都无助于你从根本上、整体上来审视世界人生的道理，从严格意义上讲，以经验的道路来探索世界、人生的整体性问题的时候，你会发现它本身就远远不够，因为经验只在某个意义上可以说是无穷无尽的。

关于这一点中国古代那些伟大的哲学家早就看到了。庄子《养生主》开篇的时候，告诉你“吾生也有涯，而知也无涯。以有涯随无涯，殆已！”这个“殆”是危险的意思，庄子很早就认识到这一点，人在认知这件事情上是最没节制的，老子很早就看到了“不出户，知天下；不窥牖，见天道。其出弥远，其知弥少”。人沿着经验的道路走得越远，实际上得到的真知就越少，所以老子才讲“为学日益，为道日损”。经验知识是无穷无尽的，但经验知识无论积累多少，相对于无限知识来讲其实都等于零。真正去思考这个问题的时候，用经验来探索道路是没有希望的。孟子讲“心之官则思”，心灵的作用是思想；“耳目之官不思，而蔽于物”，我们总以为我们的感官是沟通的，但是中国的哲学家很早就看到了这一点，感官是遮蔽，它对于我们用心灵来从整体上、根本上认识这个世界是有遮蔽性的。当我们开始以哲学的方式整体上看这个内容的时候，他所达到的高度其实就是人类能够达到的哲学构建的高度，他是用哲学的方式来面对世界人生问题的。

“轴心期”出现的那些伟大哲学家，那么轻松地就达到了那样的高度，其实有三个条件在：第一，文明充分改善。社会人生的大的方面已经都完整具备了，我们今天具备的社会生活的主要方面其实在“轴心期”那个时代都已经完备了。第二，时代问题空前尖锐。哲学的突破一定跟时代问题的尖锐有关。一个以思考为业的人，一个以哲学为业的人，生活在一个充满张力的时代，生活在一个充满思想问题的时代，既是幸运又是不幸，幸运的是他的人生面对一个波澜壮阔的时代，他能有所作为；不幸的是他生活在一个充满张力的时代，他每一刻都在用思考来安顿自己的人生，通过一种道理的探索，不仅安顿自己的人生，还试图去安顿别人的人生，这是一个哲学家在空前尖锐的时代里面做的努力。第三，生活世界足够简单。是生活世界越复杂就越容易看到生活的本质，还是生活世界越简单就越容易看到生活的本质，当然是后者。生活在复杂的世界里，每一个环节都会消耗你大量的精力。对此，实际上魏晋时期伟大的哲学家王弼就有解释。我觉得中国哲学史上有些人的名字我们无论如何都应该知道，像王弼这种天才是跨时代的，几百年出一个，但23岁就去世了，你想他思想成熟得多早。王弼的《老子注》《周易注》非常了不起，王弼在解释老子的那句“为学日益，为道日损”的时候说得最多的就是，越多越远离根本，即越多越靠近枝叶，越少越贴近根本。所以“轴心期”时代的生活世界足够简单的人，更容易以整全的态度来看待世界和人生的问题。

哲学既不发展又在发展。根本的哲学洞见上所达到的高度，就是那个高度，哲学是不断地回归到那个高度；哲学又在发展，哲学一直在发展的是哲学的体系化程度，哲学论辩的复杂程度，哲学阐述的严谨程度。洞见始终是那个洞见，是能回到那个高度的洞见，但是在论证表述和体系化的程度上就一直在发展，这就是哲学的发展。为什么越接近我们的时代哲学就越难读，原因是它体系化的程度和论证的严谨程度在发展，体系化程度和论证严谨程度的发展意味着说服力的发展。为什么说服力在发展？很简单，要说服的对象越来越麻烦。为什么越来越麻烦？时代问题越来越严重。在人类文明史中，基本上越早期的人越朴素，即使有时代的精神问题，这些问题也不严重，越到后面越严重。随着时代问题的深化，随着思想问题的深化，随着价值危机程度的深化，哲学的体系化程度、论证的严谨程度一直在不断发展，因为不达到足够的体系化程度，不达到足够的论证的严谨程度，你根本就不能提供足够的说服力，从而让哲学真正做到为时代的价值确定基础。

我特别强调哲学的重要性，哲学是每个时代最庄严的守护。它守护在价值的根基处，当这个时代的基本价值被动摇的时候，它要起来捍卫，当这个时代的价值根基被拔除的时候，它要起来重新为时代确立基础。我们讲张载有四句话，就是我们都知道的横渠四句："为天地立心，为生民立命，为往圣继绝学，为万世开太平。"其实说来说去就是为时代确立价值基础，这是最根本的。你为天地立心，天地用你立心？你立不立，天地之心都在那里，但是时代的价值基础需要哲学的努力，这是我要思考的。每一代大的哲学突破一定是源于时代的价值危机的深化程度，价值危机达到一定程度之后，哲学就必须取得一种突破，这种突破足以解决时代的价值问题的时候，这个时代的哲学任务就得以完成，中国哲学史的发展我们可以用时代价值危机的深化过程来加以概括和总结。

三、中国哲学史大阶段的发展以及与时代问题的关系

我们中国哲学史大致可以分为四个阶段：第一个阶段是春秋末年，老子孔子的时代。第二个阶段是战国时期。春秋末年和战国时期虽然年代相差不远，但是思想已经发生了非常大的

变化。第三个阶段是魏晋时期。第四阶段是宋明理学的发展时期。其实特别重要的是两宋哲学的发展，就是北宋和南宋哲学的发展。四个大的历史阶段在我看来就是时代问题不断深化的过程。

第一个阶段春秋末年，孔子面对的时代问题是礼坏乐崩和价值基础的动摇。这个时代有没有价值基础？有，只不过人们的价值确信已经不那么坚定了。我最近一直强调一个词叫“价值确信”，我们今天这个时代的麻烦也是缺少这个词，我们缺少价值确信。我常常感慨，我这辈人的感慨，我觉得我怎么比我的父辈差那么远，我看到我父亲在我这个年龄的照片时总是很惭愧，我父亲的脸上怎么有那么干净的气息，我怎么就没有？我这么一个严肃的人都没有，那我们这个时代到底出了什么问题？这个时代的人在价值确信上非常茫然。孔子那个时代，虽然价值基础被动摇了，但是共同的价值基础还在。我强烈推荐大家去读《论语》,《论语》这本书是要用一辈子去读的,《论语》是中国古代经典中最丰富的书，没有之一。为什么？因为里面甭管多重要的话都不重复，孔子只说一遍。“无欲速，无见小利。欲速则不达，见小利则大事不成”，“为仁由已，而由乎人哉”这样重要的论述只说一遍，“过犹不及”也是一遍，“性相近也，习相远也”这个关乎人的本质的深刻理解，在《论语》当中就出现一次，没重复的。读《论语》的时候你去看看，孔子证明自己吗？孔子论证吗？孔子每说完一句话就放在那儿了，我就说了，别人就信了，孔子跟身边人的关系是指导者和被指导者的关系，孔子说完之后他的弟子马上就得去做，有一句特别有名的话，“子路有闻，未之能行，唯恐有闻。”子路勇于实践，听到老师说一个道理，还没有来得及去做的时候，就生怕他老师又说一个新的道理。孔子一生就没遇到任何意义上真正严峻的思想挑战，他遇到的也就是伶牙俐齿的弟子，偶尔质疑一下，没有真正意义上的思想挑战，所以孔子从不证明自己，所以《论语》中孔子是那么的饱满。尼采说论证真是一种颓废的意志，我一直看不懂，当我看完《论语》就明白了，一个人你只要需要证明自己，你就不饱满了，真正自信的人无需证明自己，孔子就是真正的自信的人，他无需证明自己的原因是因为在他那个时代有统一的价值共识，有统一的价值基础，孔子不用把问题说到根本上，孔子把问题说到某一个深的程度上，大家一听就明白了。

第二个阶段是战国时期。孟子天生性格就有问题，他不厚道，动则骂人禽兽、骂人豺狼。孟子一生都在战斗，绝对是一个标准的战士。孟子的一个弟子叫公都子，有一天他问老师说，外人都说您好辩，您怎么这么好辩呀？孟子很无奈，他说：“予岂好辩哉？予不得已也！”意思是我哪里是好辩，我是不得不辩，因为这个时代已经是百家争鸣的时代。百家争鸣是价值基础的缺失，动摇和缺失一步之差，但差别非常大，不再有统一的价值基础，每个人认为正确和错误的标准已经不一样了，人们认为美好生活的标准也不一样了：你认为美好的恰恰是我认为丑恶的，你认为对的恰恰是我认为错的。《庄子》里面有这样一个问题，“故有儒墨之是非”，所以孟子讲，“天下之学，不归杨，则归墨”，意思是今天天下的思想言论不是属于杨朱思想的变迁，就是墨翟思想的变迁。

杨朱的思想是什么？“杨氏为我，墨氏兼爱”，什么叫“为我”？极端的个人主义，杨朱的名言“拔一毛而利天下，不为也”，一个人利己到这种程度也很了不起。杨朱认为这种极端的利己主义的人生道路才是对的，其他的都是错的。墨翟说我们讲爱，我们爱所有的人，墨家不仅讲爱所有人，还得同等程度地爱所有的人。墨子是一个伟大的英雄，虽然他讲的这个道理实际上是做不到的，但他毕生努力朝着一个做不到的方向，本身就是很伟大的。墨子每天忙忙碌碌的，奔走于各国之间，帮着各个国家守城，头发都掉光了。杨朱是一毛不拔，墨子是毛都掉光了，两个人各自追求一种生活的极端。墨子说我这样的生活才是对的，杨朱说我这样的生活才是对的。

孟子说你们俩都不对，我们要爱，但是爱要有差别的，我们不能同等程度地爱。这三家没有统一的价值基础，没有共同认可的是非标准，没有共同认可的美好生活，这个时代问题比较严重。你读《孟子》的时候会发现，《孟子》其实是论证，孟子要不断地辩论，要不断地说服，所以孟子思想的逻辑严谨程度和他的言说的说服力量比《论语》大得多，但是规模看起来也比《论语》狭隘得多，《孟子》的整体的格局就比孔子的格局要小，因为如果他不能提供足够的说服力，足够的论证的话，他的道理就立不住。虽然没有统一的价值标准，但价值本身在这个时代没有受到质疑。什么叫价值本身没有受到质疑呢？这个话说起来很简单，因为在孟子时代所有人都认可这一件事，就是怎么活是有区别的。其实这个时代的价值危机还没有那么严重，下一个时代的到来，那个时代的价值危机就不是这样一个危机。价值本身没有受到质疑，这是战国时期的问题。

第三个阶段魏晋时期。魏晋时代价值危机的问题就更加严重，更加深化，它的价值危机可以总结为这样一个问题，就是怎么活真的有区别吗？你们可以对比一下，战国时期的时代精神是人怎么活肯定是有区别的，但魏晋时期的时代精神是怎么活真的有区别吗？这个问题大概也萦绕在我们的头脑当中，这个问题几乎是一个现代的问题，跟我们今天这个时代的价值危机其实已经有共同之处了。为什么会产生这样一种会称之为深刻的虚无主义，为什么会出现这个时代？魏晋这个时期突然出现了一种非常独特的时间感和死亡观，这种时间感和死亡观非常接近于我们今天的时间感和死亡观，人们突然发现死成为消除一切差别的最根本的要素。人人都要面对“死”，但是“死”在不同的时代发挥的作用是不一样的。在魏晋时期的“死亡”意味着取消一切差别的最根本的力量，你活着的时候不管有多大差别，在“死”这件事上都一样，所以那个时代伪造的一本书叫《列子》，在《列子》中有一篇体现了这个时代思想的最基本的本质，“生则尧舜，死则腐骨；生则桀纣，死则腐骨。腐骨一也，孰知其异？”活着的时候是尧舜，死了一堆烂骨头；活着的时候是桀纣，死了也是一堆烂骨头。烂骨头都一样，怎么活有什么差别吗？想想都挺绝望的。既然都这样了还不就“生年不满百，常怀千岁忧。昼短苦夜长，何不秉烛游”，所以抓紧时间及时行乐吧，反正也没区别。魏晋玄学是中国哲学思维的一个大飞跃，为什么有这个大飞跃？就是时代价值危机的深化达到了一定程度，哲学上不达到足够深的程度，根本不足以解决这个问题。而且不仅仅是哲学洞见的深度，也是哲学论辩的有力程度，必须得达到这个程度。所以回头去看，在传统时代，价值危机一定是哪个阶层的价值危机，是普遍的价值危机，不可能是由钱造成的；老百姓没有这个价值危机，他们想的是我下一顿饭在哪儿，没有那个空闲思考；真正有了钱才会思考这个问题，所以它是士大夫阶层的危机。只要有几个哲学家出来，基本上这个价值危机是可以得到解决的，这个时代出现了王弼、郭象这样的伟大哲学家，使魏晋时代的危机从根本上得到了解决。

第四个阶段唐宋时期。这个时期的价值危机更加严重。宋明理学实际上根源于中唐的儒学复兴运动，既然叫儒学复兴，那么儒学在这个复兴时代之前就已经极度衰弱了，也就是说隋唐恰恰是儒家思想、儒家文化极度衰落的时代。那个时代士大夫的精神世界不是归于佛教的就是归于道教的。佛教从汉代传入中国，最早是在民间底层，作为一般的民间宗教之一，没有对士大夫的精神境界发生影响。佛教真正在士大夫精神世界里发生深刻的影响是在东晋时代。由于它开始深入到士大夫精神世界当中，佛教的中国化过程、理论化程度进一步提高。到了唐代，佛教的发展已经达到了高峰。中土佛教的主要宗派其实在唐代都已经确立，华严、天台、禅宗、唯识在那个时代已经确立了。同时道教也有非常大的影响。道教的实践非常荒谬，"我命由我不由天"，意思是我能活得多久由我决定，我只要技术达到，我就能永生。这是道教的心理。最终的结果是什么？

各种矿物质放在一起加热，一般都会产生一种有毒有害的物质，最常见的是铅、汞，一般里面都有三氧化二砷，俗称砒霜，吃完都要中毒，服了金丹以后大部分人死的时候都痛苦不堪，有些人浑身的孔窍都流脓水，就在这种情况下，道士还在安慰他说，没关系的，在排毒。唐代的皇帝因为服食金丹而死的就有六七个，达官贵人们都吃，金丹都有大毒。道教的问题是什么？大家要注意，中国哲学家普遍认为世界是无始无终的，没有开端也没有终结，这是中国古代哲学家普遍认可的。既然世界是无始无终的，时间是无限的。一旦你知道时间是无限的，就意味着你活多久都等于零，只有追求永生，你的人生才有意义，而且你人生中唯一有意义的一件事就是追求永生，这是道教的问题。

虚无主义时代来得凶猛。隋唐两代国力鼎盛，文化也非常兴盛，我们知道那是一个诗歌文化的时代，但在道德和思想层面，隋唐两代真的不行。唐代的士大夫普遍都人格分裂，你看看李白，喝大了就写“安能摧眉折腰事权贵，使我不得开心颜”，我崇拜得不得了；等我长大了看他的文集，写给达官贵人们的信内容都是要官做的。李白不是宣布我隐居了，他隐居的目的就是让别人更好地发现他，结果没有人理他，他就又出来了，说我换个地方再隐居。很多人“隐”就是为了让别人更好地发现，所以孔子从不隐，孟子从不隐，庄子也刻意不隐，庄子就是我不出山，我不去做官而已，我过自己快乐的日子。你看看白居易，同情底层百姓的生活，写的《卖炭翁》真是动人，你都不能相信写《卖炭翁》的人同时能写“樱桃樊素口，杨柳小蛮腰"，你就看他私生活有多糜烂。这种精神分裂韩愈都不可免，他敢激论天下事也可算奋不顾身，史册上辉煌。唐宪宗时期迎佛骨舍利，铺张浪费，整个社会陷入宗教迷乱当中，韩文公写《谏迎佛骨表》，你看到了他的伟大，你看到他下面一篇文章《潮州刺史谢上表》，都不相信是一个人写的，一被贬立马就怂了。唐代士大夫是虚无主义价值观。

佛教的逻辑最简单，从根本上讲是要追求解脱。佛教最根本的问题是认为人生是彻头彻尾的烦恼，要想解脱就是要从烦恼当中解脱出来，你要从烦恼中解脱出来就必须知道苦的根源，烦恼的来源。他们认为苦来源于执着，你不执着就没有苦，要消除苦就要消除执着。你要想消除执着，就要注意执着的结构，你要知道谁在执着？答案是我，我在执着，要先破执着的主体；在执着什么？名和利等都是执着的对象，佛教要想破，从根本上消除苦，就必须破掉对我的执着和对对象的执着。佛教的态度说，我本来就是假的，那就没人在执着，所以这叫"破我执"，对象是假的，虚假不真，所以认为山河大地都是虚幻的东西，既然对象都是假的，那你还执着什么？执着的主体、执着的客体两个方面破掉，从而从根本上解决执着的问题。执着消除掉了，苦就消除掉了。这个逻辑很简单，但是这里面关键在于"无我"，其实就挺难做到的。

中国固有的哲学里面没有这个东西。有人说庄子讲"无我"，庄子怎么可能讲无我？庄子的那句话"至人无己"，那个"无"就是"忘"的意思，你可以做到"忘"我，但是你不可以做到无我。庄子的态度讲得太深刻了，"我"是你想有就有的，想没有就没有的？这个“我”不是你想有就有，想没有就没有的。当然佛教的态度是“我”努力能达到“无我”，“我”是虚假的，你说眼前所有实实在在的东西都是假的，那你要经过一个论证。总之一句话，一切的本质、一切的对象都来源于我们人的无明，由于有这个无明，所以你生出种种幻象来，其实这个幻象本质上都是空的。

简单地说，佛教和道教的虚无主义可以概括为一句话：“世界真的存在吗？我们真的活着吗？你确定你活着吗？我怎么证明自己不在梦中？”想过这个问题吗？你说我昨晚醒了，你能保证你不是梦中梦吗？庄子明确地讲“梦之中又占其梦焉”，有很多人在梦里头醒了一下，以为自己醒了，然后还去占卜自己梦里的那个梦的吉凶，再醒来以后发现醒了，但问题是你真觉得自己醒了吗？你确定？《庄子》里面讲“丘也与女，皆梦也”，孔丘跟你都在梦中，接着又说，“予谓女梦，亦梦也”，你怎么证明自己不在梦中？这个问题古往今来我认为最伟大的解决者是庄子，庄子的哲学在这个地方真是令人佩服，他的问题是我干吗要证明自己不在梦中。但是不管怎么说，无论你在哪里，有一点，你没办法证明自己不在梦中，你没办法证明世界是存在的，你也没办法证明我们的人生不是虚幻的。按照佛教的说法，这是彻头彻尾的虚无主义，唐宋时代的虚无主义所达到的深度，以及危机的严重程度已经达到了非常深的地步。这个大的麻烦就是意味着道德生活真的建立不起来了，就到了“人怎么活有区别吗”这个问题。把整个人生变成虚幻的时候，道德生活怎么建立起来呢？美好还是丑恶、崇高还是卑鄙、善还是恶有意义吗？既然这个世界终归要消失，你做的这一切有意义吗？这就说明这个危机已经非常深了。

面对这样的价值危机，到了唐代中叶，开始产生了一批儒学复兴运动，而儒学复兴运动的开创者就是中唐时期的伟大思想家、伟大文学家韩愈。韩愈在当时贡献很大，一般来讲“治宋学者必始于唐，而以昌黎韩氏为之率”，研究宋学、宋代思想和文化的人一定要从中唐的韩愈开始，因为整个思想的根源从那里开始。韩愈是古文运动的开创者，古文运动从属于儒学复兴运动，古文运动就是为儒学复兴运动找到了恰当的思想表达风口，找到了一种恰当的文风和恰当的文气。中唐的儒学复兴运动虽然对整个中国思想史产生了非常深刻的影响，但从理论建设这个角度看，韩愈的理论建设是远远不够充分的。你去看《原道》，韩愈对佛教、道教的批判，主要是社会、政治、经济的理由，而不是真正的哲学上的理由。他的理由非常清楚，最简单的理由，如劳动力锐减，大量人口出家，不承担社会责任，把社会责任完全归给社会，这不行。解决佛教、道教的问题，韩愈寄希望于政治手段，在某种意义上就是暴力的手段、强制的手段。他解决佛教、道教的方案非常简单，九个字：“人其人，火其书，庐其居。”记住这九个字你就知道什么叫古文运动，没一句废话。“人其人”让和尚们还俗；“火其书”，这个“火”字用得多漂亮，把他们的书都烧掉；“庐其居”是把寺庙都变成住宅，让老百姓生活寄居。“人其人，火其书，庐其居”，多简洁，用的是行政手段，用的是暴力手段，用的是强制手段，但是思想跟文化的问题还得说道理。因此如何在道理上真正地破除佛教、道教的影响，是唐宋儒学复兴运动，特别是到北宋时期的时代主题。

四、自立吾理

“北宋五子”是北宋最核心的五大哲学家：周敦颐、邵雍、程颢、张载、程颐。我把张载放在程颢后面、程颐前面是有道理的。“二程”是北宋五子的核心，两人是亲兄弟，哥哥程颢弟弟程颐，程颢比程颐大不到两岁。朱子后来感慨到，什么样的老子能生出这样的儿子来，而且一生还生出两个。但这在北宋很常见，北宋出大人物都一窝一窝的出，“二程”“三苏”；范仲淹的四个儿子个个了不起；王安石父子都了不起，王安石的弟弟当时也很有名；张载和他弟弟都是北宋名臣；曾巩是“唐宋八大家”之一，曾巩兄弟个个都了不起。那个时代不知怎么出了那么一代伟大的家庭教育，达到那种程度？我还在研究和总结。我的初步结论就是一个字——严。

北宋五子关系非常密切，是围绕“二程”的核心朋友圈，他们如果有智能手机的话，他们一定有一个群叫“北宋五子”，周敦颐是“二程”的老师，邵雍是“二程”一辈子的朋友，终生的讲友，张载是“二程”父亲的表弟，是他们的亲表叔。这里面大家最熟知的是周敦颐吧，周敦颐最伟大的哲学著作是《太极图说》和《通书》，后来对诸子的思想影响都很大。

“北宋五子”要解决的问题，他们的时代理论主题非常清楚——“自立吾理”。其实我们今天中国人要做的，中国思想家或者中国哲学家应该去做的也是这四个字。“自立吾理”是程颢提出的，他最早明确提出了北宋道学的真正主题——“自立吾理”。你要面对佛教、道教的问题，就必须把儒家的根本道理立起来，你不要光去批判和打击对方的道理，批判和打击是没有用的，你不把自己的那套体系真正确立起来，别人那套道理就在那里，他就有说服力，所以叫“自立吾理”。这个主题的提出真正使得北宋道学的发展有了明确的主题和方向，有了明确的理论发展方向。这个“自立吾理”的主张实际要干吗？可以总结为“为儒家生活方式奠定哲学基础”。其实我们甚至可以这么讲，为一种“合道理”的方式奠定哲学基础。哲学之为哲学必须是冷酷的，“冷”没有任何温情。北宋道学为什么叫道学？宋明理学为什么叫理学？我们的思想根底就是道理。再进一步，他们是超学派的，我们一方面说它是儒家思想的第二期发展，我们叫它“新儒学”，但是根本上说新儒学在那个时代实际上是超时代的，一切合道理的都拿过来，放在自己的体系当中，没有哪个东西是排斥的。这正迎合了哲学的一个主题，所有时代的哲学都有一种精神，就如尼采讲的“重估一切价值”，没有道理的就应该把它放弃，合道理的就坚持。

通过“自立吾理”，为一种在那个时代合道理的生活方式奠定哲学基础，这是北宋道学的主题。在这个方面，“北宋五子”各自作出了自己的努力和尝试，都进行了足够的理论的探索，都提出了自己的理论。在北宋这些哲学家里面，这些理论当中最具哲学品格的、体系化程度最高的、完全程度最高的是张载，这主要是取决于张载的著作心态。其他哲学家特别是像程颢，思想成熟极早，十几岁时就成熟了，但是他不用功，程颢的哲学主要是用来说的，他基本上没写什么东西，他的哲学主要是靠平时说，有人给他记录。北宋哲学家里面，顽强地从头到尾都在写的只有张载，他最重要的哲学著作就是他晚年的《正蒙》。

我们刚才说了，佛教、道教的问题归结起来都是根本的虚无主义问题，特别是佛教。佛教基本上就质疑一件事——“世界真的存在吗？”其实你真的证明不了，世界的存在你怎么证明？世界真的存在吗？这是一个特别关键的问题，世界的真实性受到了质疑，生活的真实性受到了质疑。佛教以山河大地为幻象，认为这些都是虚幻的，本质上都是空的。再进一步，既然山河大地都是幻象，世界本身的存在都受到了质疑。儒家要做的理论建设的第一步就在于，一定要证明这样一个生生变化的世界是实有的，而且这个生生变化的世界不仅是实有的，还得是无始无终的。因为只要这个世界最终一定会消亡，也就意味着你的一切痕迹最终都会消失，也就意味着你活着做什么努力在哲学的意义上都是没意义的。

中国哲学的传统告诉你，这个世界是无始无终的，但是仅仅相信这个世界无始无终是没有用的，要去证明这个世界是没有开端也没有终结的。中国哲学家提供了这样的证明。很多人说中国哲学不证明，不证明怎么叫哲学，不论证怎么叫哲学。中国哲学家只是论证得极简单。中国哲学家一般都用不超过三句话证明一个伟大的道理。张载怎么证明世界是没有开端的呢？先说“有”，什么叫做“有”？什么叫存有？这个杯子是有吧？当然你认为没有也行，你要真认为没有，我讲的这个哲学跟你没意义。这杯子是有，为什么是有？因为它有属性，它有可以被感官认识的属性，比如我们说它是白色的，它的硬度、质量、温度，这都是它的属性，属性我们也可以把它叫做规定性，“属性肯定”是一个有限的肯定，任何属性都是一个有限的肯定。大家注意，任何有限的肯定同时就意味着无限的否定，因为当我说它是白色的时候，同时也就意味着我说出了无限多的它不是什么颜色。颜色是如此，别的属性也都是如此，所以它是有限的，但你同时要注意它又是无限的。它既是有限的肯定同时又是无限的否定。

有的时候中国哲学有些话你要特别去琢磨，张载有一句话我琢磨了好多年：“天地之间……无一物相肖者，以是知万物虽多，其实一物。”意思是天地之间没有东西是一样的，因此万物再多，其实就是一物。这句话折磨了我好几年，没事我就想。很简单的道理，这个杯子之所以是杯子，杯子的特性取决于它跟其他物的差别，“我之为我”的本质里面包含了我跟你们在座所有人的差别，也就是说，我跟你们的差别包含在我之内，而这个差别是无限多的差别，所以我就等于“我之为我”的本质里面包含了跟无限的万物之间的差别在其中。因此，所有万物的本质其实都包含在我的本质里面，我的本质又包含在你的本质里面，最后得出一个结论：“万物虽多，其实一物。”稍微思考一下就知道了，这里面涉及哲学里面特别关键的问题，就是有限无限的问题，同一差异的问题。有之为有源自于分别，有肯定就有否定，就是有分别。如果这个世界有开端，有之前是什么？如果有之前还是有，那这个世界有开端吗？所以有之前必须是无，所以《老子》第40章，“天地万物生于有，有生于无。”这句话有意思，在中国哲学道家的传统中认为，这个世界有一个完全虚无的阶段，然后再由完全虚无的阶段过渡到有的阶段，所以这个世界就成了有开端的。这个问题的麻烦来了，有是2，是有分别的；无是1，中国哲学里面无不是0，无是1，0是印度观念，阿拉伯数字实际上是由印度传到阿拉伯，最后传到欧洲的。我们中国人讲无是无分别，没有分别就叫无，没有分别是1。张载在一段非常简洁的话里面，告诉我们一个道理，从1过渡到2是完全没有可能的，从无分别状态过渡到有分别状态是完全不可能的，逻辑都不成立。从无分别状态，既然无分别状态是可以保持的，那无分别状态当中有没有分别的要素和力量？没有。因为如果无分别状态中有分别的要素和力量，它直接会体现为分别，它就不再是无，不再是无分别，而是有分别。

当然有人会说那是不是有一种分别的力量在平衡这种分别的力量，于是暂时达到某种平衡的状态。那你想想，都有了分别的力量和平衡分别的力量，请问是有分别还是没有分别？不还是有分别嘛。从无分别的1过渡到有分别的2，这在逻辑上不能成立，所以只要是有分别的2，分别的状态之前就永远处在分别的状态，而不可能是无分别状态。我们现在处在有分别没分别的状态？你要说没分别状态我就对你无语了。既然我们现在无分别状态那就证明此前一直是无分别状态，这是世界没有开端，没有开端就没有终结。

梦的问题也是如此。你在梦中是在分别状态还是无分别状态？如果是无分别状态那说明你那时候连梦都没做。你在梦中是有变化还是没变化？生时有的变化的世界，无论是在醒着还是在梦中都是贯通的。所以这个世界最根本的原理在《易传》里面讲得非常清楚，就是只有变化是永恒不变的。庄子也是这个结论，只有变化是永恒不变的，所以这个“易”字包含三层意思：变易、简易、不易。我把这三层意思加在一起，一个基本的人生原理，基本的世界最根本的原则就出来了，这个世界最简易的道理是：只有变易是不易的，只有变化本身是不改变的。关键是变化你怎么理解。中国哲学把变化理解为日新的、生生不已的永恒创造，这才是中国人的理解。世界无始无终，永远处在生生变化的状态，这事情本身就是一个非常重要的证明，就这个证明本身已经能够帮我们部分地解决人生意义的问题。

最后我还得回到物理学，举个简单的例子，一个物体做匀速直线运动，如果我不施加外力，它将怎么样？它将永远保持匀速直线运动，这是牛顿第一定律。如果我给它个作用力，作用 1，往你们那边推，只改变它的方向不改变它的速度，我能做到。我改变了方向之后它就开始往你那边飞了，我现在的问题是：我能不能通过后面的作用让这个物体回到它原来的运动轨道上并保持原来的速度，能做到吗？能做到。我往你们那边推作用 1，然后这样推一下作用 2，这样推一下作用 3，这样推一下作用 4，这 4 下作用，只要计算精准，它还会回到原来的运动轨道上，那个直线的延伸线上，而且保持了原来的速度。我现在的问题是作用4以后，这个物体又回到了原来的轨道上并保持原来的速度在运动，我们能不能说我对它的第一下作用力在它此后的运动状态当中作用消失了？那个作用在还是不在？永远伴随着。我对这个事物的第一下作用，这个作用将包含在这个事物此后所有的运动和变化当中，这叫作用不灭。佛教里讲的“业”字有点接近这个，佛教中国化里面有一篇特别重要的文章《物不迁论》，作者叫僧肇，结尾的那段话讲：“是以如来，功流万世而常存，道通百劫而弥固。……果以功业不可朽故也。”这个“功业不可朽”讲的就是作用不灭。当我说到这儿的时候，你难道不觉得不朽对于你来说变得真实了吗？

由于世界是无始无终的，你不管做过什么，你的影响会无限延伸下去，你的作用会凝结在后来的世界的作用和发展当中，这不是真正意义上的不朽吗？所以再进一步你就明白了，人生的意义是什么。对我来说，或者从儒家的道理来说，人生的意义应该这么来理解：人生的意义在于活着的时候努力建设一个什么样的世界，死了以后留下一个什么样的世界。

郝振省：下面我从几个方面来梳理一下今天杨教授的讲座。

第一方面，杨教授讲到价值危机和哲学的突破。正是从他开始讲的孔孟时代、春秋战国、魏晋玄学发展到唐宋之际，作为社会主导的士大夫阶层的精神根底已变为佛教和道教，可以说是一种虚无主义的追求。士大夫的精神世界不是归于佛，就是归于老，真正有儒家正统观念的人越来越少，作为儒家正统观念的影响力越来越弱，价值基础动摇、缺失，包括对价值本身存在的质疑。这种缺失和动摇就造成了创造性地恢复和发展社会主流价值观这个任务的急迫性，就呼唤着知识分子来回答这个问题。

第二方面，他讲到程颢提出的“自立吾理”、讲到“北宋五子”，特别是张载的哲学思想：太虚即气、一物两体。由于时间关系他不能完全展开，但让我们感受到作为宋明理学的开山鼻祖，张载他确实有一种“为天地立心、为生民立命、为往圣继绝学、为万世开太平”的浩然志向。身体力行，奉献终生，提出了一系列的重要理论概念，完善了自己的体系，然后把这个体系不断推向完美。可以说，以张载思想为代表的宋明理学，成为我们漫长封建社会超稳定结构的精神支柱，成为支持超稳定结构的社会精英人才的主要精神营养，成为我们民族屹立于世界民族之林的最主要的思想底蕴和内在实力。我觉得杨教授讲理论的问题讲得特别好，他说，我们可以没有神明，但是我们不可以没有神圣。神圣是什么？是“理”，是“道”，是道理。宗教是先相信再理解，我们的哲学是先理解再相信，这就是根本的差别。可以说理论问题、理论思维对一个人、一个团队、一个民族、一个国家都是绝对重要的，由此我们可以看出宋明理学对于传统文化的重要意义，当然宋明理学也有它的局限性。

第三方面，杨教授讲到了宋明理学的发展历程和它的价值呈现，讲到了哲学要为时代立根。实际上就在讲今天我们如何来看待和对待宋明理学，看待和对待儒家学说。应该说宋明理学是传统文化中正统文化理念的灿烂篇章，既是我们坚守文化自信、追求文化自觉的重要依据和源泉，又是我们进一步构建社会主义核心价值观、推动马克思主义中国化的重要基础和重要借鉴。杨立华教授今天的讲座，使我们受到一次传统文化和理学思想的熏陶和感动，让我们再一次感谢杨立华教授。

（本文根据杨立华2016年11月19日在中央和国家机关“强素质·作表率”读书活动2016年第11期主题讲坛上的讲座内容整理）

主讲人：陈锡文

陈锡文，现任全国政协常委、全国政协经济委员会副主任，中央农村工作领导小组原副组长兼办公室主任。中央党的建设工作领导小组成员、中央精神文明建设指导委员会委员。中共第十六、十七、十八次全国代表大会代表；第十二届全国政协常委、全国政协经济委员会副主任。先后多次获得孙冶方经济科学奖、中国发展研究奖等奖项。清华大学、中国人民大学、中国农业大学等多所大学的兼职教授。

我国的农村改革与发展

我国的农村改革与发展

郝振省：同志们，朋友们，大家上午好。今天是2016年第12期，总排序第92期中央和国家机关“强素质·作表率”读书活动主题讲坛，我们特别邀请全国政协常委、全国政协经济委员会副主任、中央农村工作领导小组原副组长兼办公室主任陈锡文同志，大家欢迎他！

今天陈锡文同志主讲的题目是“我国的农村改革与发展”。这些年他在农村、农业、农民的政策问题上，花了大量的心血，我们把他的两篇理论性、实践性比较强的论文，印刷出来装订成册，赠送给各位同志，请同志们关注。

今天，国家新闻出版广电总局的领导和相关部委的负责同志很早就来到了主题讲坛的现场。同志们，其实我们安排今天这一讲，也酝酿了很长时间。今年下半年，我们向中央和国家机关的公务员推荐的书目里有一本书——《读懂中国农业》，这是因为农业是国民经济的基础，农民是我国人口的大头，农村是社会的重要组成部分。毛泽东同志在他的青年时代，就提出了“世界上什么问题最大？吃饭的问题最大”。他的革命活动首先就是从农民活动开始的，新中国成立以后他提出了“以粮为纲，全面发展”的经济工作的大方针。习近平总书记在前不久强调，任何时候我们都不能忽视农业，忘记农民，淡漠农村。

作为中央和国家机关的领导干部和公务员，在强调第三产业的比重、第二产业的实体经济的时候，确实有必要回过头来，全面了解第一产业以及农业、农村改革发展的方方面面。因为三大产业之间内在的相互依存、相互制约的关系决定了大家在业务中“你中有我、我中有你”，如果不这样提出和认识问题，我们就会受到不应有的掣肘，就会做不好工作，会出现事倍功半的情形。今天我们邀请陈锡文同志来做我们的演讲嘉宾，他专注于农业和政策改革领域已经40多个年头了，始终坚持理论和政策相结合，他参与了党和国家一系列政策的制定，具有深湛的研究和丰厚的积累，是“三农”方面的著名专家，让我们以热烈的掌声欢迎陈锡文同志开讲。

大家早上好！很高兴有机会向大家介绍一下我国农业、农村的改革发展情况。大家都知道，我国的改革是从农村开始的。农村的改革迄今已经38年，取得的成就有目共睹，但面临的问题依然纷繁复杂。有两组数据可以说明当前这种状况。一是我国的粮食生产。1978年全国粮食总产量6095亿斤，去年达到了12429亿斤（今年为12325亿斤，比去年减少104亿斤，减0.8%），增长了104%；全国人均粮食拥有量从630多斤，提高到了现在的超过900斤，增长了约43%。这是巨大的成就。二是农民收入。1978 年我国农民人均纯收入 133.6 元，城镇居民人均可支配收入 343.4 元，城乡居民的收入比为 1∶2.57；2015 年，农民人均可支配收入 11422 元，城镇居民 31195 元，城乡居民的收入比为 1∶2.73，差距不仅没有缩小，反而还有所扩大。这说明要真正解决好“三农”问题，仍然任重道远。

农村改革发展已取得的成就和当前所面临的问题，都不胜枚举，我只能提纲挈领地对几个关键领域的情况，谈谈自己的看法。

一、农村改革发展所取得的观念性、制度性成果

（一）明确了党和政府处理好同农民关系的基本准则：保障农民的经济利益，尊重农民的民主权利。这是 38 年来党制定农村政策的根本出发点和落脚点。

新中国建立以后，为了尽快改变贫穷落后的面貌，让人民过上幸福生活，也为了有能力捍卫新生的人民共和国，国家必须尽快实现工业化。在中华人民共和国制定的第一部法律《土地改革法》中，就在第一章“总则”中明确规定：“废除地主阶级封建剥削的土地所有制，实行农民的土地所有制，借以解放农村生产力，发展农业生产，为新中国的工业化开辟道路。”但在当时国内一穷二白、国际上西方敌对势力对我实行封锁的背

景下，要积累起建设工业化的资金，当然就只能主要依靠从农业中来提取。因此，在很长时间内，确实把农民搞得很苦。

1978 年 12 月召开的党的十一届三中全会原则通过的《中共中央关于加快农业发展若干问题的决定》中，有两项政策很能说明问题：一是从 1979 年起减少对农民征购 50 亿斤粮食，国家适当增加进口来弥补供求缺口，以使农民减轻负担、休养生息。规定水稻产区农民人均口粮在 400 斤以下的，杂粮地区农民人均口粮在 300 斤以下的，一律免购。第二，规定从 1979 年夏粮上市开始，粮食的统购价格提高 20%。农民在完成国家粮食征购任务后，如果还有余粮卖给国家的，称为“超购”，超购的价格在统购价格的基础上再加价 50%。

这里有两组数据值得关注：一是农民的口粮。400 斤稻谷只能出 280 斤米，300 斤杂粮最多也只能出 240 斤成品粮。而在 1978 年以前，有些没能达到这个人均口粮水平的农村生产队，还仍然需要完成国家的粮食征购任务。可见，“糠菜半年粮”是当时不少农民生活的真实写照。根据后来的测算，1978 年时，我国农村有 2.5 亿人生活在贫困线以下，占当时农村总人口的 30.7%。当然，当时城镇居民的口粮也不充裕。国家对市民实行计划供应粮食，每个人都有定量，每个家庭都有购粮本、每个月都要发放粮票。从婴儿到重体力劳动者的粮食定量，被分为 9 个等级，国家机关干部，当时被定为第 5 级，每月定量 28 斤。但一年 336 斤贸易粮，折成原粮，大概需要 420 斤到 480 斤。第二是当时的粮价。1979 年实行新的粮价后，农民向国家交售的标准等级的早籼稻，每斤是 0.1155 元，之前则是 0.0963 元。

那时全国粮食平均亩产336斤，早稻是高产作物，也就是556斤。农民种一季早稻的毛收入，只有50多元。这两组数据交叉的结果，就是1978年全国农民的人均纯收入只有133.6元，只相当于当时城镇居民人均可支配收入的38.9%。问题是当时农民的数量占全国总人口的82.08%。种粮的人如果连自己都吃不饱，他还能有什么积极性就可想而知。

正是针对这样的情况，十一届三中全会认真总结了我国农业农村政策的经验教训。尤其是明确要求，要正确认识和处理农村的所谓阶级斗争问题。强调决不允许随心所欲地扩大阶级斗争和人为地制造所谓阶级斗争，破坏团结、伤害好人。明确指出，社队的多种经营是社会主义经济，社员自留地、自留畜、家庭副业和农村集市贸易是社会主义经济的附属和补充，决不允许把它们当作资本主义经济来批判和取缔。按劳分配、多劳多得是社会主义的分配原则，决不允许把它当作资本主义原则来反对。全会决定提出：逐步实现农业现代化，才能保证整个国民经济的迅速发展，才能不断提高全国人民的生活水平。为此目的，必须首先调动我国几亿农民的社会主义积极性，必须在经济上充分关心他们的物质利益，在政治上切实保障他们的民主权利。从这个指导思想出发，全会提出了当前发展农业生产的一系列政策措施和经济措施。其中最重要的是：人民公社、生产大队和生产队的所有权和自主权必须受到国家法律的切实保护；不允许无偿调用和占有生产队的劳力、资金、产品和物资。公社各级经济组织必须认真执行按劳分配的社会主义原则，按照劳动的数量和质量计算报酬，克服平均主义；社员自留地、家庭副业和集市贸易是社会主义经济的必要补充部分，任何人不得乱加干涉。人民公社要坚决实行三级所有、队为基础的制度，稳定不变（主要是反对“穷过渡”）；人民公社各级组织都要坚决实行民主管理、干部选举、账目公开。

可以说，党的十一届三中全会以来，党的农村政策总体上能够得到广大农民群众的欢迎和拥护，能够解放和发展农村社会生产力，能够促进农业增产、农民增收，就是因为党始终坚持了保障农民经济利益、尊重农民民主权利这两条基本准则。这要始终坚持下去。

（二）确立并不断完善我国农村的基本经营制度：以家庭承包经营为基础、统分结合的双层经营体制。这是保障农民合法权益、发展农村社会生产力、维护农村社会和谐稳定的基础性制度。

改变人民公社体制下由生产队实行统一劳动、统一核算、统一分配的体制，最初是由农民自发推动的。党的十一届三中全会强调了要按照劳动的数量和质量计算报酬，克服平均主义。但有些地方自发搞起了包产到户、包干到户，中央最初是不赞成的。1979 年中共中央 31 号文件对包产到户是这样评价的：“它失去了集体劳动和统一经营的好处，即使还承认集体对生产资料的所有权，承认集体统一核算和分配的必要性，但在否定统一经营这一点上，本质上和分田单干没有多少差别，所以是一种倒退。”并要求“搞了包产到户、分田单干的地方，要积极引导农民重新组织起来”。到了1979年9月28日，党的十一届四中全会通过的《中共中央关于加快农业发展若干问题的决定》中，提出了“可以按定额记工分，可以按时记工分加评议，也可以在生产队统一核算和分配的前提下，包工到作业组，联系产量计算劳动报酬，实行超产奖励。不许分田单干。除某些副业生产的特殊需要和边远山区、交通不便的单家独户外，也不要搞包产到户。”这就是农村改革初期著名的“可以、可以、也可以”的农村大政策，但同时也明确了“不许、也不要”的底线，因为这个决定仍然强调“人民公社要继续稳定地实行三级所有、队为基础的制度”。1980年5月31日，邓小平对农村政策问题作了重要谈话，指出：“‘凤阳花鼓’中唱的那个凤阳县，绝大多数生产队搞了大包干，也是一年翻身，改变面貌。有的同志担心，这样会不会影响集体经济。我看这种担心是不必要的。”同年9月27日，中央发出了关于加强和完善农业生产责任制的文件，即中发［1980］75号文件，指出，对包产到户应当区别不同地区、不同社队采取不同的方针。“在那些边远山区和贫困落后的地区，长期吃粮靠返销，生产靠贷款，生活靠救济的生产队，群众对集体丧失信心，因而要求包产到户的，应当支持群众的要求，可以包产到户，也可以包干到户，并在一个较长的时期内保持稳定。”“但在一般地区，集体经济比较稳定，生产有所发展，现行的生产责任制群众满意或者经过改进可以使群众满意，就不要搞包产到户。”到了1982年1月1日，中央发出的第一个指导农村改革的一号文件中，虽然明确了

“各种生产责任制，包括小段包工定额计酬、专业承包联产计酬，联产到劳，包产到户、到组，等等，都是社会主义集体经济的生产责任制”，但还是不难看出，仍然带有淡化包产到户、不提包干到户的色彩。

当时中央对农村改革的方针有一个重要原则，就是出台的政策虽然具有倾向性，但在实际工作中，贯彻的是“不争论、允许看”的原则。因此，允许多种形式的生产责任制共同发展，包括对“双包到户”，也没有采取一棍子打死的做法，而是允许干、允许看。所以安徽小岗村自发搞了“大包干”后，也没有出现当时老百姓担心的会把村干部抓起来的情况。最终才使小岗村的“大包干”普及到了全国农村。

此后的情况大家都比较清楚了。1983 年中央第二个指导农村改革的一号文件，充分肯定了联产承包责任制是在党的领导下我国农民的伟大创造，是马克思主义农业合作化理论在我国实际中的新发展。同时，这个文件还明确提出，对人民公社体制要从实行联产承包责任制和政社分设这两方面进行改革。这里需要强调一下“包产到户”与“包干到户”的区别。在“包产到户”下，农户承包的是土地的产出，因此叫联产承包。承包土地上的农作物产量是归集体的，集体根据承包农户完成产量的情况，进行统一核算，再对各农户实行收入和口粮的分配。因此，实行包产到户后的经济核算主体仍然是生产队。而在“包干到户”下，农户承包的是承包地上应承担的国家征购任务和生产队需收取的“提留”，余下的农产品产量都归承包农户所有。因此，农民对“包干到户”称为“交够国家的，留足集体的，剩下都是自己的”。实行包干到户后，农业的大部分投入和积累的功能都转到了农户，农户成为相对独立的经营主体，生产队已经不再是农业生产经济核算的主体。因此，人民公社实行的由生产队或大队进行统一生产、统一核算、统一分配的经营管理体制，就已经没有必要存在了，由此就引发了政社分设、撤社建乡的改革。与此同时，农村基层开始实行村党组织领导的村民自治的社会治理机制。

1984 年中央第三个指导农村改革的一号文件，提出要延长农户对耕地的承包期，明确耕地的承包期应在 15 年以上，于是就有了“15 年不变”这个大政策。这个文件对家庭承包经营体制的制度化，起到了十分重要的作用，使得农村的基本经营制度趋向于定型。

1991 年 11 月 29 日，中央召开十三届八中全会。针对当时社会上一度产生的对农村家庭承包经营制度的疑虑，全会作出了关于进一步加强农业和农村工作的决定，肯定了党的十一届三中全会以来农村改革发展的方向与基本政策是正确的，明确提出要把以家庭联产承包为主的责任制、统分结合的双层经营体制，作为我国乡村集体组织的一项基本制度长期稳定下来，并不断完善。这就使得广大农民吃上了长效定心丸。这一提法被写入了全国人大的宪法修正案。

1993 年 11 月 5 日，中央发出关于当前农业和农村经济发展的若干政策措施，即中发［1993］11 号文件。针对原定 15 年土地承包期在有些地方即将到期的实际状况，明确了在第一轮土地承包到期后，再延长 30 年的政策。

1998年，恰逢农村改革20周年，中央召开十五届三中全会。全会通过了关于农业和农村工作若干重大问题的决定。这个决定明确提出，要抓紧制定确保农村土地承包关系长期稳定的法律法规，赋予农民长期而有保障的土地使用权。全国人大据此于1999年初成立了农村土地承包法起草小组。《农村土地承包法》于2002年8月经全国人大常委会审议通过，2003年3月1日施行。从此，农民的土地承包权有了国家法律的保障。2007年3月全国人大通过的《物权法》首次明确农村土地承包权、农民宅基地使用权为“用益物权”。

2008年，农村改革30周年，中央召开十七届三中全会，通过了关于推进农村改革发展若干重大问题的决定。提出现有土地承包关系要保持稳定并长久不变。2013年党的十八届三中全会决定重申：稳定农村土地承包关系并保持长久不变。

2013年，党的十八届三中全会后，习近平总书记在当年12月23日召开的中央农村工作会议上的重要讲话中指出：“完善农村基本经营制度，需要在理论上回答一个重大问题，就是农民土地承包权和土地经营权分离问题。改革前，农村集体土地是所有权和经营权合一，土地集体所有、集体统一经营。搞家庭联产承包制，把土地所有权和承包权分开，所有权归集体，承包权归农户，这是我国农村改革的重大创新。现在，顺应农民保留土地承包权、流转土地经营权的意愿，把农民土地承包经营权分为承包权和经营权，实现承包权和经营权分置并行，这是我国农村改革的又一次重大创新。这将有利于更好坚持集体对土地的所有权，更好保障农户对土地的承包权，更好用活土地经营权，推进现代农业发展。”他还说：“家庭经营在农业生产经营中居于基础性地位，集中体现在农民家庭是集体土地承包经营的法定主体。农村集体土地应该由作为集体经济组织成员的农民家庭承包，其他任何主体都不能取代农民家庭的土地承包地位。农民家庭承包的土地，可以由农民家庭经营，也可以通过流转经营权由其他经营主体经营，但不论经营权如何流转，集体土地承包权都属于农民家庭。这是农民土地承包经营权的根本，也是农村基本经营制度的根本。”他还说：“创新农业经营体系，放活土地经营权，推动土地经营权有序流转，是一项政策性很强的工作。要把握好土地经营权流转、集中、规模经营的度，要与城镇化进程和农村劳动力转移规模相适应，与农业科技进步和生产手段改进程度相适应，与农业社会化服务水平提高相适应，不能片面追求快和大，不能单纯为了追求土地经营规模强制农民流转土地，更不能人为垒大户。要尊重农民意愿和维护农民权益，把选择权交给农民，由农民选择而不是代替农民选择，不搞强迫命令、不刮风、不一刀切。”“农村土地制度改革是个大事，涉及的主体、包含的利益关系十分复杂，必须审慎稳妥推进。不管怎么改，不能把农村土地集体所有制改垮了，不能把耕地改少了，不能把粮食产能改下去了，不能把农民利益损害了。”“创新农业经营体系，不能忽视了普通农户。要看到的是，经营自家承包耕地的普通农户毕竟仍占大多数。这个情况在相当长时期内还难以根本改变。”

正是根据总书记的这些重要讲话精神和中央的部署，对农民土地承包经营权的确权、登记、颁证工作正在加快进行，预计到 2018 年底可全面完成。全国 2.3 亿承包农户中，约有 7000 万农户已全部或部分流转出自家的承包地，经营权流转的土地面积已超过 4.4 亿亩，约占农户土地承包合同总面积的三分之一。前不久，中办、国办印发了《关于完善农村土地所有权、承包权、经营权分置办法的意见》（中办发［2016］67 号），这必将进一步促进农村基本经营制度的稳定和完善。

（三）实施推进城乡经济社会发展一体化的战略。这是推进整个国家和民族的现代化、实现中华民族伟大复兴“中国梦”的必然要求。

城乡经济二元结构，是很多国家在现代化进程中都存在过的现象。但是，在国家发展过程中实行城乡隔绝状态的，却只是实行计划经济体制的结果。我国是在国家发展过程中实行过城乡隔绝制度的少数国家之一。其基本特征有三：关闭农产品市场，对农产品实行计划生产；压低农产品价格，从农业中提取国家工业化所需的积累资金；严格限制农业人口向城镇流动和转移，控制公共财政覆盖的人口总规模。

2002 年 11 月，在党的第十六次全国代表大会的政治报告中，首次提出了“统筹城乡发展”的理念和目标。它的背景，第一，是国家已经实现了总体小康的目标，同时明确提出到 2020 年建成全面小康社会的目标；第二，是中央已经部署了扩大农村税费改革的试点工作，公共财政的阳光开始普照农业、农村和农民。

2008年10月，党的十七届三中全会的《决定》(农村改革发展)，提出建立促进城乡经济社会发展一体化的制度。要求尽快在城乡规划、产业布局、基础设施建设、公共服务一体化等方面取得突破。

2012年11月，党的十八大报告提出，要让广大农民平等参与现代化进程、共同分享现代化成果。之后，在2013年3月，习近平总书记明确提出"小康不小康，关键看老乡"，把能否如期全面建成小康社会的关键之举，定位在能否解决好"三农"问题上。

2013年11月，党的十八届三中全会决定明确提出推动城乡要素平等交换和公共资源均衡配置。

在2015年10月，党的十八届五中全会决定提出健全城乡发展一体化体制机制，推动城乡要素平等交换、合理配置和基本公共服务均等化。提出"十三五"时期城镇化的具体目标，重点是实现1亿左右农民工和其他常住人口在城镇定居(主要是农村学生升学和参军进入城镇的人口、在城镇就业和居住5年以上和举家迁徙的农业转移人口)。

可见，从实现了总体小康之后，党中央关于推进城乡统筹发展的理念和目标，是一脉相传、不断发展和明确的。可以说，这十几年来，全党全国上下都已经形成共识：实现城乡统筹发展，是全面建成小康社会最具关键性的指标。

推进城乡经济社会发展一体化，关键是三大方面：

一是公共财政覆盖农业农村、惠及亿万农民。包括农村税费改革，减轻农民负担；国家投入的基础设施和社会事业发展的重点要放在农村；建立覆盖全体农民的各项基本社会保障制度，并逐步与城镇接轨；建立健全国家对农业的支持保护体系等。

二是改革人口管理制度，促进农业转移人口逐步城镇化。包括善待农民工（强化劳动合同管理和工资支付、社会保障等）；改革户籍制度，实行居住证制度，基本公共服务覆盖城镇全体常住人口。

三是改革征地制度。对被征地农民给予合理补偿。

（四）提出加快补齐“三农”短板的战略性攻坚任务。这是能否如期实现全面建成小康社会的决定性之举。

总书记指出：“一定要看到，农业还是‘四化同步’的短腿，农村还是全面建成小康社会的短板。中国要强，农业必须强；中国要美，农村必须美；中国要富，农民必须富。”他还指出：小康不小康，关键看老乡，关键看贫困老乡能不能脱贫。到2015年底，我国农村还有5575万贫困人口，这是我国全面建成小康社会所面临的短板中的短板，必须下定决心，如期打赢脱贫攻坚这场硬仗。

打赢脱贫攻坚战，关键是要按总书记的要求，“必须在精准施策上出实招、在精准推进上下实功，在精准落地上见实效。”解决好“扶持谁”“谁来扶”“怎么扶”的问题，实行“五个一批”工程，即通过发展生产、易地搬迁、生态补偿、发展教育、社会保障五大措施，各脱贫和兜底一批。同时要引导贫困群众树立“宁愿苦干、不愿苦熬”的观念，自力更生、艰苦奋斗，用自己的辛勤劳动实现脱贫致富。

关于农村人口的贫困标准问题。目前实行的贫困标准是2011年确定的，为2010不变价2300元。此后再按物价变动等因素每年调整贫困标准的现价，2015年的现价标准为2855元。有人按人民币兑换美元的汇率计算，认为我国的农村贫困标准低于世界银行提出的国际贫困标准（如按1∶6.5的汇率计算，只相当于440美元，即每人每天1.2美元左右，而2015年世界银行提出的新的贫困标准是每人每天1.9美元）。但必须明确的是，世界银行提出的贫困标准，不是按各国的汇率计算的，而是按照各国本币兑美元的购买力平价来计算的。因为，如用汇率来计算，不仅易受本外币供求关系的影响，而且还与汇率市场化程度及外汇管理制度密切相关。同时，汇率在很大程度上反映的是国家间可贸易商品的整体比价关系，而贫困线针对的只是人们基本生活消费品的购买成本，两者所涉及的商品篮子有很大差别。世界银行对人民币兑美元的购买力平价做过三次测定。第一次的1993年，为1.4185；第二次是2005年，全国平均为4.087，其中农村为2.9854；第三次是2011年，全国平均为3.6961，其中城镇为3.9043，农村为3.0365。因此，按世界银行最近这次人民币兑美元的购买力平价计算，2855元人民币按全国平均计算，每人每天为2.116美元，按农村标准计算，为2.576美元，都高于世行提出的每人每天1.9美元的国际贫困标准。

二、当前农村改革发展面临的重大任务

今年4月25日，习近平总书记在安徽省凤阳县小岗村农村改革座谈会上发表了重要讲话，他指出：必须坚定不移地全面深化农村改革，坚定不移地加快农村发展，坚定不移地维护农村社会和谐稳定。这个重要讲话的精神，是“十三五”时期我国推进农村改革发展的重要指导方针。

（一）加快推进农业供给侧结构性改革。

我国去年粮食产量是12429亿斤，今年是12325亿斤，相较去年减了104亿斤，但仍是历史第二高水平。这些粮食够不够呢？人均900多斤，不能说不够，但是随着人民生活水平的不断提高，从有关部门测算的总供求来看，大概还缺500亿斤，也就是说有500亿斤的供求缺口需要通过国际市场来解决。问题在于去年我们缺500亿斤，但却进口了2500亿斤，这是为什么？这表明我国的粮食供给存在两大问题：

第一，市场需要的产品我们产不出来。总量缺500亿斤，但有些品种的供求缺口很大。比如市场缺大豆，但我们增产的是玉米，这解决不了问题，所以我们去年进口的2500亿斤粮食里面，大豆占了2/3。大豆是重要的油脂作物，也是重要的植物

蛋白，尤其是亚洲人不适合吃那么多肉，所以随着人民生活水平的提高，对大豆的需求量很大。但问题是需求不断在涨，我国的大豆产量却逐步下降，所以全世界出口的大豆有 2/3 是我们买的。中国是世界上的大豆故乡，原来我们是世界大豆产量第一、出口第一，现在我们是产量世界第四、进口量第一，什么原因呢？就是具体到大豆这个产品上，科技含量太低，效益差，农民不愿意种，于是就出现这种供求之间品种的不适应，这是一个大矛盾。

第二，农业的总体效益比较低，价格上缺乏竞争力。尽管我们自己产得出来，但未必卖得出去，因为我们卖得比别人的贵。像小麦、玉米、大米等谷物，我们的平均价格比国际市场要高 30% ~ 50%。我国是 WTO 成员，有合法保护自己农产品市场的权利，根据 WTO 的规则，我们在一些重要农产品的进口上设定了一个保护措施叫关税配额，允许国外的产品在我们承诺的数量范围内进口，按照世贸规则只收 1% 的关税，如果超过规定数量还想进口的话，要收 65% 的高关税。这个关税配额以外的就进不来。但是现在玉米和玉米的替代品进口越来越多，为什么呢？因为国际市场和我们的价格相差太大。比如，2014 年国家在东北三省和内蒙古自治区对玉米的临时收储价是 1.12 元 / 斤，从农民手里收过来就是 2240 元 / 吨，但是从美国运过来的玉米，加上 1% 的关税，价格总和不会超过 1500 元 / 吨。这样看来，饲料厂、加工厂当然愿意用进口的玉米。我们现在出现的问题就是总书记讲的，不是总量不足，而是品种、质量、效益的结构性问题。总书记对农业供给侧结构性改革讲得非常清楚，重点是提高农业综合效益，增强农产品的国际竞争力。要实现这个目标，不是简单地多种一点什么，少种一点什么，这只是普通的结构调整，重要的是要解决科技进步问题与体制创新，否则我们解决不了农业的效益和国际竞争力问题。

从科技角度来讲，为什么我们的大豆会落到这种地步？农民不愿意种，和国外比较价格相差太大，因为科技含量太低。目前全球大豆的平均亩产 370～380 斤，我们去年平均亩产是 247 斤，肯定打不赢人家。所以从这个角度来看，我们要努力推动科技创新，从农业的品种培育到生产过程，一直到最后的加工、流通、储藏，都要加大它的科技含量，才能提高它的竞争力。

所以推进农业供给侧结构性改革实际上有两个方面，一方面从科技创新、经营体制创新的角度，提高农业的科技含量，提高农业的整个效率和国际竞争力。第二方面，从市场价格的角度，引导农民按市场需求调整生产结构。因为前几年国家为了保障农民收入，在东北玉米主产地采取了临时收储价格的方法，这实际上是一个保证农民收益的价格。2007 年在东北地区开始实行玉米临时收储价，2007 年是 0.7 元 / 斤，并逐年提升，一直提到 2014 年，从原来的 0.7 元 / 斤变成了 1.12 元 / 斤，价格上涨了 60%。而与此同时，国际市场又因为全球金融危机，大宗商品价格暴跌，这样我们的价格就比别人高出了很多。今年在东北采取“市场定价，价补分离”措施，市场定价，农民就不能挣那么多了，所以今年东北玉米播种面积减少了 2300 万亩，大概减了 10.5%，国家停止了临时收储，玉米的市场价格一下就下来了。目前，辽宁的平均价格 0.8 元 / 斤，吉林的平均价格 0.75 元 / 斤，黑龙江的平均价格 0.7 元 / 斤，这样加工厂就会买进了。那农民收入怎么办？价补分离，补贴从价格中拿出来，中央财政拿了 390 亿元直接补贴东北农民。这样下来，黑龙江地区种玉米的平均每亩地能补到 154 元钱，吉林大概能补到 170 ~ 180 元钱，辽宁大概能补到将近 200 元钱，虽然农民收益还是减少了，但国家把补贴给了以后，农民基本上不会亏损，这样农民就知道了，不关心市场价格是不行的。

供给侧结构性改革，坦率地说不是为了多和少的问题，其内在的要求是提高质量、确保安全，实现可持续发展，但更重要的是从整体上提高农业的综合效益，整体上提高我国农产品的国际竞争力。

（二）深化农村集体产权制度改革。

产权制度改革涉及的内容很多，改革农村的产权制度，就是要回答农民老百姓，土地是集体的，资源资产是集体的，那集体是谁的？集体是书记的吗？是村长的吗？我们要回答这个问题，要把农村集体的产权落实到每个成员身上。我们通过土地承包经营权确权登记颁证来实现农民是土地的主人，虽然不能说是属于个人的，但他是集体的成员，就像我们的法律规定，所有集体的资产都属于集体的成员集体所有。承包地要解决这个问题，宅基地也要确权登记颁证，农村其他的集体资产要清产核资，让它的收益权落实到每个农民身上。

我国农村地区现在大概有58.1万个村庄，其中54%的村庄没有经营性收入；大概有14%的村庄每年有10万元以上的经营性收入，这其中有13000个村庄年收入超过50万，17000个村庄年收入超过100万。所以讲资源，我国960万平方公里折合144亿亩，这里面山林、耕地、水面、草原都合在一起，有67亿亩土地是属于农民的，占47%。这要通过确权登记颁证的办法，落实到每个所有者主体，落实到每个农民头上。农村除了土地以外，还有很多别的家当，比如农村集体的经营性资产大概是2.8万亿元，那么只要有经营性资产的农村集体经济组织，就要按中央要求清产核资，把家当搞清楚。家当搞清楚之后，它的收益权要落到每个农民身上，落到每个成员身上，这是正在进行的农村集体产权制度改革以及农户土地承包经营权确权登记颁证工作要达到的目的，这样才能让农民觉得集体是自己的。

习总书记要求，推进农村集体产权制度改革过程中，第一，要避免内部人控制，避免少数干部利用权力侵占农民的财产权；第二，要避免外来资本借这个机会侵吞集体资产。这方面现在已经部署了，正在不断地完善和推进。

（三）坚持新型城镇化和新农村建设“双轮驱动”。

为什么要这么讲呢？因为不能认为通过城镇化就能把绝大多数农民在短期内都转移进城，在我们这个人口大国，这个问题千万要把握住。总书记多次讲过，即使将来我们的城镇化率达到 70%，那也还有 30% 在农村，大概是四五亿人。而美国现在只有 200 万户农民家庭农场；日本现在也只剩下 200 万农民。而我们是二亿三千万承包农户，现在在农村常住人口还有六亿人。所以我们一方面要积极推进城镇化，让农民转移，从而使留在农村的农民可以扩大经营规模，留的人少了，种的地就可以多，但这决不是可以一蹴而就的，而是一个长期的过程。很长时期中还有四五亿人要在农村居住下去，所以我们一定要把农村建设好，让农民过上和城里人一样的小康生活。习总书记对这个事非常重视，他在两件事上讲过同一句非常重要的话——要有足够的历史耐心。第一次讲这句话是在 2013 年 12 月 12 日，总书记在中央城镇化工作会议中提到，对于我国农业人口城镇化的问题，我们要有足够的历史耐心。第二次讲这句话是在 2016 年 4 月 25 日，在小岗村谈农业现代化问题时，他说，规模经营是现代农业的基础，但是改变我国现在这种分散的、粗放的农业经营方式是需要条件和时间的，在这个问题上我们要有足够的历史耐心。

我想这两件事实际上是同样一件事。如果人口不减少，农业的现代化确实很难，但是中国人口的城镇化还有很长的路要走，所以从这个角度来讲，社会主义新农村建设不仅仅是说我们搞农村工作需要把农村搞好，更重要的是从国家未来长期发展来看，城乡并行不悖的发展是我们将来比较顺利发展的一个重要途径。

现在城镇化我们叫得很响，每年大量的农民工转移，现在农民工总量大概二亿八千万，其中一亿七千多万是外出务工，还有一亿多是在本乡镇工作，城镇化和农民工外出务工联系很紧密，已经转移出了一亿七千多万，再加上家属，估计在两亿人以上，但是农村外出劳动力高峰时期，一年转移近一千万人，后来慢慢降低到八百万、五百万、三百万、二百万，到了去年才增加 63 万人，增长率 0.4% 都不到。今年的数据还没出来，前 9 个月是增长 0.5%，即 80 万。城里的结构调整也在影响农民外出务工，现在大家可以从一些文件、领导讲话、专家文章里看到，大家都在关注农民工回乡创业。2016 年的中央一号文件中就提出，要推进农村新产业、新业态的发展，促进农村一、二、三产业融合，让农村为农民的转移就业创造更多的机会，这一点非常重要。

从目前看来，农村的新产业、新业态的发展已经有一些途径：第一，网购。在网上直销农产品，农业部估计今年网上直销农产品总额达到 2200 亿元，比去年增长了接近 50%，涨幅很快，这可能是未来很大的就业空间。第二，农产品加工。现在我们越来越关注农产品的加工储运，这是未来发展的大问题，有很大空间。第三，乡村旅游、乡村养老等。这些发展非常快。总书记强调中国要美，农村必须美。从需求角度讲，到 2015 年底城镇居民中至少有 40% 的家庭年收入超过 12 万，我国城镇居民中每百户拥有家庭汽车 30 辆。当他有钱有车，他就有条件去下乡旅行了。农村经过这么多年的发展，基础设施逐步完善。到 2016 年 10 月底我国乡村通车的公路已达 398 万公里，农村道路、用电、用水都很方便，农村有外出务工的，空置的房子就做农家乐、办民宿，供大家旅游。去年一年，我们国内旅游人次 42 亿，其中有 30% 是乡村旅游，也就是 12 亿多人次，他们到农村旅游，带动农村就业，给农村带去的钱将近 4000 亿元。从这个角度来看，我们的城乡统筹发展，一方面我们要积极推进新型城镇化，另一方面要从实际出发，不可能单纯靠城镇化这一条路解决我们的问题，所以同时要建设新农村，而建设新农村不仅是让农民住得好，生活得好，更重要的是要让农业农村能够给农民提供更多的就业机会，让他们有更多的收益和经济来源。

当前我们面临的农业农村的工作任务还非常繁重，我总结一下，当前的重大任务就是：农业供给侧结构性改革；农村产权制度改革；新型城镇化和新农村建设“双轮驱动”并行不悖。

就讲到这里，谢谢。

郝振省：下面我从几个方面梳理一下今天的讲座。

第一方面，陈锡文同志讲到我国的农村改革已经 38 年了，取得的成就有目共睹。38 年间，粮食的总产量已经翻了番，人均拥有量超过 43%；城乡居民可支配收入几乎是上百倍的涨幅，足以使我们从总体上看到了党的农村政策取得的成果和农村生产生活翻天覆地的变化。解决几亿、十几亿人口的吃饭问题，这是我们历朝历代追求的，但唯有中国共产党建立了历史性的功勋。陈锡文同志还讲到了城乡居民收入比例差距扩大的问题，讲到了我们面临的问题仍然突出，为他后来讲到的重大任务做了铺垫。

第二方面，陈锡文同志从农村改革发展的巨大成就出发，总结了党和政府在农村改革发展领域取得的关键性、制度性的成果。讲到了处理好同农民关系的基本工作准则，“要保障农民的经济利益，尊重他们的民主权利”，强调要坚持以承包经营为基础，统分结合的基本经营制度。讲到了农村的基本经济制度和城乡一体化的基本发展战略，以及补齐“三农”短板的基本攻坚思路。我们可以把陈锡文同志讲的这些归纳为四个基本：基本准则，基本制度，基本目标，基本任务。

第三方面，陈锡文同志从农村改革发展的速度问题出发，根据我们已有的基本观念和制度成果，就当前的重大任务作出了创新性的思考，他对于“三量齐增”的结构性矛盾的分析，凸显了加快推进农业供给侧结构性改革的紧迫性，关于三条底线和三项权利的说明，强调了农村集体产权制度改革的基础性。关于“双轮驱动”的形象比喻，指出了在城乡建设道路和方向上的辩证性和全面性。

陈锡文同志关于成就和问题的说明提纲挈领、言简意赅；关于观念性和制度性成果的论述观念鲜明，逻辑严谨，意义深厚；关于面临重大任务的分析可以说既高屋建瓴又贴合实际，前后贯通又连成一体。特别是他回顾梳理了我们党关于农村的一系列政策的制定、调研和完善的过程，这些对我们中央和国家机关的领导干部有非常强的借鉴作用，体现了他作为我们党农村工作战线的一位专家型领导干部的风采，使我们在座同志更清晰地了解到“三农”大局势，更深入地理解了做好农村改革和发展工作的艰巨性和重要性，让我们再次感谢陈锡文同志。

（本文根据陈锡文2016年12月24日在中央和国家机关“强素质·作表率”读书活动2016年第12期主题讲坛上的讲座内容整理）

主讲人：牛有成

牛有成， 市委党校研究生毕业（北京市委党校经济管理专业），高级政工师。现任北京市人大常委会副主任、党组副书记，北京市总工会主席。十一届、十二届全国政协委员。

二十四节气告诉了我们什么

二十四节气告诉了我们什么

郝振省：同志们、朋友们，大家上午好！今天是2017年第1期，总排序第93期中央和国家机关“强素质·作表率”读书活动主题讲坛，我们特别邀请到全国政协委员，北京市人大常委会副主任、党组副书记，北京市总工会主席牛有成同志作为今天的主讲嘉宾，大家欢迎。

国家新闻出版广电总局的领导和相关部门的负责同志，仍然和大家一起，在现场聆听牛有成同志的主题演讲。今天他演讲的题目是“二十四节气告诉了我们什么”。策划设计这次讲坛的主题时我们费了一些心思，读书活动办公室的同志在科技、历史、政治、文学和艺术中进行选择，最后觉得春种秋收，夏播冬藏与节令气候密切相关，我们是不是也应该讲一讲时令和节气的问题。这时我们就想到牛有成同志，在全国政协十二届三次会议上，他有一个关于二十四节气的发言。当时在场的同志先是怀疑，觉得这个二十四节气他能讲好吗？没想到他讲后产生了强烈反响，许多同志把他的讲稿收藏，广为传诵。所以我们决定请牛有成同志来讲这个内容。

下面让我们大家以热烈的掌声，请牛有成同志给我们开讲。

各位领导和同志，今天我是怀着非常高兴的心情到这儿来，跟大家交流、学习的。同时也很忐忑，因为中央直属机关和中央国家机关人才济济，聚集了各方面的专家、学者，大家的知识、眼界、经验、阅历都很丰富，我在这儿很可能是班门弄斧，不妥之处请予指正。我汇报的题目是："二十四节气告诉了我们什么"。

一、为什么要讲二十四节气

第一个原因，动物感知能力的启示。我先说一个故事，也是真实经历。2008 年北京举办奥运会，当时我们最担心的一个问题就是 8 月 8 日开幕这一天下雨。一旦下雨开幕式就大为失色，因为鸟巢是露天体育场。但是 8 月份正是北京的主汛期，每年七月下旬到八月上旬，是北京一年中降雨最集中的时段。我当时是气象服务保障组的组长，对下不下雨更为敏感。首先要预报准；第二要有应对的措施。当时经过几年的努力，应对措施有一些，比如说人工增雨、人工消雨都有实践，小到中雨有一定把握，但中到大雨就很难说了。2008 年春节过后，当时延庆县主管副县长就说，今年可能雨水要多。我说你怎么知道？他说是农民分析出来的。我说农民凭的是什么？他说农民是通过观察喜鹊窝得出的结论。我说根据是什么呢？他说农民多年观察的经验是，一旦新搭的喜鹊窝窝口冲上，当年雨水就少，如果喜鹊窝窝口是侧开的，当年雨水就多。听了这个说法后我就让当时的市气象局长上延庆搞个调研。第一采采民风，听听民间关于雨有什么谚语，特别是8月份的。第二看看延庆的树上有没有侧开口的喜鹊窝。他们照了几张照片带回来，还真有。但气象局会商的结果，按中长期预报今年雨水要少于常年，也就是雨水少。春节过后，3月、4月较常年没有明显变化，一进入5月，雨水就开始见多。这时我又问气象局的会商结果，还是雨水偏少。进入6月份，雨越来越多了，明显高于常年。但会商的结论，还是今年降雨低于常年。实践证明，2008年降雨是多于常年的，为610毫米，常年590毫米，而近些年不足550毫米。

经过这段难忘的经历，使我产生了一些困惑，面对大自然的"天有不测风云"，为什么卫星、雷达的预测有时还没有谚语和喜鹊准确（尽管是偶然的）？这个问题我也向专家请教过，形成的共识是：喜鹊和人生活在同一个年代、同一个空间，它能生存下来，自有其道理。我们从小见到喜鹊，它就是这身羽毛，黑白相间。但是我们原来穿棉裤，现在穿毛衣、羊绒衫。穿上羽绒服出去和穿棉袄出去，对大自然的感知是不一样的。我们的条件越来越好了，但离自然也越来越远了。我们感知自然的能力不如喜鹊，它能够敏感地预测到今年雨多雨少，这是生存的需要、本能的反应。也可能恰恰是这种本能的反应，使它更能准确地感受到自然的变化，顺应自然的变化，这就是适者生存。

由此我就想，我们应该向谁学习？向书本学，向老师、同志们学都是对的，但我们还应该向大自然学习。进而又想，我们的老祖宗，早就总结出二十四节气了，提醒到时候穿什么、吃什么，什么时间播种和收获。昨天是大寒，是一年最冷的一天。即便现在气候变暖，这一天相对来说也是最冷的。两千多年前的先人们就总结出来了，不服不行啊。对二十四节气，上学时只会背但感知不深。后来从事农业农村工作，与节气的关联程度比较高，验证和收获越来越多，久而久之对二十四节气有了特殊的情感。这是我为什么要讲二十四节气的第一个原因。

第二个原因，是对社会现象的感触。现在社会上有种现象，那就是“珍贵的不珍惜、传统的不传承、自律的不自觉”，导致我们出现很多困惑和问题。

一是“珍贵的不珍惜”。人不吃粮食，极限是坚持 14 天；不喝水，最多坚持 7 天。那人要不呼吸呢？几分钟就不行了。我说这个是什么意思呢？你看粮食、水、空气，我们每天每时每分都离不了，但是我们往往不珍惜，浪费现象、污染行为时有发生。珍贵的不珍惜往往是为了今天、忘了明天，享受成果不计后果，欲望毁灭了希望。有一句话说得好：地球上的资源能够满足人类的需求，但满足不了每个人的欲望。

二是“传统的不传承”。中华民族有着优良传统、灿烂文化。我们党也有很多优良传统和作风，像“三大作风”“民主集中制”“群众路线”，总书记提出要不忘初心，就是要求全党继承我们党的优良传统和作风，不要忘记出发时的目的。如果说

“忘记了昨天，就意味着背叛”，那么忘记了传承意味着什么？众所周知，中医是中华民族的传统、中华文化的瑰宝，中华民族能够生生不息，中医功不可没。一根银针、一把草药，低成本治病，还可以有效防病。就是这个应该传承的传统，现在却是传了方子丢了魂。还是这味药，因为不地道怎会有疗效，以次充好，以假乱真，只求利不讲义，长此下去中医就要毁在中药上。这就是传统的不传承。

三是“自律的不自觉”。党纪、国法属于他律，他律的前提是自律，自律如果不自觉就要他律，就得让纪律、法律、规律等来规范、约束。经济社会发展如果违背了规律，终归要受到惩罚。片面地追求速度，为速度而速度，过度消耗自然资源和肆意破坏生态环境，超过资源环境承载能力，那么发展就不可持续。大家知道，北京市是个严重缺水的城市，中央决策南水北调，现在每年有 10 亿方长江水进京，压力有所缓解。但是最危险的时候，2004 年北京密云水库只有 6.4 亿方水，死库容是 4 亿方，当时可调出的水是 2 亿多方，怎么办？只有靠超采地下水来满足我们的生产生活。但长期超采地下水，最后是什么结果呢？地壳就要发生变化，地面沉降、地陷地裂等地质灾害将不期而至，后果不堪设想。这就是说，如果不自律，人们不约束和规范自己的行为，那么他律就会发挥作用。除纪律、法律外，大自然的规律也不会放过我们，现在的雾霾就是大自然给我们的警告。

怎样才能让生活更美好？从一定意义上讲就是要看我们能不能做到珍贵的珍惜、传统的传承、自律的自觉。这就更显出老祖宗的智慧，两千多年前，他们就总结出了二十四节气，告诉我们一定要顺应自然规律，顺应了，投入产出就合理，发展成本就低，不然就会事倍功半。基于以上原因，我对二十四节气就更加敬重，由此就有了郝振省同志提到的那次政协会上的发言。这是我跟大家汇报的第一点，为什么要讲二十四节气。

二、二十四节气告诉我们什么

“春雨惊春清谷天，夏满芒夏暑相连。秋处露秋寒霜降，冬雪雪冬小大寒。”28 个字说明了 12 个月，表述了 365 天，相传了 2000 年，这就是二十四节气。为什么这么精确？为什么这么精炼？因为它是大众的文化，是民族的智慧，是实践着的真理，不仅规范了我们的行为，而且启迪了我们的思想。二十四节气给我们的启示，挂一漏万地说，主要有三个方面：

1. 不可违背的自然规律

历史经验告诉我们，“二老”不能得罪，一是老百姓，一是老天爷。得罪老百姓违背民心，就会失去根基，站不住脚；得罪老天爷就是违背规律，一定会受到惩罚。

一是发展要讲节奏。二十四节气告诉我们，春生夏长秋收冬藏是自然的节奏，该发芽时发芽，该结果时结果，才有“春种一粒粟，秋收万颗籽”。这也启示我们发展要遵循规律、讲究节奏，不能急于求成，否则就会拔苗助长、竭泽而渔，出现不切实际的"大跃进"。这方面我们有很多教训，原因就是忘了客观规律。就我们的工作生活而言，也都得有节奏。为什么我们每周七天要工作五天、休息两天，为什么每天 24 小时要工作 8 个小时？其实我们的人体也一样讲究春生夏长秋收冬藏，比如夏天要多运动、多出汗，而冬天则要多休息、多睡眠，这是自然的造化、生命的规律，逆规律而行就会导致人体机能紊乱。现在很多人处于亚健康状态，就是不注意节奏。所以我们要学会劳逸结合，松紧有度。同样的道理，我们听的音乐也要讲节奏，好听的音乐就是节奏掌握得好，该高高、该低低，该舒缓舒缓、该激昂激昂，这样人听着就舒服。农耕文化是大自然中长出来的，用四季的变化教化我们，要按照节奏来调整身体、安排生活、统筹工作，这样才能张弛有度、保持活力。

二是发展要讲成本。农谚讲：谷雨前后，种瓜点豆。说的是谷雨节气前后一般会降雨，土壤湿润，气候回暖，种豆育秧正是时候，一旦错过，费时费力，事倍功半。改革发展也如此，要学会依时而动，所谓天时地利人和，讲的是时机，核心是成本。我们的老祖宗很聪明，通过观察、总结自然规律，告诉我们什么时候播种合适。比如，北京种麦子是白露早寒露迟、秋分正当时，就这季节最好。过了这季节，要么多撒种子，要么多施肥，不但成本高，苗情还不好控制。我最近看到一个资料，介绍人 O 型腿是怎么产生的。原因就是小孩发育的时候，不良姿势和不良用力习惯造成关节的肌肉受力失衡，导致脚弓病，脚背出了问题，结果影响到腿型。6 岁以前这病很好治，只要垫个鞋垫，脚弓慢慢就会平缓下来，腿自然慢慢也就直了。如果过了6岁，到12岁再治，就得动手术矫正，那成本就高了。所以说很多事情，都是把握时机的问题，都有一个成本的问题，都有一个求最小公倍数的问题。

三是发展要讲循环。农耕文化强调种植与养殖互补、生产与生活互动，体现的是循环，验证的是法则。过去农耕文化，我们养猪，它是养殖业，猪粪可以肥田，它跟种植业联动起来了。种植业中的玉米秸秆，粉碎以后又可以当饲料喂猪，这就是一种循环。这种循环，实质上就是资源最大化利用，能够可持续发展。我们现在烧天然气、烧煤，烧的是不可再生的能源，用一方少一方、用一吨少一吨。我们应该借鉴农耕文化的循环理念，积极探索可持续发展的最佳方式，更多地利用生物能、太阳能、风能等可再生的能源。

2. 不容忽视的“第三只手”

二十四节气讲的是天，说的是地，记录的是自然。古人依二十四节气安排生产生活，实质就是主观适应客观的过程。工业文明后，人类认识和改造自然的能力大大增强，特别是在市场经济中，学会了运用“有形”“无形”两只手。我们都知道，政府是有形的手，市场是无形的手，在经济社会发展中，这“两只手”都必不可少。党的十八届三中全会特别强调，要充分发挥市场在资源配置过程中的决定作用，同时更好地发挥政府的作用，这个定位是非常准确的。如果从可持续的角度看，只凭政府和市场“两只手”是不够的，要想可持续，还须注意到“第三只手”——大自然之手。这只手，它决定不了 GDP 增长的速度，但它可以控制 GDP 增长的长度。一旦把我们的资源用完，GDP 就没有增长的空间了，因为容量决定总量。做事要有敬畏之心，因为有敬畏之心，先人们总结出了二十四节气，它规范了我们的生产生活方式，减少了不必要的成本。我们往往一取得胜利就容易产生人定胜天的想法，人定胜天是个气概，它不是道理。我们可以展示雄心壮志，但做事情要顺应自然，就是要遵循规律，这是道理。

如果只是有形的手、无形的手在发挥作用，而忽略了“第三只手”，不珍惜生态、不保护环境，最终将自食其果、受到惩罚。因为忽视了“第三只手”，大自然已亮起了红灯：目前全球 50% 的江河流量减少或被严重污染，每年有 3 亿亩土地退化不能生长谷物。我国也是如此，水土流失面积已达 356 万平方公里，20.8 万公里重要河段的水质五类及以下占两成……正因为这种忽视，今天大自然用雾霾给我们敲响了警钟，再熟视无睹，明天的警钟会是什么呢？

人类学会用前两只手，不过就 200 多年的历史。而我们的老祖宗两千多年前就总结出了二十四节气，告诉我们第三只手的存在。第三只手不管你承认不承认、遵循不遵循，它都在发挥着作用。大自然给我们的福利是普惠的，如阳光，但我们熟视无睹，认为开空调是福利，大白天待在屋里，拉上窗帘，宁可开灯也不让阳光进来，和规模鸡场养鸡一样，长此以往，内分泌紊乱，病就来了。正所谓：没有时间去锻炼，就有时间去医院。

我们在工作中要明白，小道理要服从大道理。2014 年 2 月 26 日习近平总书记在北京视察的时候，提出京津冀协同发展战略。落实好这一国家战略，要适应三地是同一个生态系统的客观规律，让小道理服从大道理。京津冀地区 20 多万平方公里，是山水相连的生态共同体，北京五大水系中有四大水系的水源在河北，河北如果把水源污染或是截断，北京生存很难。京津冀同属一个自然流域，但这 20 多万平方公里被划为三个行政区，即北京市、天津市、河北省，这是行政区划把自然流域隔开了，在生产生活中就带来很多不便或者是矛盾。京津冀协同发展就是要小道理服从大道理，行政区划服从自然流域，让流域的资源和要素合理配置、充分利用，实现 1+1+1 ＞ 3 的效果。

3. 不能丢掉的民族精神

一个民族没有科技一打就垮，没有精神不打自垮。中华民族能够生生不息，最重要的是我们的民族精神。二十四节气总结的是自然规律，展示的是民族精神。

一是不屈不挠的探索精神。农耕时代靠天吃饭，就要掌握气象，顺应气候，在工具极为有限的条件下，靠双脚追踪候鸟，凭双眼观察作物，困难重重，但先人们百折不挠，一代一代地反复观察、完善，甚至试错，终于总结出了天地呼应、人物相宜、时空顺畅的二十四节气，这就体现了中华民族的这种不屈不挠的精神。可以说，在生产力条件、环境条件极为有限的情况下，能够总结出这么一个规律，实为不易。中华民族之所以能够长久地屹立于世界民族之林，我觉得与这种不屈不挠的精神是分不开的，这是我们民族的基因，要发扬好、传承好。

二是精益求精的科学精神。二十四节气“每月两节不变更，最多相差一两天”。如果联想到大数据，可以自豪地说，二十四节气堪称鼻祖。当我们把大数据作为决策参考的时候，二十四节气已能预测未来了。我们每个人都切身感受到，立春一近，天气转暖；秋分一过，白天变短；冬至一到，昼夜时间逐渐相反，谁掌握了二十四节气，谁就可以“草船借箭”，这不是算命，也不是演义，这是精益求精的结果。我们的先人在那样的条件下就观察、总结出这么科学、准确的二十四节气，充分体现了精益求精的科学精神。现在我们讲要培育和弘扬工匠精神，如果我们的企业精益求精，产品质量过硬，谁还上日本买马桶盖去？就是因为我们不精益求精，所以我们的产品得不到消费者认可。工艺上不精益求精，实质上是对资源的浪费。

三是功成不必在我的奉献精神。我们不知道二十四节气是谁最后总结的，只知道它是一代又一代人的智慧结晶，而这也体现了中华民族的优良品格，那就是功成不必在我。总书记也多次强调要有功成不必在我的胸襟气度和思想境界。功成不必在我，其实讲的是“小我”跟“大我”的辩证关系，就是为了“大我”牺牲“小我”。世界上有一种蚂蚁叫做行军蚁，它们没有固定的巢穴，而是一生不断地迁移奔袭，如果遇到大河阻挡时，整个蚁群会把蚁后围在中间，形成一个很大的球，然后随波逐流，组成最外围也就是“球的表皮”的蚂蚁会被水淹死，但是更多的、在中心的蚂蚁活了下来。蚂蚁尚且如此，我们更应该传承这种为了“大我”牺牲“小我”的奉献精神。

三、二十四节气给我们什么启示

习近平总书记在2016年“七一”讲话中特别讲到：“文化自信，是更基础、更广泛、更深厚的自信。在5000多年文明发展中孕育的中华优秀传统文化，在党和人民伟大斗争中孕育的革命文化和社会主义先进文化，积淀着中华民族最深层的精神追求，代表着中华民族独特的精神标识。我们要弘扬社会主义核心价值观，弘扬以爱国主义为核心的民族精神和以改革创新为核心的时代精神，不断增强全党全国各族人民的精神力量。”

这段话说得非常精辟，结合学习习总书记的重要讲话精神，我体会，二十四节气给我们最大的启示就是要坚定文化自信。我们不能妄自菲薄，四大文明古国中只有我们的文明史没有间断，而且现在成为了世界第二大经济体，其中一个重要原因就是有我们民族的传统文化作为重要支撑。说到文化自信，有几点浅显认识：

1. 自信就是要学会珍惜

珍惜就要保护好我们民族的文化遗产。文化遗产是不可再生的珍贵资源，我们要保护好、利用好，使其焕发生机活力、保持永恒魅力。

珍惜就要合理利用好文化遗产。我们不能为保护而保护，要充分挖掘文化遗产的内涵和价值，合理利用，统筹规划，使文化遗产不断增值，产生更大社会效益。特别是对于风景名胜资源的保护利用，要积极探索与旅游业相融合的路子。这是因为随着社会经济的快速发展和人们生活水平的不断提高，旅游越来越成为人们生活的一项基本需求。尤其是大家都有私家车以后，活动半径增大，旅游的需求越来越大。所以要把文化保护利用植入到旅游产业中。北京的长城，是中外游客来京旅游的必去之处。北京有若干段长城，以前大家去得比较多的是延庆的八达岭和怀柔的慕田峪，但是最近两年，因为古北水镇建成，密云的司马台长城从默默无闻逐渐走进大家的视野，成为市民休闲度假的好去处。古北水镇借势而建，依托古北口镇有山、有水、有长城的区位优势，把山、水、城有机结合起来，突出“长城观光、北方水乡”的核心卖点，通过合理开发，实现了长城保护与旅游开发之间的良性循环和共同发展。

珍惜就要学习借鉴好文化遗产。故宫至今已有六百年，为什么还能风雨如磐？这是因为故宫从规划、设计到施工都非常精巧，符合规律，十分科学。北京航拍一看，最漂亮的还是中轴线的紫禁城，后来的建筑就没有它那么恢弘的格局，这不值得学习借鉴吗？还有，现在一下暴雨，大城市就可以“看海”，但是故宫什么时候被水泡了？故宫有一套设计完整的排水方案，建有纵横交错的明沟暗渠，而且依地势，中高边低、北高南低，雨水可以很快流走，无论多大的雨，在故宫内也不会发生积水现象。我们保护故宫，不是简单地为保护而保护，而是应该学习先人的智慧，古为今用，为今天我们的城市规划设计提供借鉴。

都江堰至今已建成2300多年了，成都平原依旧靠它灌溉、排涝，为什么？因为这项工程体现了哲学、注入了文化。正如余秋雨所说，“都江堰是解读中华文明的钥匙，都江堰水利工程蕴含着闪光的古代哲学思想”。而清朝人吴涛则将都江堰所遵循的哲学思想精辟概括为“乘时利导、因时制宜”。李冰父子在组织修建都江堰时，充分利用当地特殊的地形、水脉、水势，因势利导、变害为利，懂得人跟水怎么相处，知道人给水出路、水给人让路，体现了人水和谐、天人合一、道法自然的理念和思想。都江堰的“六字决”叫“深淘滩，低作堰”，“治水八字格言”即“遇弯截角，逢正抽心”以及“急流缓受，不与水敌”，这些治水诀窍，对于我们今天修建水利工程都很有借鉴价值。

珍惜就要宣传好文化遗产。我们要用好文化遗产这本丰富、宝贵的教科书，将文化基因植入到学习生活工作的方方面面，通过多种形式宣传介绍文化遗产和保护知识，使公众更多地了解文化遗产的丰富内涵。特别是要将优秀文化遗产内容和文化遗产保护知识纳入教学计划、编入教材，让孩子从小受传统文化的熏陶。这一点我们现在做得还很不够。健身方法、防灾减灾知识，这是一辈子离不开的，却被忽视。其实古代讲的“礼、乐、射、御、书、数”，就包括舞蹈、射箭、驾车等体育项目，现在因为应试教育，我们的体育教育严重缺失。如果孩子们从小养成健身的习惯，身体强壮，承受能力强，能为社会做出更大的贡献。体育、体育，重点是育。我们应该引导孩子们通过参加体育活动，培养团队精神，知道进取，有规则意识，这对于他们将来走向社会十分有益。

2. 自信就要学会传承

传承是一种扬弃，就是要客观、辩证地看待传统文化，真正传承好那些给予中华民族力量、代表正能量的先进文化。

传承需要结合实践。传统文化只有融入生产生活中，才会更有生命力。比如，中华民族的“和合文化”，强调和谐与合作，却又“和而不同”。就像人的五根手指，虽然长短粗细各不相同，但是在做事情中都各有所长，谁也不能替代谁，只有团结起来共同协作才能发挥最大的作用。在实践中，我们的统一战线理论就是以和合文化为基础，强调要正确处理一致性和多样性的关系，在坚持并增进政治共识的基础上，以应有的胸怀对待不同党派、民族、阶层、宗教信仰者以及不同社会制度下的广大成员，从而实现“和而不同”基础上的大团结大联合。可以说，统一战线最能体现和而不同，很好地实践了“和合文化”，是马克思主义与中华传统文化相结合的成功典范。又比如说，社会主义核心价值观，24 个字，非常精炼、准确，但在落实当中，可以考虑从传统文化角度区分层次，把它更具体化一些，针对不同人群提出不同的要求和标准。比如针对普通公民，倡导大家做到“己所不欲、勿施于人”；针对共产党员，要求做到"国家兴亡、匹夫有责"，关键时候站得出来，冲得上去；针对党员领导干部，要求做到"先天下之忧而忧，后天下之乐而乐"，为党分忧、为民解难，用好手中的权力。

传承需要工匠精神。传承不是一件容易的事，需要工匠精神。二十四节气本身就是工匠精神的结晶，传承好二十四节气等传统文化同样需要工匠精神。工匠精神要求我们耐得住寂寞、守得住定力，平心静气、专心致志地做事，以可能达到的最高标准做好每一件事。同仁堂创立至今300多年，一直秉承"炮制虽繁必不敢省人工、品味虽贵必不敢减物力"的理念，精益求精做好每一味药，将工匠精神发挥到了极致，因此才经久不衰、享誉中外。

传承需要与时俱进。传承不是复制，而是传神，要找准传统文化的根和魂，延续传统文化的优秀基因，激活传统文化的时代价值。2014年APEC欢迎晚宴上，各经济体领导人所穿的特色中式服装让人眼前一亮，印象深刻。这款服装，对传统文化符号不是简单拿来，不是机械复古，而是兼顾传统和现代两种元素，在挖掘传统文化内涵的基础上进行了现代的设计创作，无论是款式还是面料、设计，都别具一格。所以说，传统文化想永续发展，传承是根本，创新则是出路，创新是最好的传承。

3. 自信就要学会自觉

自信不是盲目的自信，而是要在自觉上自信。自觉是承认差距，激励自己。知道了我们的真实情况，才能够激励我们奋发图强。比如在新中国成立之初，我们一穷二白，但是我们奋发图强地去改变落后、缩小差距。我们卧薪尝胆，打造杀手锏，赢得发展机会。最困难的时候，老一辈革命家提出了“两弹一星”战略。有了“两弹一星”，我们赢得了几十年的发展环境，才能缩小差距。我们的改革成果、我们现在的国力，都是这种奋发图强的结果。我认为这都是我们承认了差距的自信的体现，是“在自觉上自信”。

自觉是一种反省，要反省自己、反省他人、反省昨天、反省今天，最大可能地正确认识世界。只有这样才能立足现在，把握未来，这就是建立在自觉上的文化自信，因为这种自信来自于五千年的积淀，也来自于东西方文化的比较。

二十四节气使我们感受到五千年文化积淀带给我们的自信，通过近百年来特别是近60多年来东西方文化的比较，我们更能认识到，中国特色社会主义道路是中华民族的历史选择。我们选择了中国共产党领导，选择了中国特色社会主义制度，包括人民代表大会制度这一根本政治制度，政治协商、民族区域自治和基层群众自治等基本政治制度，包括既有党委、又有政府、还有群团组织的政治设计，都是基于我们国家的现实所确定的，实践证明这种选择是正确的，是符合我们国情的。建国以来的社会主义建设实践，近30多年的改革开放实践，我们从原来的一穷二白到现在成为世界第二大经济体，已经证明我们的制度、道路、理论是正确的，所以我们要自信。自信来自于正确，正确来自于自觉的反省。

我今天就汇报到这儿，谢谢大家！

郝振省：同志们，我现在对牛有成同志的演讲做一个简单的梳理。

第一点，牛有成同志讲到了农耕时代，我们的先人在靠天吃饭、工具极为有限的情况下，靠着双脚来追踪候鸟，凭着双眼来观察作物，虽然困难重重，但是我们的先人不屈不挠，一代又一代地反复观察、记录、使用、完善，当然也有研究在里边，终于总结出了具有大数据特点的二十四节气。

两千多年前二十四节气就基本完成了，到两千多年以后，我们还在使用二十四节气。这既说明中华民族源远流长、绵延不绝，又说明我们先辈的智慧经得起时间的考验，这是我们民族的骄傲。国际上把二十四节气称为“中华民族第五大发明”，不是没有道理的。

第二点，二十四节气的伟大创造与发明，显示了自然规律的不可抗拒性、可以利用性。牛有成同志讲到，春种与秋收、夏长与冬藏的关系，讲到了因时而动，事半功倍的道理，讲到了喜鹊窝中所包含的科学原理。

二十四节气实际上蕴含着我们与自然亲近、向自然靠近的一种很深刻又很简朴的道理。牛有成同志还讲到了急于求成、拔苗助长的教训，讲到了“第三只手”的问题，这使我们想到了恩格斯的一个深刻的教诲，他说当人们为征服了自然界而欢呼雀跃的时候，自然界正准备向人们报复。所以，我们要有科学技术，还要有生态文明情怀。

第三，牛有成同志讲到不能丢掉民族精神。指出二十四节气里面有文化自信启示，建议我们系统地挖掘传统文化在各个方面的价值。

二十四节气非遗的申报成功，说明中华民族独有的农耕文化被世界关注，得到尊重。农耕文化博大精深，从这个角度来看，可不可以这样讲，二十四节气，既是中华优秀传统文化的重要组成部分，又是推动优秀传统文化继续发扬光大的重要力量；既是文化自信的重要材料和营养，又需要在文化自信的指引下，进一步地发掘和拓展，以服务于民族振兴的伟业。

同志们，牛有成同志以他长期在北京市领导农村工作的经验和体验，以及理论的思考，用特有的主题、睿智的表达方式，为我们上了一堂生动的科技发展课、自然规律课和农耕文化课，让我们再次以热烈的掌声感谢他的精彩演讲。

（本文根据牛有成 2017 年 1 月 21 日在中央和国家机关“强素质·作表率”读书活动 2017 年第 1 期主题讲坛上的讲座内容整理）

主讲人：庄惟敏

庄惟敏，现任清华大学建筑学院院长、教授、博士生导师，清华大学建筑设计研究院院长、总建筑师；清华大学第十届（2014–2019 年）学术委员会委员。2012 年获中国建筑学会建筑教育奖，2012 年获当代中国百名建筑师称号。国际建协（UIA）理事，国际建协职业实践委员会（UIA–PPC）联席主席，APEC 建筑师中央理事会秘书长，中国建筑学会副理事长。著有《建筑策划导论》《国际建协建筑师职业实践政策推荐导则》等专著，已发表学术论文一百余篇。曾主持 2008 年奥运会国家射击馆、飞碟靶场和柔道跆拳道馆，国家会展中心等重大工程的设计工作。设计作品多次获国际、国家金银铜奖及省部级优秀设计奖、学会建筑创作金银奖。

城市·建筑·传统·现代

城市·建筑·传统·现代

郝振省：同志们，朋友们，大家上午好！今天是2017年第2期，总排序第94期中央和国家机关“强素质·作表率”读书活动主题讲坛，今天我们邀请到清华大学建筑学院院长、清华大学建筑设计研究院院长庄惟敏教授，大家欢迎他。

今天国家新闻出版广电总局及相关部委的领导同志仍然和同志们一道来聆听庄惟敏教授的主题演讲。

在庄教授开始演讲之前，我给同志们讲一下设计这次主题讲坛活动的两点考虑：

第一，去年中国美术学院曹意强教授讲“审美方法论”的时候，曾讲到上海外滩令中外游客流连忘返的现象，之后一些同志就提出来，能不能讲一讲建筑美学，从专业角度讲一讲建筑艺术和建筑规划等问题。读书活动办公室也认同这个建议。正是古今中外的建筑物，构成了我们今天的人文景观。而且这其中渗入的科学设计元素与艺术设计元素越多，在今天被人们观赏的价值就越丰厚。从某种意义上来讲，观察建筑物、研究建筑物几乎是我们追溯历史的一把钥匙。

第二，今天我们的国家、城市在飞速发展，比如北京，从二环到三环、四环、五环、六环，未来有没有七环呢？而乡村也在不断地向城市看齐，或者说向城镇靠拢。城镇化的浪潮正在迅猛地裹挟着我们向前奔去。在这种情况下，建筑学的知识、建筑美学的元素，包括建筑的规划，是我们不得不面对和需要掌握的一门重要知识。

基于这些考虑，我们就有了更好的理由、更强的愿望来欢迎庄惟敏教授给我们开讲。

各位领导、各位同志，非常荣幸今天能够在这儿跟大家交流。但是，讲建筑、讲城市，还是第一次跟中央和国家机关的朋友们面对面，在这两个小时之内，我想讲的东西很多，怎么个讲法呢？着重地梳理了一下，突出重点吧。

一、早期古典建筑、近现代建筑、当代外国建筑师在中国的实践

刚才说到了建筑的审美、城市的审美，实际上是我们当今社会中一个非常关键的问题，我国人均 GDP 超过 3500 美金以后，大家不再更多地关注，或者说更多的注意力不在吃饱、穿暖、医疗上了，而是放在了人居环境方面。我不知道大家有没有感觉，在全球范围内，最愿意对自己的人居环境关注、评价、

参与讨论，甚至给建筑起绰号的人在中国大有人在。

比如北京，我们都知道的“鸟巢”“水立方”，这些都是老百姓给起的绰号。这说明大家越来越关注建筑，关注人居环境。为什么老百姓这么愿意给我们的建筑起绰号呢？原因之一就是他们以自己的大众审美在评判着建筑，换句话说，诸位，你们肩负着这样的一个任务。

2014 年 9 月 16 日，习总书记发表了一篇讲话，后来被民间解读成反对“奇奇怪怪”，其实“奇奇怪怪”这个词不是从习总书记嘴里讲出来的，但是最后向老百姓解释时被说成了这样。我个人理解，习总书记讲的问题关键一点是，我们要提高全民族的建筑文化觉悟，或者说建筑文化的一个审美高度。

大家出国工作或考察时，比如说住在一位朋友的家里面，那么这位朋友无论是退休的老人，还是在工作的中年人，他们都会如数家珍一般给你介绍他们家，说我的家怎么美、怎么有建筑艺术，这个院子怎么好、房子怎么好，甚至于还把家里收藏的古董拿出来，甚至给你讲讲这个建筑的历史。而我们对建筑的表达基本上都是以一种“起绰号”的方式，用一种非常形象的比喻来表达我们对建筑的理解。不能说这不对，因为我们今天的大众审美无疑也代表着我们现代的文化趋向。所以建筑师有时候就变得非常局促，他一方面设计建筑，希望在自己的专业层面有所追求，但另外一方面，他确确实实又怕被大众的审美裹挟着出问题。

讲到这儿，有必要讲一点历史，历史很长不能讲那么多，西方这一支历史从两河流域发源，一直延续到后来的古埃及、古罗马等等，我们就找几个节点。

我们出国考察、出国旅游，到欧洲，看得最多的是教堂，世界最著名的教堂遍布欧洲各个地方，雕梁画栋，非常精美。最美的雕刻、最美的绘画都在教堂里，最高的艺术、最高的建筑艺术也在教堂里。

在西方，教堂一盖就是上百年，甚至还有超过三百年还在盖的教堂，如西班牙加泰罗尼亚巴塞罗那的圣家族大教堂，由西班牙著名建筑师安东尼奥·高迪主持工程，直到现在还在不断地修建。当然世界上体量最大的教堂是罗马的圣彼得大教堂。

罗马人自从发现了混凝土之后，他们可以建造大跨度建筑，于是穹顶就出现了、大渡槽就出现了。

中世纪城市里边基本上除了教堂就是民居。在教堂里面既可以教学、宣道、授业，也可以医治创伤，从你的肉体创伤到你的精神创伤，各种各样的事情都可以在教堂里解决，教堂俨然变成了一个上帝惠及平民百姓的场所。但大家不要忘记在那个时候教堂就是一种象征，一种统治的象征、一种奴役的象征，所以政教合一就是中世纪最重要的特征。中世纪的统治者将政治、宗教融为一体，通过建筑这样一种手段，做成压在人们头上的大山，把建筑变成一种统治权力的象征，建筑在那个时候是一种精神。所以大家到教堂里会觉得自己是那么渺小。你到圣彼得大教堂，进去以后你觉得空间大得不得了，其中的雕梁画栋，那么精美的画你都想象不到，高大的空间甚至你在里面说一句话都听不清。建筑的营造，原本就不是为人的，它是为神的，为神永远统治人类而造。这是中世纪在建筑层面最重要的一个特征。

上世纪20年代，出现了四个人：美国人F.莱特和密斯·凡·德罗，法国人勒·柯布西耶，德国人瓦尔特·格罗皮乌斯。说到德国的格罗皮乌斯，会想到包豪斯，包豪斯是上个世纪二三十年代开始有的一个学派。后来慢慢发展起来，包豪斯就变成了一个代名词，艺术、技术、工艺、人文相结合的代名词，我们今天说的包豪斯，一说家居有包豪斯的味道，建筑有包豪斯的风格，指的就是这个。今天包豪斯在德国非常受尊崇，大家去德国的话要去看一下包豪斯总部。

这四位都是建筑师，提出了几个口号，第一个口号是“建筑是居住的机器”。工业革命带来了机器，机器的制造和发生、发展，是对人类的大贡献。人类发明机器、制造机器，让机器为人类做工。事实上，机器是被人操纵的，他们提出“建筑是居住的机器”，无疑是把建筑作为人们生活、工作的工具，而不是压在人们头上的大山，这一句话石破天惊，向古典主义宣战。

第二句口号是“形式追随功能”，为什么要形式追随功能？教室要像教室的样子，医院要像医院的样子，别都盖成教堂，别都盖成穹顶。比如开会的会场，你就要有六面体，方方正正，下面有座位、上面有讲台，而且还要开窗，形式一定要符合功能。我们今天说的学校要像个学校的样子、医院要像个医院的样子、住宅要像个住宅的样子，如果把这些东西一股脑儿都盖成教堂，就没有办法很好地使用。

第三句话叫“少就是多”。第四句话叫“装饰就是罪恶”。古希腊的柱子不是直上直下一根木头，是石头拼起来的。上面有一点收紧、中间鼓个肚，这两条线非常漂亮有弹性，很像古希腊的人体，当然，它在结构设计上也有意义，重心往下偏，比较厚重。到古罗马时期经济高度发展了，铁器出现了，可以开凿、雕刻。于是古罗马人开始在柱子身上刻槽，很美；不仅这样，还在柱子上面雕了两个“小耳朵”，还在上面雕一点像花瓣、叶子似的东西，我们叫“芹菜叶”。但这“耳朵”对结构没任何意义。所以这些东西多半都是一种奢侈，代表一种艺术的品格，代表一种艺术的积累，跟受力没关，所以说装饰就是浪费，浪费就是罪恶。

当然这个柱头后来凝练成西方最重要的建筑成就之一。西方现在有五个柱式，从最早的古希腊、到最后的古罗马，这个柱头是最华丽的柱头，叫科林斯柱式，非常漂亮，我们学美术的人知道，在画素描的时候就会画到这种建筑。古希腊、古罗马带有非常多装饰性的特征，事实上它和结构受力无关。四位大师向古典主义宣战了，这个时候所呈现出来的建筑、所呈现出来的外观完完全全和古典主义不一样，就是后来我们说的“玻璃盒子”。我们把这个时候的理论、说教、观点、作品叫“现代主义”。

现代主义在建筑界表现出来，对城市是有影响的，它和古典主义是截然不同的。在文学、艺术、电影、音乐、绘画等领域现代主义都有影响，大家可以去看一看，找一找。

一个方方正正的房子，我们说是现代主义的作品，你说这房子真“丑”，不仅仅你说“丑”，有相当一批人都说丑，很多人就把它怪罪于现代主义，说现代主义强调的是一种机器、一种功能，强调的是一种效益，动不动你就要讲逻辑，以人为核心是人要操纵机器，但这东西没文化，它显得那样的粗鄙、那样的简陋。那我需要怎么做呢？说我们希望在这上面有一点特征，一画你就知道了，又把这个柱头画出来了。在这样一个方方正正的建筑里面，画上一点古典主义的符号——将古典主义的东西抽象出来变形，变成一种符号，贴在现代主义的“方盒子”上。这批人认为反对现代主义但不能复古到古典主义。一定要向现代主义宣战，因为现代主义没有文化，现代主义是文化的沙漠，但可以用这样一种古典主义的符号来调侃现代主义、批判现代主义。这成了一个时代特征，叫“后现代主义”。后现代主义不仅建筑有，音乐、美术、文学都有。中国受“后现代主义”影响很少，但到西方去看，能够看到很多类似这样的建筑。

再往后发展，基本上是展现了各种各样的建筑风貌，已经总结不出什么流派了，因为多元化了，就是我们说的多元价值观，在今天呈现出来，变成当今社会最重要的一个特征。

二、中国式的建筑狂欢

很多人都知道《TIME》(《时代周刊》)，邓小平同志曾经上过这个杂志的封面。大家知道上《时代周刊》封面，也是要有说法的。1992 年邓小平同志南巡，当时《时代周刊》把他作为封面人物，为什么？就是拥有 13 亿人口的大国要揭开城市建设新篇章，全世界瞩目。从这个角度来讲，这件事非常重要，所以《时代周刊》把他作为封面人物。但《时代周刊》在做广告的时候，旁边加了一句话，叫“It is a good time”，邓小平同志说的是“我们赶上了最好的时代”。我们开始了城镇化建设的新篇章，从珠三角开始，中国的城镇化建设打开了。后来又继续开发长三角；再后来是京津冀、大北京；现在是全面城镇化建设，就走到了今天这个局面。但是情况并不像我们想象的这么乐观。

香港的铜锣湾曾经是一个让我们很纠结的地方，它融合了最发达的城市建设，也融合了最底层的棚户区，它既有现代的西方文化，又有传统的中国文化，是传统与现代相碰撞、相融合的地方，我在这里面用了两个词：一个叫“复杂性”，一个叫“矛盾性”。为了解释这个词，我引用狄更斯一首诗，这首诗很多人都读过，翻译成中文是：“这是一个最好的时代，这是一个最坏的时代，这是一个理智的时代，这是一个愚蠢的时代，这是一个相信的时代，这是一个怀疑的时代，这是一个光明的季节，这是一个黑暗的季节，这是一个希望的春天，这是一个失望的冬天，我们从前人能得到一切，我们从前人得不到任何。”

狄更斯的这段话用在我们今天的城镇建设上特别贴切。我们今天的城镇建设就是这样一种复杂的，没有前车可鉴，但是又有创造性的矛盾体。显然，我们今天会遇到各种各样的矛盾，城市的建设非常复杂，它既带有功能的特征，又带有民生的这种理性推理的特征，同时它还带有非常深厚的文化特征。

现在我国从南到北、从东到西，上千座城市都差不多，后来归纳出一句话叫“千城一面”。传统城市正因为有着很强的内部认同性，才具有外部认同性，认同这个词就是所谓标志性问题，就是大家所说的可以识别的问题。城市特色、地域特色变成了城市最重要的一块，如果我们把这一块放弃掉、忽略掉，一味地去追求我们认为的所谓现代化的复制，这里面的问题是相当大的。

欧洲的很多城市，今天看起来，仍旧给我们很强的震撼力，不是在于它有多么新的玻璃幕墙，而是它在一个城市空间里面承载着悠久的历史，在这样一个空间里面，你可以读到几百年前的古典建筑，你也可以读到当下最新的、最时尚的建筑，这里面讲述着人类社会的发展、城市的变迁。例如意大利的佛罗伦萨、匈牙利的布达佩斯、瑞士的伯尔尼、法国的巴黎。

拿破仑三世在位时，下令让一个官员去做巴黎规划，巴黎的规划是一次规划而成，巴黎的建设一直被认为是今天城市建设的一个最重要的奇迹和典范。巴黎的规划发展到今天，你仍旧能够从中解读出历史的变迁和发展。二战以后，德国科隆整个城市被毁了，科隆大教堂成了一片废墟。德国人干的第一件事，是恢复科隆大教堂，大家现在可以看到恢复后的科降大教堂。尽管它是复建，但是今天我们再到科隆去，无疑是因为这个标志性建筑把你拉回到科隆城市发展的历史当中去。德国人的这个做法在很多西方城市里同样在做，只不过我们今天往往把它忽略掉了。

从古至今，东方的统治者往往习惯于摧毁前人的建筑，例如项羽“火烧阿房宫”。但亚洲别的国家比如说日本、韩国，很多城市对古文化的保护、对古建筑的保护要比我们好。当然今天我们对文物的保护也开始“一票否决”了，中央越来越重视这件事。我认为文物保护不能仅仅停留在保护几处古迹这样的一个高度，而应该上升到文化传承、延续的高度。

紫禁城现在已经进入到第二个六百年了。在紫禁城外侧，曾经叫关厢这一带，实际上是那些衙役、小官僚住的地方，它构成老北京特有的机理——里坊制。里坊制最著名的城市是北京和西安，城市形成一个传统的四合院格局，四合院就变成北京特有的文化。当然，不仅仅是北京，北方很多地区都是这样。四合院很早就申请了世界文化遗产。

梁思成和林徽因二位先生，上世纪 20 年代回到中国，在东北大学开创了中国第一个建筑系，后来抗战开始，他们又回到美国继续深造。1946 年回来创办清华大学建筑系。他们走过了中国几乎所有的重要庙宇、亭台建筑，到今天为止，那些古建筑都是世界上不可多得也不可复制的文化宝藏。梁思成先生所著的《中国古代建筑史》就是中国建筑理论的基础。大家知道有一个词叫“梁陈方案”，“梁”就是梁思成，“陈”是陈占祥，一个从美国，一个从英国归来，他们一起向中央提出来一个方案。就是将北京的行政中心搬到城市的西侧，而将老北京城原封不动地保留下来，因为老北京城在世界上没有第二座，它是世界文化的瑰宝，是我们人类的财富。但“梁陈方案”被否掉了，现在六七十年过去了，在北京东部要建城市副中心。

我们看看美国纽约曼哈顿、布鲁克林地区，布鲁克林大桥和自由女神像就在这里，早期的欧洲移民去美国的时候，坐船看到自由女神像就知道美洲大陆到了。当初开发曼哈顿的时候，曼哈顿就像一张白纸，该怎么做？第一是修路，这路间距都一样，从下到上，从南到北。横着画，东西向叫“街”，南北向叫“大道”。这网格就打出来了。百老汇大道把曼哈顿分成“东曼哈顿”和“西曼哈顿”，但是有意思的事情出现了，东西向的“街”，一、三、五、七、九,二、四、六、八、十，方向不一样，单数的街往东，双数的街往西，都是单行线，这就使汽车能很方便地沿着街区转弯。纽约一个街区大小约为 60 米乘以 100 米，而北京市里很多街区间的距离在 500 米左右，这么大的街区，怎么转弯？纽约除了铁路和公路之外，没有立交桥。但纽约有 700 多万辆车，它的效率一点都不低。

有人问，美国人为什么一开始就以 60 米和 100 米的间距划格呢？他们完全是从市场开发出发的。一个地段要想把地卖出去，想让人开发，一定要让它的商业价值最大化。也就是说，我在这块地里面盖的房子都要临街，要想一块地里面的房子都临街，那这块地就不能太大。所以，他们盖的房子多半都是中间是庭院，房子在周边建，所有的房子全临街，通过过街楼，进入内院。所以他们的街区低层全部是商业，有书店、有咖啡店、有酒吧，甚至于还有博物馆、画廊。前一阵政府说了我们要把小区打开，而美国的小区就没有封闭过。我们是把那么大一块地卖给开发商了，许多楼盖在中间，所以城市的形态就完全不一样。

我讲这件事，主要是想说城市的机理。大家可以看到，北京城和纽约曼哈顿有一个重大的差异。北京城中间是一个紫禁城不能穿越，我们南北向的路穿越起来非常困难，东西向虽然有个长安街，但是也非常难以穿越，在这样一个大格局下，你不把主要的城市功能中心迁走，还等什么呢？

巴黎在大家的印象中是很美的，因为有埃菲尔铁塔、卢浮宫、凯旋门，沿着香榭丽舍大道，可以从历史一直走到现代，它的现代的顶端就是拉德芳斯大门，穿过拉德芳斯大门就是大学区，面向全新的、新世纪的欧洲，这是香榭丽舍大道的这条轴线。但是除了这几个重要的标志性建筑之外，别的建筑给你们留下印象了吗？没有印象。为什么？因为沿着香榭丽舍大道旁边的建筑，都隐退到后面去了，他们的高度差不多，色彩差不多，外立面差不多，我们把这样的建筑叫做“城市背景”。一个城市必须要有“背景”，这就是我们今天所说的“图底关系”，从美学的关系来说，“图”和“底”是一对矛盾，有“底”才有“图”，没有“底”全是“图”就完了。现在的长安街就全部是“图”，没有“底”。所有的沿街建筑，都希望变成标志性建筑。建筑师没办法，只能每一栋建筑都设计得跟别人不一样，每一栋建筑都不追求协调，每一栋建筑都想突出出来，变成“图”而不愿意变成“底”，于是这条街就毁了。现在的长安街把那么多优秀的建筑摆在一起，它们就变得不那么优秀了。所以找到城市里边的“认同点”是很重要的。

当我们纠结房子盖成什么样、应该怎么盖、不应该怎么盖这些问题的时候，我们不要忘记另外一件事情，我们生活的城市和环境并不是一开始就充满大街小巷、车水马龙的，并不是一开始就有亭台楼阁和高架桥的。事实上一开始赋予我们的是很多自然景观和特色，这一点大家千万不要忘记。也就是说，真正的自然的这部分，实际上是很重要的。

去年刚开完的"G20 杭州峰会"非常成功，获得高度评价。但我个人觉得，很多人高度评价的不仅仅是"G20"的那几幢建筑，而是它的城市，是它的环境。如果杭州没有西湖，它还叫杭州吗？所以，如果一个城市里边有一个自然景致，有一笔自然赋予我们的财富，就一定要把它好好保存下来，但是这件事，往往容易被我们忽略。

国际上有一个《国际古迹保护与修复宪章》，是 1964 年 5 月 31 日，从事历史文物建筑工作的建筑师和技术员国际会议第二次会议在威尼斯通过的决议，后来被称为《威尼斯宪章》，它要求人们不能去复建或凭空造一个假古董。而今天我们很多地方仍在大建古文化一条街。

还有规划要有它的延续性，规划就是法。芝加哥大火已过去两百多年了，大火过后重新做规划时颁布下来的法律，到现在两百多年了都没有人违背。可我们的城市绿化带，划了都白划。波士顿被誉为"世界文化名城"，因为哈佛、麻省理工学院、普林斯顿、耶鲁等著名学府在那里，曾经它就像北京一样有立交桥，但 1991 年到 2007 年这十几年间，历届政府连续地接力棒式地干一件事，就是把立交桥拆掉，所有的过境交通下地。这件事在世界城市发展上被称为"大开挖（Big Dig）"。这件事对美国这样一个土地私有且政府投资有限的国家来说非常难。把立交桥拆掉以后，原来立交桥的位置成了步行街，上面有公园、文化博物馆，这些与大学结合起来，俨然就是一个

“文化名城”。所以今天到波士顿去看，很难想象出它几十年前的样子。

还有一个国家值得一说，那就是法国。法国赋予总统一个权利，总统在位期间，可以批复建设一个公共建筑。所以，从埃菲尔铁塔到法国国家图书馆、蓬皮杜艺术中心，包括卢浮宫改造，都是总统批的。所以大家就知道了，为什么巴黎被誉为“现代大规划的典范”，为什么巴黎很多重要的建筑被誉为“现代城市建筑的典范”。包括蓬皮杜艺术中心这么有争议的建筑也被批准，确确实实是文化创新建筑繁荣的一种标志。上海现在也开始把立交桥拆了，将外滩“亚洲第一弯”匝道拆了。当然，北京也有很多做得好的地方，比如说颐和园的环境就一直都保护得非常好。

法国的尼姆有一个希腊式的神庙，这是个一千多年前的老建筑，要在它旁边新建一个会议中心，而且周边全是古建筑，该怎么做？会议中心的建筑师是著名英国建筑师诺曼·福斯特，得过普利兹克奖，他也是设计首都机场 T3 航站楼和香港汇丰银行的建筑设计师。他设计的外墙全部是玻璃的，用轻薄透的钢结构来做。福斯特说了，我用现代化的材料，用柱廊的方式，向老建筑致敬；我没有用石材，是用现代的、高科技的材料，来反衬古建筑。古典文化的庄严跟我形成一种对话，我是在向它致敬。我们发现很多的古典建筑旁边，都有全新的建筑，不胜枚举。我们的华人建筑师贝聿铭，也是这么做的。波士顿的汉考克大厦，旁边就是三一教堂，三一教堂旁边坐落着一个高耸的玻璃幕墙，他说我做玻璃幕墙让蓝天、白云倒映在里边，让它消解在空中，而底部的镜面玻璃倒映着三一教堂的古建筑，向它致敬，这是有深厚中国文化素养的贝聿铭先生对“古”与“今”的理解。

由于畸形政绩观和GDP追逐症的影响，国内城市“大拆大建”成为普遍现象，建筑的平均寿命只有30年。大家知道，现在我国二类民用建筑的使用年限是50年。到51年时就要进行检测，若它需要加固，就进行加固，而不需要加固就评估还能使用多少年，相当于保质期，这就叫结构安全使用年限，不同的建筑使用年限不一样。但现实情况是，我们建筑的平均寿命只有30年。寿命缩短了将近一半，这是对我们社会资源的巨大浪费。如果能将我们的普遍建筑的使用年限延长一半的话，将会节约多少社会资源啊！西方的建筑可以到100年，我们的只有30年，拆了以后再重盖，重盖一定要花钱。一平米造价5000块钱以上的房子，你凭什么说拆就拆了呢？没有到使用年限，你有什么权力拆它。

据不完全统计，建筑过早拆除导致碳排放增加，资源浪费在“十二五”期间超过千亿元。在国外，所有的建筑设计任务书，政府投资的项目，必须要经过审查，要找专家论证，没有经过审查论证就拍脑袋自己做的任务书，很有可能出现过早拆除的状况。我国很多项目过早拆除也是因为设计任务书出得不对，即便建筑再好看，但不好用。问题就在这儿。所以今天，我们就要明确提出来将这件事纳入程序。今天我们有施工投资审查，以后可能政府投资的重要项目，都要有设计任务书的审查和标书的审查。因为设计任务书的审查和标书的审查一直是我们的一个漏洞。没有人去审查，建筑师照设计任务书去做，可能就错了。这种例子比比皆是。

三、关于建筑的原创

我非常希望开展关于建筑的评论，让我们有一个健康的氛围。第一，我希望像习总书记讲的那样，我们全民族都要提高建筑文化的素养。所以今天我不仅是讲理念，是跟大家分享一些我个人的感想，也希望借这个机会让大家觉得，对好的东西我们可以有一个共识，对坏的东西也可以有一个共识。

第二，我希望我们有一个健康的建筑评论氛围。可能很多人都知道文艺评论家雷达，我跟他不熟，但是我对他的观点是非常赞成的，他有一段话，是这么说的："与世界上许多公认的大作品相比，当下的中国文学，包括某些口碑不错的作品，总觉得缺少了一些什么。究竟是什么呢，却又很难说得清。现代以来至今，批判现实主义、现代主义和后现代主义等等国外文学思潮及观念已被中国作家所接受，虽未明言，中国作家在融入世界文学主流和结合本国文学传统的背景下，逐渐形成了心目中对伟大文学的看法。一直以来，总有人不断提出这样的问题：为什么在今天，我们还出现不了伟大的作家，出现不了我们时代的莎士比亚、托尔斯泰、陀思妥耶夫斯基？出现不了新的曹雪芹？出现不了新的鲁迅或者胡适式的大家？尽管有人抱着良好愿望，一直断言，说这是个应该而且必将出现文学巨匠的时代，可巨匠似乎迟迟不肯露面。诚然，我们拥有不少优秀的富有才华的作家，有的作品也已呈现出若干大手笔气象，看不到这一点，总是妄自菲薄也不对；可是，与我们心目中‘伟大’的目标相较，距离还是显而易见的。”他对文艺的评论，其实跟我们今天的建筑评论非常像，他说的几点，我非常认同。

第一，叫量产与库存。一个作家出名了很多人都约他写书，要求两个礼拜给我写出来，我给你卖过万册。两个礼拜出书脑子里边没有东西啊，所以只能抄别人或者抄自己。

所以量产和库存之间的矛盾，就在今天快速发展的城市建设里呈现出来。我们的领导都是快的，都是急的，说我马上要到届了，你赶紧把这房子给我盖起来。恨不得三天出方案，一个礼拜出施工图，三个月就盖好。建筑师肚子里空了，脑子里空了。碰到这种情况他怎么办？只能抄。所以量产和库存本身就是矛盾的，所以要给建筑师一些时间创作，这些事情是有规律的，而且是有科学规律的。

第二，精神骨骼和血肉品性。这是另外一个关键词，说中国的小说“精神缺钙”现象日益严重。他说的这一点我非常认同，我们的文化界、文艺界，包括建筑界，已经迅速告别了神圣、庄严、豪迈，走向了日常的自然经验陈述的个人化叙事。大家看今天动不动就是福布斯排行榜，动不动就是 GDP，动不动就是利润，动不动就是什么成功人士凌驾一切之上。浮躁、自我抚摸、寻求刺激、回避是非、消解道义、绕开责任、躲避崇高等等，这就是我们今天时代的特征。当今文学最缺少的就是弘扬正面精神价值的能力，而这是一个民族文学精神能力的支柱性需求。一个民族的文学倘若没有正面的精神价值作为基础、作为理想，其人文价值和精神内涵一定会打折扣。建筑也是一样，做了半天，你就觉得它是一个时装，就觉得它轻飘飘的，没有内涵。

第三，忽视对现实生存的精神超越和对时代生活的整体性把握。现在最缺少的就是面对着欲望之海、现象之林时，我们能够真正地把握住一个整体，实际上就是我们现在整体文化自觉性的问题。

最后一条是最关键的，就是提升宝贵的原创能力。要防止或者要反对复制、反对抄袭，你原创就好了。“原创”二字不是从天上掉下来的，需要长期的观察、体验，需要经过沉重、深切、紧张甚至是悲剧性的思考，这一点必须得有。建筑师也要能够经得起这样一种痛苦，这样一种思考是必须的。当然我们也有很多好的设计，获得过大奖、金奖。大家有机会去杭州的话可以去看看，西湖边上有一个中国美院，它的老楼就是北京市建筑设计院李承德建筑师做的设计，前后做了8年，用灰砖一点点做出来的，它旁边就是潘天寿纪念馆，非常好的一个建筑。很多地方都很入画、很入眼。这些东西，你要慢慢地磨呀，就是要靠创作，来抵抗抄袭、模仿，只有这样，我们才能在精神层面上，实现习总书记说的文化的复兴。

时间的缘故，我就讲到这儿，超了一点点时间。今天跟大家分享的只是我个人的一些体会，不代表我们建筑界，也不代表清华大学，欢迎大家批评指正。谢谢各位。

郝振省：下面按照惯例，我们梳理一下今天的讲座。

第一，从纵向上看，庄教授讲到了古典主义、现代主义、后现代主义，我觉得这实际上是从纵向上讲建筑历史的发展和演变。因为在建筑物上，能反映不同时代、不同国度的建筑艺术家们的理念和创作。所以在建筑艺术上，我觉得从纵向上能看到人类本身对艺术的追求、对自然的尊重和改造。比如庄教授讲到圣家族大教堂、巴黎圣母院，还有我们的故宫，都是一种文化、一种理念的产物。

第二，从横向上，庄教授给我们讲到了城市发展的一些大事件和历史大事件的关系，就是建筑带动城市复兴的关系。我认为从横向上讲，建筑物与城市是相互推动、相互借助、相互发展的关系。不光是城市需要建筑，而且建筑也带动城市。我们在网上可以看到一个例子，讲西班牙北部的毕尔巴鄂，当时这个城市已经衰败，进行结构调整的话，还有工厂要倒闭，这时这个城市获得一笔资金，要建一座博物馆，最后真正盖成了一座宛若郁金香花盛开的博物馆，结果第一年就有 30 万人来参观，85% 的参观者是来自毕尔巴鄂市以外的地区。这座博物馆给这个城市带来了由衰败走向繁荣的契机，我觉得建筑它体现了一种能动作用，建筑物对城市起了反作用。

第三点，庄教授讲到了矛盾性和复杂性，讲到了我们有些建筑实际上是败笔，也讲到了我们一些成功的案例。从内涵上讲，我们的建筑美学、建筑规划是有规律的。比方说，对历史建筑的尊重问题、对生态环境的尊重问题、对城市功能运行规律的尊重问题，还有意识形态的文化价值观的问题，等等。按照庄教授的看法，建筑设计、城市规划，要有科学的论证，还要有一个法律的决策的保障，这些对我们都是非常有启发的。

同志们，我觉得庄教授作为一位建筑学界的名家，一名建筑设计大家，从城市与建筑、传统与现代、继承与创新这几个纬度，给我们勾画了人类建筑演变的历史，分析了建筑与城市的矛盾运动，列举了一些重要的案例，既有正面的也有反面的，让我们在很短的时间内获得了重要的关于建筑学、建筑美学、建筑史学的知识，增加了我们在这方面的素养，让我们再次感谢庄教授。

（本文根据庄惟敏 2017 年 2 月 25 日在中央和国家机关“强素质·作表率”读书活动 2017 年第 2 期主题讲坛上的讲座内容整理）

主讲人：王义桅

王义桅，现任中国人民大学国际关系学院教授、博士生导师，国际事务研究所所长，欧洲问题研究中心／欧盟研究中心研究员、主任，国家发展与战略研究院、重阳金融研究院高级研究员。兼任中联部当代世界研究中心特约研究员，中国与全球化智库特邀高级研究员。出版《一带一路：中国崛起的天下担当》《世界是通的：“一带一路”的逻辑》《一带一路：机遇与挑战》等专著；译有《大国政治的悲剧》等书；主编《中国北约研究丛书（10卷本）》等。在《中国社会科学》等国家级期刊发表论文200余篇，在《求是》《人民日报》《欧洲的世界》等国内外媒体发表时评1000余篇，接受新华社、中央电视台、BBC等国内外媒体采访1000余次。

“一带一路”的逻辑：世界是通的

“一带一路”的逻辑：世界是通的

郝振省：同志们，大家上午好！今天是2017年第3期，总排序第95期中央和国家机关“强素质·作表率”读书活动主题讲坛。这次我们为大家特别邀请到中国人民大学国际关系学院教授、博士生导师，国际问题研究所所长王义桅教授。大家欢迎他！

今天国家新闻出版广电总局及相关部委的领导同志仍然和同志们一道聆听王义桅教授的主题演讲，一起来共同阅读他的这本《世界是通的：“一带一路”的逻辑》。

设计安排这一次主题，主要有两方面的考虑：一方面，自2013年9月和10月，习近平主席在出访中亚和东南亚国家期间，提出了共建“丝绸之路经济带”和“21世纪海上丝绸之路”的重大建议。“一带一路”很快成为我国的顶层战略设计，成为国际社会广泛关注、积极参与的焦点和亮点。紧接着，中央成立了领导机构，提出了“一带一路”的愿景和行动计划，提出了亚投行的重要建议，并很快成功实施。其后与若干国家就“一带一路”建设签订了一系列的合作备忘录及相关建设项目，现在都正在实施。可以说，包括在座的同志在内，我们已经为“一带一路”做了大量的，可以说是卓有成效的工作。同时，还有大量的工作需要我们去做。因此，我们坐下来读一本关于“一带一路”的书，深入地思考和研究“一带一路”的逻辑，应该说是很有必要的。

另外一个方面，我们根据这种必要性和需求，选择王义桅教授来担纲主讲这个题目，完全是因为他的学养和影响力。他的关于“一带一路”的第二本专著，就是今天送给在座各位的《世界是通的：“一带一路”的逻辑》，也是今年国家新闻出版广电总局、中央国家机关工委和中央直属机关工委联合向大家、向全国郑重推荐的一本书。他的第一本专著叫《一带一路：机遇与挑战》，已经翻译成十多个国家的文字出版发行。有领导评价说，王义桅是一位“一带一路”先生。为什么呢？他不仅把“一带一路”当作事业，而且当作一种信仰。还有领导评价他的专著是“通古今之变，成一家之说”。

当一位学者把自己的研究对象作为事业、作为信仰的时候，可以想象他为之投入的心血与智慧，可以想象其阐述的思想与理论是多么精细和深邃。让我们大家以热烈的掌声欢迎王义桅教授开讲。

习近平主席提出“一带一路”战略设想以后，在世界上引起巨大的反响。对我来讲，有三种含义。第一种含义就是，“一带一路”涉及历史、文化、宗教、地缘政治、经济，所以要把各个学科打通，这个我觉得是非常有时代意义的，告别了近代以来知识越分越细的专业化的倾向。我本人原来是学理工科的，又在工厂里干过，后来研究理论，又在国外常驻过，所以可能也是个获益者，就是要打通各个学科的界限，也是做一些尝试。

我们今天讲现代国际关系体系，从 1648 年的威斯特伐利亚体系开始到现在，是几百年的时间。我们跟美国人、西方人打交道的时候，经常遇到一个不对称性。我们说自己是有五千年文明的，但美国人说他们是生活在现代国际体系中的，而中国是 1911 年中华民国建立后，才进入现代国际体系的，在 2001 年才加入世贸组织，所以是新手，所以你应该听我的，因为我们现在是在国际体系里运作，而不是在古老的文明体系里运作。

“一带一路”提出来以后，一下子将时间轴拉到了两千多年前，让我们占据了文明的制高点，所以我们提出了“人类命运共同体”等一系列的主张，激发了一些按照现代化的逻辑看是 GDP 落后、技术落后的国家的共鸣。我们去中亚，去那些显得比较落后的国家，他们说丝绸之路是我们共同的历史记忆，是我们共同的辉煌。这样就一下子告别了近代以来那套话语体系和逻辑。我觉得这也是让我们这些研究“一带一路”的学者们或从事“一带一路”相关工作的同志们感到很振奋的一件事情。这是第二种含义。

“一带一路”的内涵和它的期待应该是不断地在丰富。原来我们可能以为是解决中国经济发展转型的一个问题，是全方位改革开放的一个重要抓手。到现在有了所谓的“反全球化”，全球治理出现了各种各样的难题，所以世界上很多国家将希望寄托在中国，寄托在“一带一路”身上。比如说，今年5月份的“一带一路”合作高峰论坛，有两个拉美国家元首要来参加，英国首相也要来。这几个国家既不是古代丝绸之路沿线国家，也不是“一带一路”沿线国家。既然如此，我们对“一带一路”的理解就要升级换代，我们也要不断地探索。

我很荣幸，在座的各个部委给了我很多机会到国外去调研。以前我研究美国，后来研究欧洲，关注的都是发达国家，对周边的发展中国家实际上并不了解。由于“一带一路”的关系，我去了很多这样的国家，严格来讲，这让我们看到了真正的世界。以前我们睁眼看世界，看的都是西方发达国家的世界。我们讲的“外国的月亮要比中国的圆”，那个“外国”不包括柬埔寨、加蓬这样一些国家。后来我去年去了非洲，发现非洲的月亮才是真正最圆的，因为它没有污染。那里工业化还没开始，或者刚刚开始。所以我们现在重新发现了一个新的世界，这对我们告别欧美发达国家的思维方式是一个巨大的促进，对我本人也是一个促进。这是第二种含义。

因为“一带一路”的关系，现在我不仅去外国多了，去本国也多了。我做了三年的外交官，又因为研究国际关系，所以以前是到别的国家比到中国的省份还要多。比如说，欧盟28个成员国，我去了24个，可是国内去过的省份不及24个。但是现在因为“一带一路”的关系，国内省份基本上都去遍了，更好地了解到中国的国情。所以，从事“一带一路”研究，对我是重新认识中国、重新认识世界的一个过程。正因为如此，可能我的一些理解也不一定准确，请大家批评指正。

首先，我们要回答一个问题，就是很多国际友人说的，为什么没有用“丝绸之路”这个概念，或者为什么不叫“新丝绸之路”。比如陆克文就说，“丝绸之路”的概念大家都很容易了解，你用“新丝绸之路”命名就可以了。“丝绸之路”这个概念就是舶来品，是1877年德国人李希霍芬提出来的。他为什么要提出这个概念呢？1871年，德意志统一后为了争取“阳光下的地盘”，派李希霍芬到中国来考察，实际上是要抢夺铁路经营权。来了几年以后，李希霍芬感觉到东西方之间有很多的交流之路，有茶叶的、丝绸的、瓷器的、香料的等等，他回去就写了一篇文章，统称为“丝绸之路”。这个理论是为帝国主义扩张服务的，是为德国寻找欧亚地盘服务的。所以，这个概念并不是个好概念，我们没有用，非常清楚，否则就上他们的当了。

最近流行一本书，是牛津大学彼得·弗兰科潘教授写的，叫《丝绸之路：一部全新的世界史》，书中描述的丝绸之路跟我们讲的丝绸之路根本不是一回事儿，全是列强在欧亚大陆博弈的历史。我们讲“丝绸之路”，很多西方人想的是大国的博弈，想的是地缘政治空间的争夺，想的是称霸。所以我们用的是一个非常有特色的概念——“一带一路”。

一、什么是“一带一路”？

刚才讲了，为什么没用“丝绸之路”概念，而用了“一带一路”。这个“带”就是经济发展带，它是对中国发展模式的一个鲜明的总结，用一个字概括了中国的发展模式。3 年多前，习主席在哈萨克斯坦提出“丝绸之路经济带”，因为哈萨克斯坦是世界上最大的内陆国家。丝绸之路断了以后，欧洲人走向海洋，把世界各地给殖民掉了，内陆国家、内陆地区长期落后，是因为世界上 90% 的贸易是通过海上来进行的，产业链基本上是按沿海地区来布局的，离海洋越远越落后。所以哈萨克斯坦是最需要通向海洋的，这就是为什么要选择在这个国家提出“丝绸之路经济带”。当然，另外一个重要原因就是哈萨克斯坦一直想在上海合作组织里推经济合作，但俄罗斯是反对的。因为搞经济合作，中国的影响力会上升。所以，习主席要去访问，我们要打造一个新的概念。想来想去，外交部想到了丝绸之路这个概念。这样俄罗斯在里面，哈萨克斯坦也在里面，很多国家都在里面，就不好意思反对了。但是，光讲丝绸之路不够。因为丝绸之路主要是贸易、文化交流，而今天我们主要是搞经济合作，就想到了经济带的概念。这就是丝绸之路经济带的来历。

一个月以后，习主席又去印尼访问。将来中国要走向海洋，存在海外利益要保护等一系列的需求，所以相应地提出了“21 世纪海上丝绸之路”，它的关键词是“21 世纪”。提完这个概念之后呢，外国朋友不理解——海上修什么路呀，我解释说，中国讲“道路”，“路”和“道”连在一起，就是鼓励各个国家走符合自身国情的发展道路。在中国成功之前，很少有国家相信可以走符合自身国情的发展道路，他们只相信美国人说的“普世价值”。中国崛起，这一下就鼓舞了很多国家的自信心。所以，我们中国现在讲“四个自信”，将来更多的沿线国家也要“四个自信”，摆脱那种对西方的迷信，对美国的依赖，要走符合自身国情的发展道路，要建立命运共同体。他们的命运不能铆在美国一家身上，他们的命运要掌握在自己的手里。孔子说：“己欲立而立人，己欲达而达人。”中国走了一条符合自身国情的发展道路，我们要鼓励各国走符合自身国情的发展道路。通过解释，这个概念就在很多国家引起了广泛共鸣。

中国通过“一带一路”提出了对世界全球化和全球治理的一整套方案，体现了博大精深的中国文化，比如道家说的“道生一、一生二、二生三、三生万物”。“一带一路”不是一条带，也不是一条路，而是很多条，但是万物从一开始。“一带一路”实际上就三个字，一个“带”就是中国发展模式，一个“一”体现了中国文化，所以我感觉到非常高明。

我在讲“一带一路”的时候，外国人羡慕说中国改革开放三十几年的工夫，让 7 亿人脱贫致富了，现在还有精准脱贫，占整个世界上脱贫致富 70% 的贡献率，为什么中国能做到？就是改革开放总结的模式：要致富先修路；要快富修高速。但是中国改革开放也在转型升级。改革开放以前主要是说沿海地区，按照邓小平同志的说法，改革开放主要是向美国开放。亚洲四小龙、四小虎，凡是向美国开放的，经济就实现了现代化，中国也不会例外。确实如此，中国加入世贸组织短短 9 年时间，一下子成为世界第二大经济体。这让美国感到很紧张、很恐慌，一个中国崛起的幽灵在全球化上空徘徊。所以特朗普说要让美国再次强大。谁让美国不再强大呢？那当然是相对于中国。美国相对于其他大国，实力都是在上升的，就是相对于中国在下降。奥巴马时期说，绝对不能让中国制定规则。所以继续向美国开放，不能实现中华民族的伟大复兴了。我们要调整我们改革开放的思路，就是说从原来的沿海地区开放到现在的整个国家开放，从原来的“引进来”到今天的各种“走出去”，甚至还要“走进去”，要“飞入寻常百姓家”。不仅是我们的产品、我们的服务、我们的理念，甚至中国的发展模式都要飞入寻常百姓家。原来是两来一补、出口加工、大进大出，现在我们要优进优出，我们现在要搞劳动力资本商品的自由流通，形成大市场。我在国内很多地方讲“一带一路”的时候，大家一开始也想不通，说改革开放以前是跟着发达国家一起玩的，怎么今天在跟这些发展中国家一起玩了？总结来说，以前是我们求着西方发达国家带我们玩的，今天是我们带他们玩。这就是区别。

什么是“一带一路”？首先，是由铁路、公路、航空、航海、油气管道、输电线路、通信网络组成的综合性立体互联互通的交通网络。第一个是立体的交通网络，包括天地一体、万物互联等等一系列 21 世纪的现代化交通手段。在这个领域，中国具有全方位优势。比如说互联网，中国有 7.3 亿网民，我们的网民数量比美国、日本网民的总和还要多，尤其是我们网民非常年轻，在农村里都可以扫一扫买东西，这在美国、欧洲是不可能的事情。而且，世界上十大互联网巨头里面，有 4 家在中国。世界上只有四个国家有自己的搜索引擎，分别是美国的谷歌、中国的百度、俄罗斯的 Yandex 和韩国的 Naver，其他的国家都没有，这就是我们的优势。在航海上，世界上前十大港口里面，第一位到第七位全在中国，因为我们是第一大贸易国。以前是鹿特丹港、阿姆斯特丹港、安特卫普港排在前面。1994年比利时一个国家的贸易额超过整个中国，因为有安特卫普港。现在，他们可能只是我们的零头。在公路方面，中国在上世纪80年代开始修高速公路，现在我们的高速公路通车总里程早就超过了美国。还有最重要的一个方面是输电线。因为中国的资源集中在西部，而人口、经济主要在东部，所以西气东输、西电东输，中国人练出了绝活。比如说青海光伏发电经过两千公里输送到上海。如果在欧洲、非洲那要经过多少个国家！我们这些技术的发展能力在世界上超强。

第二，沿线将逐渐形成相关服务的产业集群，通过产业集聚和辐射效应形成综合发展的经济走廊。通过“一带一路”，可以形成一个辐射效应。西方发达国家是私有化，企业很少投资基础设施，更不能形成一种产业集群的概念。比如说我们修了高铁，很多人说中国的高铁好像不赚钱，只有京沪高铁才是赚钱的。他们所谓的赚钱就是指卖了多少票，投入成本，再收回来。实际上中国人修高铁并不只是考虑能卖多少票，而是考虑到产业链的布局。京沪高铁修了以后，带动了相关产业的发展，包括房地产、旅游，还有其他的布局，这些西方经济学是不算的。所以西方经济学有时是误导人的，越学越不知道中国，觉得要么中国崩溃，要么中国威胁。他们始终搞不明白中国经济是有正外部性的，而按照他们西方经济学中国经济只有负外部性。

第三，世界最长经济走廊。“一带一路”将作为世界经济引擎的亚太地区与世界最大经济体欧盟联系起来，给欧亚大陆带来新的空间和机会，并形成东亚、西亚和南亚经济辐射区。按照习主席的说法，就是“经营欧亚大舞台，世界大格局”。整个世界上90%的产出来自温带、亚温带地区，主要是北美、东亚、欧洲这三大块，欧亚大陆是最重要的一块。我们当然在跟北美进行自由贸易协定谈判，但更多的还要抓住欧洲。经营整个欧亚大陆是我们“一带一路”的基本思想，最终的目标是推进贸易投资便利化，深化技术合作，建立自由贸易区，形成大的欧亚市场，进行资源的重新配置。欧亚大陆那些在海洋崛起以后被遗忘的地方，我们今天把它重新激活，因为以铁路、航空、互联网为代表的现在的技术手段，可以互联互通起来。在《一带一路的愿景与行动》里面提到了18个省份，其中新疆占中国面积的六分之一。我们到喀什调研，喀什的口号是“五口（岸）通八国，一路连欧亚”，它有五个国家一级口岸连着八个国家，区位优势明显，文化资源、自然资源非常的丰富。按照以前西部大开发的思路，相对于东部经济发达地区西部是落后的，但是现在新疆相对于西亚、中亚这些地方是非常先进的。

“一带一路”激活了很多原来的设想，包括欧亚大陆桥，国内的中国长江经济带把它连在一起。世界上71%都是水，陆地面积占比有限，其中最大的一个大陆叫欧亚大陆，它被地缘政治学家麦金德认为是世界岛。把世界岛连在一起的，首先是渝新欧铁路。为什么是渝新欧呢？因为重庆是中国最大的内陆港口，而杜伊斯堡是欧洲最大的内陆港口，把内陆港口连在一起以后，就改变了原来以沿海地区为主的发展布局。各种产品通过杜伊斯堡可以分销到欧洲的河流沿岸，分销到欧洲其他一些腹地。大家知道，三分之一的平板电脑、五分之一的智能手机、九分之一的汽车是在重庆生产的，所以重庆的经济一直有两位数的增长。现在欧洲十个国家的十五个城市与中国城市开通了中欧班列，大量的货物运到欧洲，中国也可以从欧洲进口很多的产品。

中巴经济走廊是最有争议的，也是我们推的“旗舰工程”。中国有 14 个陆上邻国，美国在冷战时期有三个岛链，一直在围堵我们，所以我们一直要寻找海洋。通过中巴经济走廊，进入印度洋，不仅中国，而且整个中亚地区，一下子就活了，就像下围棋，找到活口了。中国 60% 的石油从中东地区进口，以前我们的石油要从印度洋通过马六甲海峡运到中国，在印度洋上有美国的迪戈加西亚军事基地，在南海有马六甲海峡，有美国的舰队，如果发生战争这些都不大可靠，所以我们现在是修管道，通过中巴经济走廊，让石油直接到新疆。简单说来，我们刚才讲了世界岛的中心，以前说在东欧，后来说在中亚，《金融时报》最近说就在新疆。印度洋被认为是世界洋的中心，因为它是连接太平洋和大西洋的。中巴经济走廊把世界岛的中心、世界洋的中心连在一起，而且把温带、亚温带地区的经济和热带地区连在一起了。通过中巴经济走廊，可一下子进入印度洋，通过印度洋进入东非，进入波斯湾、红海、地中海等一系列的国家和地区，会打通南北地区的发展差距。由此就看出中巴经济走廊具有非常重要的战略意义。

对国内来讲，六大城市群要不断地发力，沿海的经济地带长三角和珠三角，对接内地的关西、成渝和云南这三个地区。这六大城市群中，很多是通过轻轨、高铁等连在一起的。中国在这方面有优势。像从北京到天津，飞机没有，普通火车和汽车太慢，只有高铁能够迅速地把城市群连在一起。高铁是改变人类生活生产方式的一种重要交通工具，将来中国在这方面会有全方位优势。

中国现在在世界上与72个国家建立了战略伙伴关系，将来我们各个省份甚至城市，因为“一带一路”的关系会建立各种地方的战略伙伴关系。比如广东省，广东省的GDP超过俄罗斯，可以参加G20的。我们现在越来越多省份的GDP可能超过西班牙、俄罗斯。马六甲皇京港就是中国广东省直接投资的，完全按照“五通”来建的，这边政策沟通，那边设施连通。最后在文化上，张艺谋的《印象马六甲》就要演出。

“一带一路”的五大方向是，第一个陆上是通过中亚、俄罗斯到了波罗的海，第二个是通过西亚、波斯湾到了地中海，第三个是通过“中巴经济走廊”到了印度洋。寻找海洋是它的主要逻辑，波罗的海、地中海、印度洋。海上从郑和下西洋的航路一直延伸到欧洲，还要延伸到南太平洋地区。南太平洋地区共27个国家，我们以前好像觉得那些国家面积很小，但是它们的海域面积占整个世界面积的六分之一。

总结“一带一路”，有一二三四五六七八。

一是一个概念。

二是两个翅膀，就是习主席说的，“一带一路”是亚洲腾飞的两只翅膀，一个在陆上，一个在海上。

三是三个原则："共商、共建、共享"。这三个原则我觉得非常了不起。近代以来，殖民主义、帝国主义、霸权主义，谁跟你共商、共建、共享。

四是四大丝绸之路：绿色、健康、智力、和平。这是习主席在乌兹别克斯坦提出来的。"绿色"是专门针对过剩产能、落后淘汰产能来讲的。"己所不欲、勿施于人"，一定要强调可持续发展，"一带一路"是长远的，不可能说赚一笔钱就跑了，不应该这样的。"健康"是重视民生、重视老百姓的福祉。"智力"是说我们今天是几十亿人在搞工业化和现代化，工业革命从英国开始，600万人口；到了欧洲大陆是上千万级；到了美国和苏联时期是上亿级；到今天中国一家就十亿级，印度、巴西等国是几十亿人在搞工业化、现代化，用原来那种制度、组织、观念都不行了，必须要创新合作模式，创新观念。现在最能够实现弯道超车的，就是我们的互联网。互联网精准互联，很多农民用了互联网以后一下子脱贫了，这是非常感人的故事。"和平"，通过发展求和平，通过和平保障发展，这是中国一个很重要的经验。另外还包括互联互通、战略对接、国际产能（装备制造）合作、开发第三方市场（企业主体、市场运作、政府服务、国际标准）。通过"一带一路"把我们的一些发展理念、发展经验，更多地与世界分享。

五个方向——五通：政策、设施、贸易、资金、民心。

六大领域——"六廊六路，多国多港"。这个"六路"包括铁路、公路、水路、空路、管路、信息高速公路；"多国多港"

就是我们建立一些支点国家、支点城市、支点港口。

七大支点。“一带一路”沿线国家包括中国在内，共有65个，但是将来还要不断延伸的。在中亚里面最重要的是哈萨克斯坦，还有乌兹别克斯坦的撒马尔罕。亚历山大远征一直打到撒马尔罕，而张骞出使西域也到了撒马尔罕附近的费尔干纳盆地。费尔干纳盆地是农耕民族和游牧民族交汇的地方，文明非常深厚。东南亚里面除了印尼以外，还有柬埔寨，现在跟我们关系非常好。其他的有马来西亚，马六甲是非常重要的，现在马来西亚对我们非常友好，渴望引进中国的投资。南亚除了巴基斯坦以外，还有斯里兰卡。斯里兰卡是印度洋上的明珠，郑和多次到过这个地方。中东欧16个国家，现在也和我们非常积极地合作，其中波兰最重要。其他国家像捷克、匈牙利也很积极。西亚、北非地区，像伊朗、土耳其、埃及都很重要，沙特阿拉伯国王前不久刚来。我们选了阿联酋作为一个重要的支点，因为阿联酋的交通、金融都很发达，也不涉及教派争端。独联体国家中有白俄罗斯，中白工业园区是我们的旗舰工程。还有阿塞拜疆，别看这个国家很小，但是大家读一读布热津斯基的《大棋局》，他里面列了五个全球支点国家和五个地区性的支点国家，阿塞拜疆就是其中之一。为什么，因为整个中亚油气管道，它就相当于瓶盖，你把它拧开，就到了里海。中亚很多地区的油气管道经过阿塞拜疆后延伸到土耳其，经过巴尔干进入欧洲。我们的历史书中关于这些历史讲得太少，所以我们要根据“一带一路”重新修订。

八大领域。一是促进基础设施互联互通，中国将与沿线各国和地区在交通基础设施、能源基础设施和通信干线网络三个方面加强合作。二是提升经贸合作水平。在机械设备、机电产品、高科技产品、能源资源产品、农产品等方面，与沿线各国和地区开展投资与贸易领域的广泛合作，进一步创新贸易方式，不断提高贸易便利化水平。三是拓展产业投资合作。中国将鼓励和引导企业到沿线国家投资兴业，合作建设产业园区，设立研发中心，提升产业层次，增加当地就业，壮大企业实力。四是深化能源资源生产、运输和加工等多环节合作，加强能效和新能源开发等领域的合作，提升能源资源深加工能力。五是拓展金融合作领域。中国将加快建立亚洲基础设施投资银行和丝路基金。加强双边政策资金的合作，发挥好社会资金的主力军作用。继续扩大双边本币互换的规模和扩大贸易本币的结算。六是拓展人文交流合作，为深化合作奠定坚实的民意基础。在旅游领域，与沿线国家和地区联合打造国际精品旅游线路和产品。七是加强生态环境合作，中国将与沿线国家和地区建立健全有效的对话机制和联动机制，规划实施一批各方共同参与的重大项目，统筹推进区域内生态建设和环境保护。八是积极推进海上合作。深化农业渔业互联互通、海洋环保、航道安全、海上搜救、防灾减灾等领域的合作，以海水养殖、海洋渔业加工、新能源和可再生能源、海水淡化、海洋生物制药、环保和海上旅游等产业为重点，合作建立一批海洋经济示范区，海洋合作科技园，境外经贸合作区和海洋人才培训基地。

二、为何要建“一带一路”？

为什么我们能搞“一带一路”。2010年中国超过美国成为第一大工业制造国，我国的工业产值是美国的150%，是美国、日本、德国的总和，所以我们现在能够搞引领人类的新型工业化、城镇化。

习近平总书记2016年8月17日在推进“一带一路”工作座谈会上讲得很清楚，在全球化顺利时期集聚的产能要通过走出去，国内通过供给侧改革，国外通过需求侧改革，推动世界经济的再平衡。从外交战略上转型，以前老盯着美国，现在看起来中国有点像刘备要对付曹操，军事上联合俄罗斯、经济上联合欧洲，这是我们新的隆中对。

欧亚大陆古代丝绸之路就是一种全球化，为什么哥伦布发现新大陆以后才叫全球化？以前欧亚大陆是人类活动的主要场所，古代丝绸之路就是全球化。今天我们讲3.0版本的全球化，就是包容性的全球化。原来的全球化不够包容。中华文明5000年辉煌，但是有三大软肋，第一是农耕文明，第二是内陆文明，第三是地区性文明。比如我们说“上善若水”，水一定是善的吗？加勒比海盗、英法联军都是从海上来的。我们讲“水善”是因为它是淡水，我们脑子里没有“海”和“洋”的概念，而在英语里分得很清楚，海就是海，洋就是洋。所以中国人内陆文明的思维方式非常明显：以陆观海，以海观洋，而非以洋观洋。农业方面，基本上我们是量入为出、天人合一，就是农耕文明。

“一带一路”很大程度上要挖掘人类一种新的合作空间，比如说地球表面的71%是海水，其中70%也就是地球面积的49%是公共的。所以习主席说，太平洋足够大，能容得下中美。并不是我们一定要去动你的奶酪，人类有很大的开发空间，所以讲“一带一路”不是简单的贸易文化，而更多的是科技的创新发展。

世界不是平的。以前弗里德曼说世界是平的，世界是平的吗？其实世界非常不公平，非常不平。以前美国人说世界是平的，就是要让世界成为美国的市场，今天怎么可能呢？今天中国是最大的发展中国家、最大的金砖国家，是最大的社会主义国家，是第二大经济体，又是东方文明古国，我们有五种身份，我们在各个方面都能协调好。所以G20杭州峰会我们开得史无前例，因为方方面面都可以说得上话。这就是我们今天的底气，要改变五百年以来西方的话语权。

空间上到底怎么布局呢？我们以前讲以空间换取时间，李鸿章和左宗棠有“海防”和“塞防”之争，今天很清楚，海上、陆上同时进行，陆权、海权同样重要，中国成为一个陆海兼备的国家，而不再是一个以陆地为主的国家。不仅如此，我们要推动人类文明的回归。哈·麦金德说：“谁统治东欧，谁就能主宰心脏地带；谁统治心脏地带，谁就能主宰世界岛；谁统治世界岛，谁就能主宰全世界。”这是著名的地缘政治学说，今天的世界岛就是他当时说的情形。

自欧洲人从海洋上决定大陆的命运，内陆国家的物流成本就比海上要高好几倍，所以一直发展不起来。很多国家都想复兴丝绸之路，其中代表性的是联合国开发计划署（UNDP）提出的欧亚大陆桥的概念。前年《华盛顿邮报》一篇文章说，世界经济中心千年后回归东方。所以建设“一带一路”是应天命，我与好友程亚文合著了一本书叫《天命》。世界经济中心原来在东方，经过上千年，又经过近代几百年，转移到了欧洲，又转移到美国，可自从 2001 年中国加入世贸组织，到现在 15 年过渡期结束，有人认为中国将在 2025 年超过美国成为世界第一大经济体。也就是说，中国经过一二十年的时间，把上千年时间转移的经济实力掰回来了。这就体现出了改革开放的重要性，加入世贸组织的重要性。如果中国加入世贸组织晚几年，会产生什么效应？像印度晚了几年，全球化顺利时期这波就过去了。很多国家也搞改革开放，为什么只有中国取得了今天这样的成就呢，我觉得很大程度上，是因为我们体制的优越性。我们集中力量办大事，我们能抓住机遇和规避风险。

为什么“一带一路”提出三年多就能够激起这么大的反响？第一个感谢秦始皇，公元前 221 年“书同文，车同轨”。我在欧洲布鲁塞尔，一个英国籍的欧洲议会议员叫德瓦，有一次他在欧洲议会里讲，不要以为欧洲一体化搞得怎么样，还不如秦始皇在公元前 221 年干的活。今天欧盟有 24 种工作语言，国家之间语言不通，度量标准也不一致，有英国英镑、英寸等等。中国早就通了，秦朝时都已经通到广西了，这了不起。

第二个感谢毛主席，新中国建立了一个独立完整的工业体系。按照联合国的统计，59 门大工业体系、590 多门小工业体系只有一个国家全部具有，这个国家就是中国。中国可以生产从卫星到味精，从火箭到火柴的所有东西。美国现在电视机都生产不出来，俄罗斯根本连暖水瓶都造不好。所以我们千万不要妄自菲薄。

美国 1991 年提出修高铁，到现在一寸高铁都没有修，为什么没有修？航空公司反对，修什么高铁，坐飞机吧。汽车公司也反对，干不了。另外土地是私有的，搞基础设施多方牵制。我们现在不仅在国内修高铁，我们还要在其他国家修。中国是 128 个国家的第一大贸易伙伴，跟美国十年前调了一个个。2015 年时，世界上前 50 大集装箱港口里面，近三分之二有中国的投资，这就是我们今天在海上的优势。

最后，"一带一路"展示了中国发展的维度，彰显了中国模式。现在我们在非洲搞"三网一化"，即高速公路网、高速铁路网、区域航空网、基础设施工业化。蒙巴萨港完全按"港区铁路贸"五位一体的方式修建，肯尼亚总统肯雅塔到中国访问，对中国比较了解，学中国模式，他每三个月到现场去办公一次，有什么问题当场处理、解决，这不是学中国嘛。他说我把这个港口开发好了，我们肯尼亚坐在那儿数钱就可以了。因为整个中部非洲、东部非洲，都通过肯尼亚出海。现在我们在非洲五个国家搞试点，刚果（布）、肯尼亚、埃塞俄比亚、坦桑尼亚还有尼日利亚，尼日利亚搞了工业园区。这五个国家里面只要有一个成功了，就可以说星星之火可以在非洲燎原，其他非洲国家就一定会反思，为什么不去学中国呢？也会对我们周边国家起到巨大激励作用。比如说让越南加入"一带一路"。菲律宾杜特尔特到非洲一看，人家非洲跟中国相距万里都在学中国模式，经济一下子发展起来了，我跟你闹，闹什么呢？

“一带一路”不仅要解决中国的问题，还要解决世界的问题。现在整个世界面临三大问题：贫困问题，贫富差距问题和治理问题。现在我们陆海连通，东西互济，就是要解决人类面临的这样一些普遍的难题，某种程度上修复近代以来遗留的西方全球化恶果。一个坦桑尼亚记者不懂习主席书里讲的“治大国如烹小鲜”，他说治一个大国跟小鲜有什么关系？后来我给他解释，我说就是不要瞎折腾。他明白了，他说我们才400万人口，180多个政党，这个政党往东走，那个政党往西走，那个政党往后走、往前走，搞来搞去，政策没办法落实，所以一直发展不起来，瞎折腾。

现在是万物互联，“一带一路”不仅是要开拓新的市场，而且要成为标准，像国家电网将来的标准就是世界标准；像5G，现在华为就是标准。大宗商品，现在里海沿岸国家正在琢磨把里海的石油、天然气搞一个里海指数，用人民币参与竞价，减少对美元的依赖。沙特阿拉伯也在琢磨这个事情，将来中国一定会在这方面推动。包括现在我们的支付宝“无纸货币”，将来对美元一定会有冲击。

三、如何建设“一带一路”？

“不谋全局者，不足谋一隅；不谋万世者，不足谋一时。”现在“十三五规划”做了很多，就不详细讲了，各个省份八仙过海、各显神通，各个省份“走出去”形成很多抓手，包括56

个开发园区等。但是资金从哪里来？现在很多是通过 PPP 模式做起来的，存在很多问题，风险需要化解。

有三重风险。第一个风险，时间上正好处于人类的大转型时期。各种报告都认为，未来的几十年人类处于一个大转折、大风险时期。英国“脱欧”、特朗普当选，只是这种大风险时代的一个表现形式而已。第二个风险，空间上“一带一路”沿线国家都处于板块的交接地带，文明的交接地带，双重的交接都是不稳定的地方。第三，还有自身的风险。因为“一带一路”涉及大量的基础设施，周期很长，项目又铺得很开，本身就是一个很大的风险。

具体来说有五大风险，第一，各个项目里有政治风险，有些国家政局不稳定。第二，安全风险，这些地方有“三股势力”，还有水资源的争端。中国缺乏国际管理的经验。“一带一路”发展的是跨国项目，如果这个国家同意，别的国家不同意也不行，要有综合的考虑。第三，经济风险。全球货币政策分化，存在汇率风险等。第四，法律风险。沿线国家法律不完善，还有 16 个非 WTO 成员国，无法提供必要的法律保障。第五，道德风险。我们的一些项目确实会产生劳工、环境等问题。

现在很多唱衰“一带一路”的，包括国内有学者说是战略透支、搞战略扩张，还有人说美国都在韬光养晦，中国怎么不韬光养晦呢？很多。

我们现在确实面临很多挑战，第一，国内的挑战。现在有的企业走不出去，就打着“一带一路”的旗号转移过剩产能，把“一带一路”的名声搞坏了。现在全球化在逆转，比如美元在升值、在加息，资金回流让我们的融资更加困难，包括国内的金融风险都在增加，现在全球化不是那么顺利了。

第二，安全风险。最大的安全风险是我们到海外搞建设，但我们没有海外军事基地，没有军队怎么保护我们的安全。我到新疆生产建设兵团调研，我想能不能搞“一带一路”生产建设兵团，既生产又保护。

所以我提出“一带一路”2.0版本的概念。第一，如何处理与美国的关系？“一带一路”要借助美国的力量，像亚投行用的是美元，用美国的公司、美国的技术、美国的标准，美国的人大量参与“一带一路”建设。我写文章建议特朗普参加“一带一路”合作高峰论坛，他不能来，派赵小兰部长来也可以。美国人也在研究“一带一路”这个问题，把“一带一路”延伸到发达国家的发展中地区可不可以。我们可以共建一个2.0版本，或者不叫“一带一路”，我们搞一个全球开发署等机构也可以。美国人这些年没提出什么新的概念，他们想借助“一带一路”提高自己的影响。

第二，我们现在很多人认为世界是线性进化的逻辑，以前这个地方落后了，现在要发展起来。但这个世界已经不是线性进化的了，它是个混沌秩序，具有不确定性，不能用简单的赶超逻辑来研究了。

第三，要有一种前瞻式的思维方式。这一点最重要。有一次我们和美国人进行“一带一路”智库对话，美国人说你们在中亚地区修油气管道，将来太阳能、核能可能就解决了人类能源问题，不需要修那么多油气管道。一定要有前瞻式的思维方式，我们一定要考虑到2049年以后世界是什么样的，那个时候中国在世界上是什么地位，然后决定今天我们应该怎么去努力，达到怎样一个目标，而不能只用 2000 年的经验推断我们今天应该怎么搞“一带一路”。

我写了一本书叫做《再造中国》，中国的观念、中国的基因、中国的政治体制，可能很多会因为“一带一路”而改变。不能说它变我不变，很多东西也会反过来影响你。就像改革开放以后我们已经调整了很多政策、改变了我们的观念一样，新的、全方位的改革开放一定会多方面改变我们自己。

我们还要创新，分三步走。第一阶段到 2016 年，夯实基础：基础设施开工，沿线形成共识。自由贸易区建设实现突破；第二阶段：到 2024 年一体化格局形成，沿线国家高标准自由贸易区网络基本形成；通往波罗的海、地中海和印度洋的战略通道安全畅通；第三阶段：到 2049 年建成以中国为核心的（利益、责任、命运）共同体，两翼齐飞，“五通”基本实现。中国在周边事务和全球治理结构中占主导优势。“一带一路”建设有很多的风险，但是一定要坚定建设“一带一路”的自信，智者指月，愚者见指不见月，很多人老是看指，不看月亮。

“一带一路”是在 21 世纪复兴古代丝绸之路，但又不局限于古代丝绸之路：它唤醒周边丝路记忆，激活“和平合作、开放包容、互学互鉴、互利共赢”的丝路精神，其成员、走向、内涵超越古代丝绸之路。从人类文明视角看，“一带一路”推动中华文明从农耕到工业—信息、从内陆到海洋、从区域到全球的三大转型，助推包括沿线各国文明在内的人类文明共同复兴。在空间上包括的不仅是 65 个沿线国家，还有相关国家，鼓励更多的国家参与“一带一路”建设。“一带一路”本身有其发展的逻辑，在解决中国问题的过程中，解决人类的普遍问题，只有这样才能够为世界提供各种公共产品，让这个体系有更大的包容性，不再是零和博弈的模式。建设“一带一路”就是服务大家、服务全世界。

谢谢大家。

郝振省：同志们，下面我对王义桅教授的演讲做一个简单的梳理。

第一，王教授讲到什么是“一带一路”，讲到了“一带一路”的内涵、外延、互联互通和产业群的问题。我们可不可以这样理解，习近平主席提出的“一带一路”战略的本质，从一定意义上说，是把向西方的开放与向东方的开放结合起来，把向远国的开放和对近国的开放结合起来，把对外开放和对我开放结合起来。这种开放的宗旨和目的不是欧洲中心论，不是殖民主义、霸权主义，更不是帝国主义，而是形成人类的利益共同体、责任共同体、命运共同体。是通过增加有效的供给，来催生新的需求，实现世界经济的再平衡。

第二，王教授讲到为什么要建“一带一路”，介绍了提出“一带一路”战略的大背景。“一带一路”是我们党和国家领导核心对国内外形势进行深入分析、科学研判的结果。从“一带一路”的国家和地区看，65个国家、44亿人口占到全球的63%，但是经济规模只占全球的29%，货物贸易和服务出口占到29%。这些国家的人口规模、国家规模与经济规模、贸易规模，显然存在较大的反差。这种反差意味着极大的市场空间和强烈的发展需求。从中国目前情况来看，我们不只是一个简单的世界第二大经济体，我们的产能优势、技术优势、资金优势、经验优势、制度优势、文化优势，都需要找到新的施展拳脚的空间和舞台。换句话说，我们长期凝聚的生产力优势、生产关系优势、意识形态优势，也需要找到释放的空间和舞台。而且中国在悠久的历史中，因为海上丝绸之路与陆上丝绸之路的缘故，与“一带一路”沿线国家和人民有着深于西方的文化认同和习俗认同，这也是“一带一路”可以提出来，也可能成功的最深厚的原因。

第三，王教授讲到“一带一路”建设的实施问题、“五通”的问题、“十三五规划”的问题，讲到“一带一路”建设中我们的领导体制和国际上的合作机制，以及联合国的认同，使我们看到了以企业为主体、以项目为抓手、以资金为导向、以文化为基础的具体的实施方法。也使在座的各位看到我们所工作的部门与“一带一路”伟大战略的紧密关联度，既提高我们做好“一带一路”工作的方向性，又增强我们的 危机意识和风险意识。同时，今天王教授的讲座让我们越来越感觉到，“一带一路”不只是一个系统论、方法论问题，它也是一种伟大的世界观。

让我们再一次感谢王义桅教授历史和现实融合、感性与理性并重的精彩演讲，谢谢他！

（本文根根据王义桅 2017 年 3 月 18 日在中央和国家机关“强素质·作表率”读书活动 2017 年第 3 期主题讲坛上的讲座内容整理）